读客文化

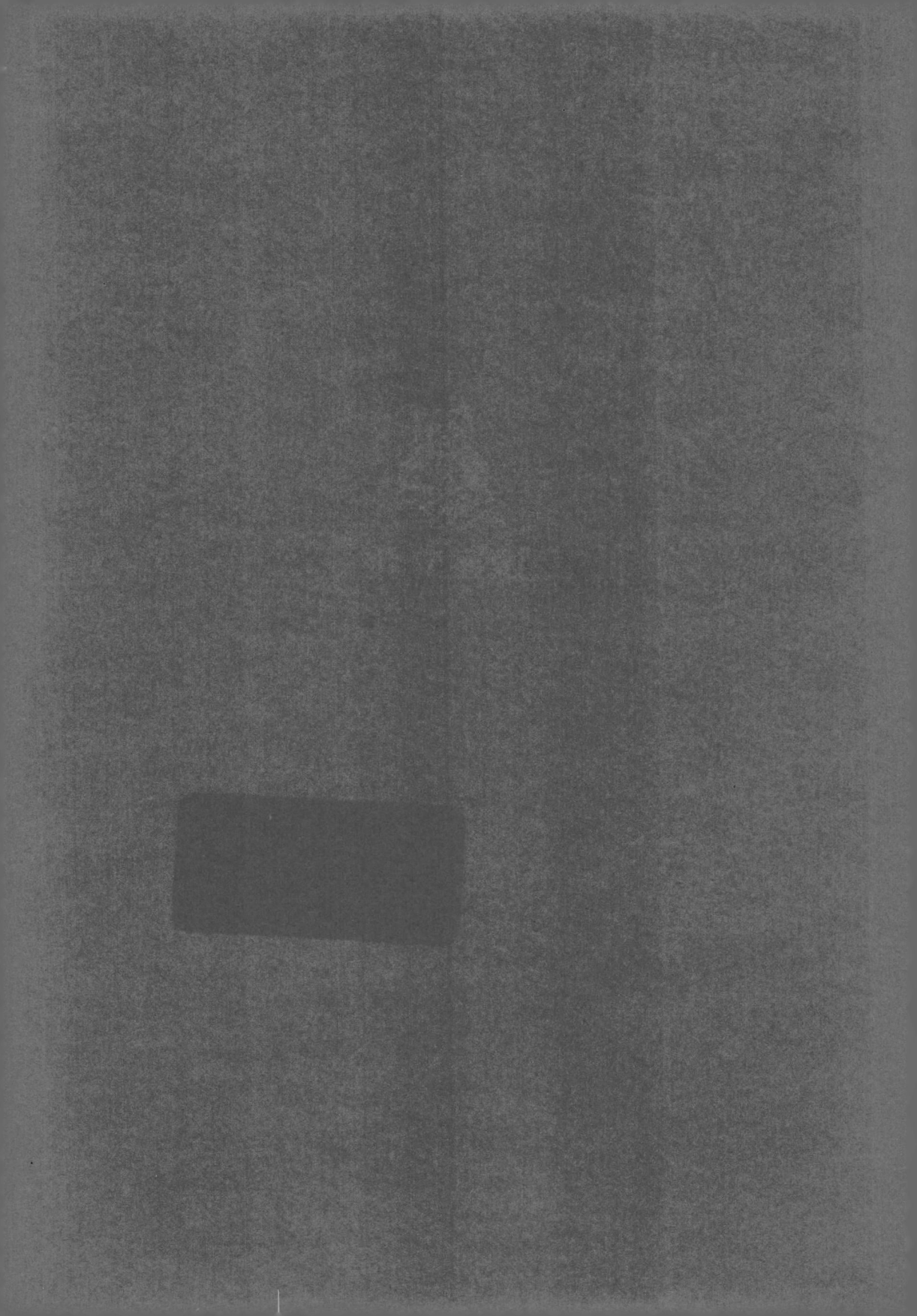

华杉讲透
资治通鉴 4

通篇大白话，拿起来你就放不下；
古人真智慧，说不定你一看就会。

华杉 著

上海文艺出版社

图书在版编目（CIP）数据

华杉讲透《资治通鉴》. 4 / 华杉著 . -- 上海：上海文艺出版社, 2020.5
ISBN 978-7-5321-7592-5

Ⅰ . ①华⋯ Ⅱ . ①华⋯ Ⅲ . ①中国历史—古代史—编年体②《资治通鉴》—研究 Ⅳ . ① K204.3

中国版本图书馆 CIP 数据核字 (2020) 第 045566 号

责任编辑：毛静彦
特邀编辑：周　喆
封面设计：温海英

华杉讲透《资治通鉴》4
华杉　著
上海文艺出版社出版、发行
地址：上海绍兴路7号
电子信箱：cslcm@publicl.sta.net.cn
网址：www.slcm.com
新华书店经销　三河市龙大印装有限公司印刷
开本 710毫米×1000毫米　1/16　17.5印张　字数 236千字
2020年5月第1版　2021年3月第4次印刷
ISBN 978-7-5321-7592-5/K.0407
定价：48.80元

如有印刷、装订质量问题，
请致电010-87681002（免费更换；邮寄到付）

目　录

编者注：为了保证阅读流畅性，本书目录列出每卷"主要历史事件"和"主要学习点"的页码，方便读者查找，不在内文中另设标题，仅在"主要学习点"处划线提示。

卷第二十六　汉纪十八

（公元前61年—公元前59年，共3年）/ 001

【主要历史事件】

王褒《圣主得贤臣颂》反对宣帝求仙 / 003
羌人反叛，赵充国自荐征讨 / 007
赵充国《屯田奏》列举屯田好处 / 015
羌乱平定，赵充国凯旋 / 020
辛武贤害死赵充国之子赵卬 / 021
盖宽饶直谏冒犯宣帝，自刭而死 / 021
日逐王率众投降汉朝 / 023
韩延寿推行教化，深受爱戴 / 025

【主要学习点】

先有明君，再有贤臣 / 005
抓住最主要的战略重心 / 012
不擅长的领域，不要随便发言 / 013
取得胜利，并保全自己和敌人 / 016
不可胜在己，可胜在敌 / 016
断章取义测试：不要给人留下话柄 / 022
出现问题，在自己身上找原因 / 027

卷第二十七 汉纪十九

（公元前58年—公元前49年，共10年） / 029

【主要历史事件】

酷吏严延年被斩首，其母早有预料 / 032
匈奴内乱，五位单于并立 / 034
韩延寿与萧望之相互告发，韩延寿被斩首 / 034
匈奴又形成三单于局面 / 036
黄霸治民有方，却不擅长做丞相 / 037
耿寿昌建议设"常平仓" / 039
杨恽因一封信被腰斩 / 040
冯夫人游说乌就屠 / 047
呼韩邪单于来朝 / 051
麒麟阁十一功臣 / 051
解忧公主年老，请求回汉 / 052
冯夫人自荐出使乌孙 / 052
王政君入太子宫，王氏家族登上历史舞台 / 053
汉宣帝驾崩，太子刘奭即位，是为汉元帝 / 054

【主要学习点】

对自己的功劳要随时清零 / 042
一切都要不断获取，没有什么是一劳永逸 / 042
致中和，不要激进 / 043
要看到事情的后果，并知道如何应对 / 050

卷第二十八 汉纪二十
（公元前48年—公元前42年，共7年）/ 057

【主要历史事件】

王政君被立为皇后 / 059
宦官石显权倾朝野 / 062
刘更生再次被下狱，萧望之被逼自尽 / 066
贾捐之《弃珠厓议》提出撤销海南珠厓郡 / 069
谷吉送郅支单于儿子回国，却被诛杀 / 074
刘更生上书《条灾异封事》建议放逐小人 / 077
贾捐之、杨兴谋求高位被治罪 / 080
匡衡建议改变社会风气 / 082
冯奉世平定陇西羌人叛乱 / 083

【主要学习点】

做难做到的事，补充自己的短处 / 061
将领的五种性格缺陷 / 067
说话的艺术：逻辑与修辞 / 076
世风民俗，就是上行下效 / 083
要避免只有决策理由，没有决策依据 / 085

卷第二十九 汉纪二十一

（公元前41年—公元前33年，共9年）/ 087

【主要历史事件】

盐铁专卖制度恢复 / 089
元帝大量削减祭祀宗庙 / 090
冯婕妤挡熊救驾 / 094
京房劝元帝远离石显，却被石显害死 / 094
石显自知权势太盛，设计迷惑元帝 / 099
陈汤假传圣旨，与甘延寿调兵诛灭郅支单于 / 101
陈汤上书：明犯强汉者，虽远必诛！/ 104
呼韩邪单于请求和亲，昭君出塞 / 106
《侯应论罢边十不可》/ 106
元帝想改立刘康为太子，史丹阻止 / 113
汉元帝驾崩，太子刘骜即位，是为汉成帝 / 114

【主要学习点】

清楚自己的性格弱点 / 093
保密的原则，是要对可靠的人保密 / 098
君王要正己，关键在于平直真实 / 100
将在外，君命有所不受 / 112
军无财，士不来；军无赏，士不往 / 113
生活中充满了私人恩怨和小心眼 / 113
追思先人，传承家族精神 / 116

卷第三十 汉纪二十二

（公元前32年—公元前23年，共10年）/ 119

【主要历史事件】

石显失势，绝食而死 / 121
成帝赐封多位王氏外戚 / 122
杜钦建议皇帝只娶九妻，太后未采纳 / 125
呼韩邪单于去世，其子即位，再娶王昭君 / 127
皇帝把朝政完全委托给王凤 / 127
黄河决堤，尹忠因失职自杀 / 130
匡衡弹劾陈汤，谷永为陈汤辩护 / 132
王延世治理黄河 / 134
成帝削减后宫开支 / 135
成帝封王氏五个舅舅为"五侯" / 138
陈立平定夜郎叛乱 / 140
王商得罪王凤，被逼死 / 143
王凤专权令成帝无奈 / 146
王章建议罢黜王凤，而后被捕死于狱中 / 147

【主要学习点】

少年戒色，壮年戒斗，老年戒贪 / 126
奸臣有两种：长君之恶与逢君之恶 / 129
人性的弱点，是对事实视而不见 / 132
记人之功，忘人之过 / 134
思考决策，要始终服务于最终目的 / 137
及时抗争，不要忍到忍无可忍 / 144
踏实地学习，不要故弄玄虚 / 151
下级要有领导上级的领导力 / 153

卷第三十一 汉纪二十三

（公元前22年—公元前14年，共9年）/ 155

【主要历史事件】

王凤临终前举荐王音 / 157
成帝微服出行 / 159
王音借野鸡事件谏言成帝 / 160
王氏五侯奢侈攀比，成帝发怒 / 163
赵飞燕姐妹入宫受宠 / 164
赵飞燕诬告许皇后、班婕妤 / 165
黄河泛滥成灾，成帝下令停止填堵 / 165
赵飞燕被立为皇后，刘辅反对被逮捕 / 167
王莽博取名声，笼络人心 / 169
皇后赵飞燕与人私通，却始终无子 / 170
成帝废弃修了五年的昌陵 / 172
谷永直谏成帝过失，成帝大怒 / 174
成帝无奈遣回男宠张放 / 178
陈汤、解万年被流放敦煌 / 180
梅福上书建议削弱外戚，成帝不听 / 183

【主要学习点】

"克己复礼"就是仁 / 162
利益会让人丧失基本逻辑能力 / 166
王莽的本事在于"什么都不要" / 170
领导者要懂得爱惜民力 / 177
举荐人才，要"不市恩" / 179
祭祀是为了崇德报恩，不是为了求福避祸 / 183
领导者成就所有人，没有心腹之人 / 186

卷第三十二 汉纪二十四

（公元前13年—公元前8年，共6年）/ 187

【主要历史事件】

梁王刘立荒淫凶暴，谷永为其辩护 / 190
谷永建议减免赋税 / 191
刘向因天变上书谏言 / 192
张禹怕被报复，讨好王氏集团 / 194
段会宗平定乌孙内乱 / 197
成帝观赏胡人与猛兽搏斗 / 200
刘康之子刘欣被立为太子 / 202
成帝向单于要地未果 / 203
许皇后贿赂淳于长，被王莽告发 / 205
淳于长死在狱中，党羽被清洗 / 206
王莽任大司马辅政 / 207

【主要学习点】

领导者要有能力分辨下属的话 / 194
一切的关键在于志向 / 196
治国的九大纲领 / 199
想"立功"的人往往给组织带来损失 / 204
给自己建立"不粘锅"形象 / 207

卷第三十三 汉纪二十五

（公元前7年—公元前6年，共2年）/ 211

【主要历史事件】

成帝突然驾崩，赵合德被逼自杀 / 215
太子刘欣即位，是为汉哀帝 / 217
王政君让王莽辞职，后又重新让他主持政务 / 218
哀帝撤销乐府官署 / 218
刘歆编《七略》/ 219
师丹建议限制富人资产 / 220
王莽得罪傅太后，被免职，但仍受到优待 / 221
贾让提出治河三策 / 224
刘歆反对撤除汉武帝祭庙 / 227
师丹建议哀帝三年内勿改先帝政策 / 227
耿育为陈汤鸣冤，陈汤被召回 / 230
解光揭露赵合德残杀成帝子嗣 / 231
师丹被免职，后又被封侯 / 236
冯太后被诬告自杀 / 237

【主要学习点】

乐天知命，顺理而行 / 215
领导力首先是意志力 / 223
最笨的方法，往往就是上策 / 226
名不正则言不顺，言不顺则事不成 / 236
嫉妒之恨，往往超过血仇 / 239

卷第三十四　汉纪二十六

（公元前5年—公元前3年，共3年）/ 241

【主要历史事件】

傅喜、孔光先后被免官 / 244
傅太后成功加尊号，宫中四位太后并立 / 245
王莽因尊号事件，被遣回封国 / 246
哀帝改年号求福无果，夏贺良等人被处死 / 247
傅太后指使朱博陷害傅喜，失败告终 / 248
王嘉建议不要轻易处罚官员 / 250
哀帝过分宠爱董贤 / 253
董贤被封侯 / 256
哀帝给董贤送兵器，毋将隆因反对被贬官 / 256
鲍宣指出民有"七亡七死" / 257
扬雄建议哀帝接受单于来朝 / 259
息夫躬挑唆哀帝招惹匈奴 / 261

【主要学习点】

任官唯贤才 / 249
领导者最起码的责任，就是赏罚分明 / 256
看问题就像下棋，要推演棋局的发展 / 261
没有价值观，就一心只有趋利避害 / 263

卷第二十六 汉纪十八

（公元前61年—公元前59年，共3年）

主要历史事件

王褒《圣主得贤臣颂》反对宣帝求仙　003
羌人反叛，赵充国自荐征讨　007
赵充国《屯田奏》列举屯田好处　015
羌乱平定，赵充国凯旋　020
辛武贤害死赵充国之子赵卬　021
盖宽饶直谏冒犯宣帝，自刎而死　021
日逐王率众投降汉朝　023
韩延寿推行教化，深受爱戴　025

主要学习点

先有明君，再有贤臣　005
抓住最主要的战略重心　012
不擅长的领域，不要随便发言　013
取得胜利，并保全自己和敌人　016
不可胜在己，可胜在敌　016
断章取义测试：不要给人留下话柄　022
出现问题，在自己身上找原因　027

中宗孝宣皇帝中

神爵元年（庚申，公元前61年）

1 春，正月，汉宣帝第一次巡游甘泉，在泰祭祀天神。三月，汉宣帝前往河东郡，祭祀后土（地神）。汉宣帝很羡慕武帝求仙、求神、求长生不死药的故事，小心谨慎地遵守祭祀的礼仪，并采纳方士们的意见，增加了不少神祠。他听说益州有金马神、碧鸡神，可以通过隆重的祭祀请到，于是派遣谏大夫和蜀郡人王褒持符节前往寻找。

当初，皇上听闻王褒有俊才，召见他，命他写一篇《圣主得贤臣颂》。王褒写道：

"贤才，是国家的工具。如果任用的都是贤臣，就能用很少的举措，做出显著的功绩。贤臣就像工匠的工具一样，如果工具锐利，用很少的力就能产生很好的效果。所以，工匠的工具钝了，即使劳筋苦骨，也终日劳而无功；但如果由巧匠来冶铸宝剑'干将'，离娄（黄帝时期视力最好的人）来绳墨，公输盘来锯木推刨，就算是盖长宽一百丈的五层高台，也能严丝合缝，条理井然。为什么呢？因为用人得当。如果庸人驾劣马，就算是把马嘴勒破，鞭子抽断，也难以前进一步。反过来，如果由王良（春秋时代的名骑手）手拿缰绳，韩哀（传说发明车辆的人）驱驰车辆，驾上啮膝（良马常把头低到膝盖）、乘旦（也指良马，早上出马，晚上到达的意思），就算是周游天下，万里之遥，也能瞬息到达。为什么呢？因为人和马相得益彰。所以穿着凉纱的人，不受盛暑之苦；裹着貂皮大衣的人，不怕寒冷刺骨。为什么呢？因为有了防备寒暑天气的器具。

"贤人、君子，正是圣王治理天下的器具，当初有周公吐捉之劳，才有监狱为之一空的盛世。（周公吐捉，指周公吐哺和捉发。周公尊贤下士，操劳国事，有人来求见或请示，如果正在吃饭，马上把嘴里的饭吐出来，即刻接见，往往一顿饭要如此中断三次；如果正在洗澡，也马上中止，头发来不及梳妆，抓着头发就出来见人。）齐桓公呢，设置庭燎之礼（在庭院中燃起火把），不分昼夜地接待贤士，所以才有九合诸侯，一匡天下之功。由此看来，做国君的，要先勤于求贤，得了贤臣，然后才可以垂拱而治。为人臣者也一样。过去，贤人找不到明君，图谋策划得不到国君的采纳，披肝沥胆也得不到国君的信任，得到官位不能施展才能；被贬黜也不是他们的过错。所以伊尹在没有遇到商汤之前，只能做厨师；太公在遇到周文王之前，只能做屠夫；百里奚在遇到秦穆公之前，卖身为奴；宁戚在遇到齐桓公之前，只能喂牛。这些人都曾经卑贱困苦，直到他们遇到明君圣主后，谋略符合君上的意图，进谏则立即被圣上接受，无论进退都能显示其忠心，担任官职能施展其本领，接受君王赏赐的封爵、土地，光宗耀祖。所以，世间必须先有圣知之君，然后才有贤明之臣。所以，猛虎啸而山风冽，飞龙兴而云雾生，蟋蟀哀鸣则悲秋至，蜉蝣出则阴湿生。《易经》说：'飞龙在天，利见大人。'王者居于正阳之位，贤才才能被看见，被重用。《诗经》说：'思皇多士，生此王国。'美哉众多贤士，生在我周王之国！所以世道清平，主上圣明，则俊贤之才不请自来，堂堂皇皇，列在朝班，聚精会神，相得益彰，就算是伯牙（音乐家）弹起他的名琴'递钟'，逢门子（神射手)拉开他的名弓'乌号',也表达不了那种君臣相得的极致完美。

"所以圣主必须有贤臣,才能弘扬功业;俊才必须得到明主的赏识,才能彰显才德。上下互相狐妖,彼此欢然交欣,千年一合,论说无疑,展翅飞翔,就像鸿毛遇上顺风;澎湃浩荡,就像巨鲸遨游大海,其得意如此,则何禁不止?何令不行?教化溢出我们的四方边陲,而横溢到无穷的世界。所以圣主不用亲眼目睹,不用亲耳倾听,就能耳聪目明,遍观天下,无所不闻。天下太平的责任已经尽到,悠游生活的愿望也得到满足,祥瑞自然降临,寿命自然无疆,何必委屈自己,去学彭祖、王侨、赤松子,远绝世俗,离群索居呢?"

此时的汉宣帝颇喜好神仙之术,所以王褒在文章中特别提到。

京兆尹张敞也上书进谏说:"希望明主能忘记车马之好,不要听方士们的虚言妄语,专心于帝王之术,太平盛世才能来到。"皇上于是将正听候诏令的方士全部遣散。

当初,赵广汉死后,继任的京兆尹都不称职,唯有张敞还能跟赵广汉有一比。虽然他的谋略、聪明都不如赵广汉,但能用儒家经术来弥补他的不足。

【华杉讲透】

明主贤臣,是贤臣造就了明君,还是明君成就了贤臣?我认为先有明君,因为选择权在他。

为人臣者,要么投其所好,要么退而求去,没有能逆着上意而行的。有什么样的君王,就有什么样的臣子,就有什么样的国家。三千年历史,看一朝一代怎么样,或喜或苦,或兴或衰,全在国君一个人,这就是《大学》里讲的"一人定国":

> 一家仁,一国兴仁;一家让,一国兴让;一人贪戾,一国作乱。其机如此,此谓一言偾事,一人定国。

一句话就能败坏一件大事,一个人就能决定一个国家。

2 汉宣帝很注意修饰，他的宫室、车马、服饰之盛大豪华，都远超昭帝时期，外戚许氏、史氏、王氏都尊贵受宠。谏大夫王吉上书汉宣帝说：

"陛下以圣贤气质总揽万方事务，一心治国，将实现太平盛世。每次颁下诏书，百姓就如同重获新生般欢欣鼓舞。臣私下心里想，陛下的所作所为，对天下百姓来说，可谓最大的恩情，但还不能说是政务的根本。真正能治国的君主并不经常出现，而如今公卿们有幸欣逢能言听谏从的明君，却并没有提出建立万世基业的长期规划，让明君能成就三代之盛世。他们关注的是什么呢？就是按期开会、审计簿书、审案判决而已，这都不是太平盛世的根本。臣听说，百姓虽然柔弱，但无法打败他们；虽然愚昧，但无法欺骗他们。圣主独行于深宫，所作所为，如果得当，则天下称颂；如果有过失，则天下非议。所以君王的要务，在于谨慎地选择左右大臣，注意审查指派办事的官吏。使左右大臣能匡正自身，办事的官吏能宣扬德教，这才是治国之本。

"孔子说：'安上治民，莫善于礼。'要长治久安，关键在于礼，这不是空谈啊！王者在完成礼制之前，应该在先王制定的礼制中，选择适合今天使用的，先行实施。臣希望陛下能上承天心，弘扬大业，与公卿大臣以及儒生一起研究旧礼，彰明王制，推行仁政，让这一世之民都能安居乐业，健康长寿。如此，何愁风俗不能和美，何愁成康之世不能重现，又何愁皇上的寿命赶不上高宗武丁呢？我发现一些当世的举措，不合于道的，试举几例，向皇上逐条汇报，请皇上裁择。"

王吉认为："当今世俗娶妻，聘礼太重，没有节制，贫穷人家完全不能负担，以至于不敢生育子女，甚至杀婴。还有，汉家列侯娶了天子的女儿，称为'尚公主'，国人娶了诸侯王的女儿，则称为'尚翁主'，这种男的侍奉女的，丈夫屈居于妻子之下的事，逆反了阴阳之位，所以很多女子淫乱。古代的衣服、车马方面，对尊卑贵贱都有标准，如今上下僭越，只要有钱，自己想怎么搞就怎么搞，所以贪财图利，连死都不怕。周朝之所以能不用刑罚而使天下大治，就是因为能禁止邪念罪恶于萌发之前。"

又说："舜、汤不用当时三公、九卿的子弟，而任用皋陶、伊尹，贤人得到重用，奸妄之人自然远离。而如今呢，官家子弟都可以继承父兄的职位，继续做官，他们大多十分骄傲，也不通古今之变，无益于百姓。臣建议废除'任子令'（高级官员可以在兄弟子侄中举荐一人为郎官的制度）。对于陛下的外家和故旧，可以给他们财富，但不宜让他们做官。还有，希望陛下不要再玩'角抵'游戏，缩减乐府的规模，减少御库房的开支，向天下人示范和提倡节俭。古代工匠不去雕刻精细的装饰，商人不贩卖奢侈物品，并非古代的工匠和商贾贤德，而是风俗教化让他们如此。"

皇上认为王吉所论迂阔，不怎么待见他。王吉就称病，退休回家了。

【华杉讲透】

汉初，刘邦制定了困辱商人的政策。《史记》说："贾人不得衣丝乘车，重租税以困辱之。"你再有钱，也不许穿丝绸衣服，不许乘车，就是不允许商人有任何社会地位的象征；再加重租税，限制商人的财富积累。他的理念呢，金钱就是权力，商人奢侈张扬，百姓羡慕商人，朝廷官员勾结依靠商人，就影响了朝廷的权威。王吉所说的，就是要恢复这样的政策，要将金钱和权力分开，即便无法阻止他们赚钱，那也要限制他们行使金钱的权力。

3 义渠安国到达羌中，召集先零诸酋长三十余人，将其中最桀骜不驯的人全部斩杀，又纵兵突击先零人，斩杀一千余人。归附汉朝的各羌人部落和归义羌侯杨玉等都怨恨愤怒，觉得汉吏无故诛杀，无法信任，于是联合其他小部落，全部叛变，攻打边塞城邑，杀死朝廷官吏。义渠安国派骑都尉将二千骑兵去防备羌人，抵达浩亹，遭遇羌人攻击，损失大量车马辎重和兵器，义渠安国引兵撤退，到了令居，上书汇报情况。

当时赵充国已经七十多岁，皇上觉得他太老了，派丙吉去问他，推荐谁做大将。赵充国说："没有谁比我更合适！"皇上再派人问："将军估量羌人实力怎么样？咱们该派多少人？"赵充国说："百闻不如一见，军事活动，不能遥控，臣愿飞驰到金城去，绘制地图，并制定征讨方略，再向您汇报。羌戎小夷，逆天背叛，不久就会灭亡，陛下不必担心，都交给老臣吧！"皇上笑了，说："诺！"于是大发兵到金城。夏，四月，派赵充国为大将，率领军队进攻西羌。

4 六月，异星出现在东方天际。

5 赵充国到了金城，等骑兵集结满一万人，准备渡河，但担心遭遇伏击，于是派三个校尉夜里衔枚先渡，渡河之后，即刻构筑防御阵地，等到天明，再依次全部渡过黄河。羌虏数十百骑来，在阵地旁边出入，赵充国说："我们的士卒马匹刚刚渡河劳倦，不可驱驰追逐，这些都是骁勇的骑兵，很难制伏，而且也担心他们有埋伏，这是来引我们上当的诱兵。我们出征，以殄灭叛军为目标，小利不足贪！"

【华杉讲透】

《孙子兵法》说："远而挑战者，欲人之进也。"敌人离得很远，却派人来挑战，那就是要引诱我们前进，前面有埋伏。又说："饵兵勿食。"

赵充国下令不要理睬羌人骑兵，派骑兵斥候去侦察旁边四望陿里有没有埋伏，斥候回报，没有羌军把守，于是，当夜引兵挺进到落都，召集诸校尉、司马，说："我知道羌虏不会用兵了！如果有数千人守住四望陿，我们怎么进得来呢？"

赵充国经常向远处派出侦察兵，行军时一定会保持战备，宿营时一定会坚固营垒。他尤其谨慎持重，爱护士卒，先计而后战。于是向西挺进到西部都尉府，每天用丰盛的伙食大飨士卒，士卒们都乐于为他所用。羌虏数次挑战，赵充国坚守不出。从抓到的羌军俘虏口中得知，羌人各部首领多次相互责备说："早告诉你不要造反，如今天子派赵将军率军前来，赵将军已然八九十岁，却善于用兵，现在我们就是想一战而死，还办不到吗？"

当初，罕、开部落酋长靡当儿派他的弟弟雕库来告诉西部都尉说："先零人打算造反！"后数日，先零果然造反。雕库同族的人不少都和先零部落杂居，西部都尉就留下雕库为人质。赵充国认为雕库无罪，放他回去，并让他告诉本族酋长："汉军只诛杀有罪者，请你们自相区别，不要和他们一起灭亡。天子告诉诸羌人：犯法者如果能主动捕斩同党，就可免罪，并且以功劳大小赏赐钱财，被捕杀者的妻儿、财物，也都归他所有！"赵充国想用这个计策，以威信招降罕、开部落以及其他被裹挟参与造反的人，瓦解羌人内部团结，等到他们疲惫不堪，再一举突击。

当时，汉宣帝已经征发内地郡国军队六万人前往屯边。酒泉太守辛武贤上奏说："各郡军队都屯备南山，北边空虚，其势难以长久。如果到了秋冬季再进兵，这是敌人远在境外之策。如今敌人就在跟前，日夜不停地侵扰，并且当地气候寒苦，汉军马匹不耐寒，不如在七月上旬带上三十日粮食，分兵出张掖、酒泉，在鲜水合击罕、开部落，就算不能将他们全部诛灭，也可以夺取他们的牲畜财产，俘虏他们的妻子儿女，然后撤军回来，冬天再次出击，这样反复给他们创伤，敌人一定震恐崩溃。"天子将辛武贤的建策发给赵充国，请他考虑。赵充国说："一匹马带三十天的粮食，为米二斛四斗，麦八斗，又有衣装、兵器，负重太多，难以追逐。敌人看到我们这个情况，一定稍稍后退，逐水草，入山林。我们再继续深入，敌人就扼守险要，在后面断绝我们的粮道，则我们必有兵败之忧，为夷狄所耻笑，这样的创伤，一千年也不能恢复。而辛武贤却认为可以夺其畜产，虏其妻子，这纯粹是空谈，不是最好的策略。先零部落是反叛的首恶，罕、开部落是被胁迫跟从，我的愚计，是把罕、开因被胁迫而参与反叛的过失摆在一边，不要提起，先诛灭先零，以震动羌人，等他们悔过后再赦免他们，并选择了解他们风俗的良吏，前往安抚和解，这才是既能保全部队，又能获取胜利、保证边疆安定之策。"

天子将赵充国的信再交给公卿们讨论，大家都认为："先零军事强盛，又有罕、开的帮助，如果不先攻破罕、开，就没法拿下先零。"皇上于是拜侍中许延寿为强弩将军，酒泉太守辛武贤为破羌将军，赐玺书嘉奖，采纳辛武贤的计策，又以敕书责备赵充国说："如今向前线转运粮食和物资的后勤供应，频繁让百姓烦扰，而将军您率领着一万多人的大军，不及早利用夏秋水草之利，争夺敌人的牲畜财物，反而要等到冬天，让敌人蓄积粮食，藏匿在山林之中，占据险要地形。而将军您的部队却在冰天雪地立生冻疮，这有什么好处呢？将军您不想想国家的庞大支出，却要用几年的时间在那里干耗着，把敌人耗死，这样做将军的话，谁都愿意做吧！现在，我下令破羌将军辛武贤等率军，就在七月击破罕羌，请您引兵并进，不要犹疑！"

赵充国上书说："陛下之前赐给我诏书，指示我派人劝谕罕部落，说大军将至，汉不诛罕，以瓦解他们的联盟。臣派遣开部落酋长雕库宣告天子至德，罕、开部落群众都已闻知天子明诏。如今先零部落酋长杨玉坚守山林，伺机而动，罕、开部落则没有反叛行动。如果我们不攻打先零，反而去攻打罕、开，那是把有罪的放过，去诛杀那无辜的，一次行动造成双重伤害，这也不是陛下的本意啊！《孙子兵法》说：'攻不足者守有余。'发动进攻，可能力量不足，但若只是防守，则绰绰有余。又说：'善战者致人，不致于人。'善于作战的人，安排好战场引敌人来；不善于作战的人，钻到敌人安排好的战场去。如今，罕、开企图攻打酒泉、敦煌，本应整顿兵马，训练士卒，在酒泉、敦煌等着他们，以逸待劳，这是取胜之道。如今却唯恐二郡兵少，不足以守，反而发动行军进攻，放弃让敌人自投罗网的计策，而投到敌人的罗网里去，我认为不是什么好主意。先零部落要叛变，所以和罕、开化解怨仇，缔结盟约，但其实他们心里并不踏实，担心汉朝大军到了之后，罕、开部落会叛盟归汉。但如果我们先攻击罕、开，先零一定援救，那反而是我们让他们的盟约更加坚实了。如今羌虏马肥，粮食充裕，攻打他们，恐怕我们也占不到什么便宜。反而让先零得了机会，施恩于罕、开，坚其约，合其党，他们团结起来，合计能得精兵二万余人，再裹挟其他小部落，人马更多，像莫须这样的小部落都裹挟进去，越来越难离间他们了。如此，叛军越来越多，要诛灭他们所需要的兵力又要增加数倍。我恐怕国家的负担要按十年计，不是两三年可以拿下的了。于臣之计，先诛先零，先零一灭，则罕、开可不战而下。假如先零已诛而罕、开不服，等到正月再攻打罕、开，这样安排，策略上合理，也合乎时宜。如果要现在马上进兵去攻罕、开，我看不到有什么利益！"

六月二十八日，赵充国发出奏章。七月初五，皇上回复的玺书送到，采纳赵充国的计策。

【华杉讲透】

《孙子兵法》首先不是战法，而是不战之法；首先不是战胜之法，而是不败之法。所谓不战而屈人之兵，战，必有代价，必有战败风险。赵充国追求的战略目标，就是他说的六个字——全师、保胜、安边。全师，是保障部队安全。杀敌一千，自伤八百，不就造成八百个破碎的家庭吗？所以他首先考虑的是他的士兵们，要带领他们取胜，但不要一将功成万骨枯，不要士兵们为国牺牲，就像巴顿将军说的："为国牺牲，那是敌人的事。"

保胜，是要保障取胜，不打无把握之仗。《孙子兵法》说："善战者，胜已败之敌。"敌人没有露出败相，你一厢情愿硬要把他攻下来，你做不到，《孙子兵法》说这叫"胜可知而不可为"，能不能取胜，将领可以做出判断，明知不能胜却还要打，胜利是强求不来的。这都是真正懂军事的人思考的问题，《孙子兵法》说，要先胜而后战，要胜中求战，不要战中求胜。

军事胜利不是最终目的，安定边疆才是最终目的。制定战略要始终服务于最终目的，战争是为了长期和平，不是为了惩罚敌人。

朝廷大臣们的意见，则是另一番光景，朝臣们的意见，首先大部分不是真正的意见。当皇上征求大家的意见，他以为他们都有观点，实际上大多数人没有观点，因为他们都不是军事专家，这些事他们都不懂。但是，没有观点不等于他们不发表观点，恰恰相反，每个人都很踊跃地发表观点，一方面因为不知道自己不知道，另一方面是要显示自己很知道，再一方面是揣摩上意，尽量说得合乎皇上的心思，提高自己的地位，这样一来，他们的"建言献策"就很多了。既然观点已经发表，就要誓死捍卫，因为捍卫自己的观点，就是捍卫自己的权位。所以这种会议，纯属添乱的会议，也确实添了大乱。不过，好在汉宣帝收到赵充国的回复之后，还能醒悟过来，听专家意见。

任何一个战略，都有其战略重心，用毛主席的话说，就是抓主要矛盾。英国军事家富勒说，你要把纷乱的战局合并为少数几个主要的战略重心——最好是一个；然后呢，把你的军事行动合并为少数的几个主要行动——最好是一个。赵充国就抓住了这个战略重心，就是先零部落，只要解决了先零部落，其他的自然瓦解，如果军事行动不聚焦于这个战略重心，而是投入其他地方去，则既有损失，又无利益，这就是他为什么说"我看不到打罕、开有什么利益"的原因。

普鲁士军事家克劳塞维茨说："等待本身就是一个独立的军事行动。"皇上认为赵充国不作为，因为他不懂得在大多数情况下，等待本身就是最积极的行动。人们总是急于行动，急于解决问题，却不知道自己根本没找对问题。而他们解决"问题"的举措，反而会制造出更大的问题。赵充国的回信，就指出了这一点，罕、开不是问题所在，攻打罕、开会制造出更大问题，就是羌族各部落更加紧密团结在先零周围，反叛势力会更加壮大。皇上和大臣们还想解决一个问题，就是军事行动耗费太大，要速战速决，赵充国也指出了真正的问题所在——我想两三年解决，你们想两三个月就解决，但是如果按你们说的办，恐怕反而要拖十年才解决！皇上听懂了他的话。

那么，在朝廷会议上，公卿大臣们为什么会一致认为要马上出兵呢？根本就没有什么"一致认为"，只是两个一致，一是一致的集体情绪，人性的弱点——一厢情愿，人们愿意相信一些事情是真的，只不过因为那符合他们的期望，都期望马上解决，就会认为能马上解决；二是跟皇上保持一致，多数人是看皇上的倾向是啥，然后马上跟皇上保持一致。

关于会议发言我有两个方面的体会：如果我是决策者，我只听在该方面所信任的专家的，不听其他人的；如果我被别人征求关于某方面的意见，而又不是我的专业领域，我就把嘴闭上，不发言。

因为我有自己很专业的领域，我就懂得专业的尊贵和权威。我非常痛恨明明什么都不懂，还踊跃发言的人，也讨厌"让大家都说说"的领导。将心比心，我也不敢去侵犯别人的专业领域。那些什么都不懂的人，因为他不知道懂得一件事情是什么状态，所以什么都敢发言，任何领域他都有"自己的观点"，这种人就是会议的毒药。

孔子所说的"不在其位，不谋其政"，就是让你不要给别人添乱。

赵充国引兵抵达先零营地。先零人屯兵已久，戒备松懈，忽然看见汉军大兵前来，慌忙丢弃辎重，急渡湟水逃跑。道路狭窄，赵充国跟在后面慢慢前进，驱赶他们。有人说："逐利宜速，我们这样走得太慢了。"赵充国说："这是穷寇。穷寇勿迫，不要把他们逼急了。我们慢慢跟在后面，他们就不会回头，慌忙逃命；但如果我们逼得太紧，他们就会转身和我们拼命。"诸校尉都说："说得对！"

羌虏渡河溺死数百人，投降及被汉军斩首达五百余人，俘获马、牛、羊十万余头，大车四千余辆。

大军到了䍐部落居住地区，赵充国下令不许烧毁他们的房屋，也不要在他们的田地里收割牧草或放牧。䍐、开部落听说了，都高兴地说："汉军果然不攻打我们！"酋长靡忘派使者来对赵充国说："希望能让我们回到原来的居住地。"赵充国将他的请求上报皇上，还没有得到批复，靡忘亲自来晋谒，赵充国赐给饮食，再放他回去晓谕族人。护军以下将士都争相说："这是反虏，不能擅自放他回去！"赵充国说："诸君只是拿法律条文说事儿，保护自己不要犯错，不是真正忠心为国家利益考虑！"话还没说完，皇上的玺书送到了，准许靡忘戴罪立功。之后，䍐部落不战而定。

汉宣帝下诏书，命破羌将军辛武贤、强弩将军许延寿率军前往赵充国屯兵之处，于十二月和赵充国会师，进击先零。当时，羌人投降的已经有一万多人，赵充国估计他们一定会自己崩溃，所以想撤去骑兵，在当地屯田等待，等待羌人自己出问题。结果他写好了奏章，还没有送上去，就收到皇上下令进兵的玺书。赵充国的儿子、中郎将赵卬恐惧，派一位宾客告诉赵充国说："您就出兵吧！如果出兵会损兵折将，国家倾覆，那您坚守不出还可以理解；现在无非就是权衡利弊的区别，那利大利小有什么值得跟皇上争辩的呢？一旦不合上意，派一个御史来责问您，您自己的人身安全都不能保证，还谈什么国家的安危呢？"

赵充国叹息说："你这样的话，真是对国家没有忠心啊！本来嘛，如果当初听我的，早做预防，就根本不会有今天的羌乱。当初要举荐能担任羌人工作的人，我举荐了辛武贤，丞相、御史却要派义渠安国，结果就是义渠安国坏了事。我又建议储备粮食御敌，当时金城、湟中的粮价，每斛八钱，我向耿中丞建议：'收购储备三百万斛粮食，羌人就不敢动了。'耿中丞呢，只请示申请收购一百万斛，实际执行下来，只得四十万斛而已，义渠安国第二次出动，就消耗了一半。我这两条计策都没有被采纳，以至于羌乱发生、发展到现在这个地步。这就叫'差之毫厘，失之千里'！现在如果军事行动久拖不决，其他边境邻国都会动摇，相因而起，到时候再聪明的智者也无法收拾残局，你们还以为只有羌乱值得担忧吗？我誓死坚持我的意见，圣明的君王终将会采纳我的忠言。"

【华杉讲透】

赵充国的一举一动，都是《孙子兵法》，他坚守的，也是《孙子兵法》所讲的将道："进不求名，退不避罪，唯人是保，利合于主。"不为英勇的虚名而进兵，觉得不该打，甚至该撤退，那就不打，就撤退，也不怕被治罪。所追求的目标，一是唯人是保，保全自己的军队和百姓，甚至敌方的军队百姓也尽量保全，他们投降就行了，一定要把他们杀光吗？二是利合于主，真正符合君主的利益。给皇上他所需要的，不是他想要的，因为皇上想得不对，他想的事办不到。

看问题要长远，但是，皇上也只盯着眼前，你还要和他一起讨论，甚至争论。你说的，他全都不懂，他说的，你全知道他病根在哪儿，但是你治不了他的病，只能眼睁睁看着他坏了大事，那种痛苦，我是深有体会！

在羌乱未起之前，赵充国就看到了羌乱将起，也看到了局势将如何发展，可以在哪一步设防，但是，他的一步步预防之策都没有被采纳，终于发展到不可收拾。到了今天这一步，他看到的是不要让羌乱发展成四夷摇动，激发出西域之乱和匈奴外患。之前他只能建言献策，现在处置之权已经交给了他。他就铁了心，将在外，君命有所不受了。他坚决不出兵，不去捅那脓包，让他自己烂掉，自己坏死。

于是，赵充国上书建议屯田，说："臣所率领的部队，将领、士兵以及牛、马所需要的粮食草料，从国内各地征调，如果战事僵持时间太久，徭役不能停息，恐怕会衍生出其他变乱之事，让陛下增加担忧，这不是庙胜之策。况且羌人顽强，容易用计策瓦解，难以用兵力攻破，所以我的愚计，认为不宜出兵攻击！现在我已调查测量，从临羌地区，东至浩亹，羌虏以前的田地及公田，加上还未开垦的，有二千顷以上，其间的邮亭很多已经败坏。臣之前派人进山，已经砍伐木材六万余棵，储存在水次。臣希望能撤回骑兵，只留步兵一万零二百八十一人，分屯要害处，等到春天河冰解冻，木材顺流而下，修缮乡亭，疏浚沟渠，整治湟陿以西道路桥梁七十座，这样交通运输可以直达鲜水附近。到了春天，战士们出营耕种，每人分地三十亩。到了四月之后，水草丰盛，再征调边郡骑兵及属国胡骑各一千人，就着水草，保护警戒耕田部队。收获的粮食，充入金城郡，增加积蓄，国家军费可以得到极大的节省。如今大司农已经运到前线的粮食，足以供应一万人一年所需，我谨在此呈上屯田所需的农具清单和数量。"

【华杉讲透】

撤去骑兵，就撤去了骑兵所需的军费。剩下的粮食，只够一万步兵吃一年。一年之后，士兵们可以吃自己种出来的粮食了。读者可能会问，一万人的粮食对国家负担这么大吗？这里需要了解古代的军事。赵充国说了，部队所需的粮食，从很广阔的地方征收，再运到前线去。他没有说出来的是，运输成本是粮食本身的三十倍，运一车粮食上前线，要三十车粮食的成本，在前线养一万人，就相当于增加了三十万张嘴。所以，屯田生产出一斗粮食，就相当于节省了三十斗，这就是屯田的意义。

皇上回复说："假如按将军您的计划，羌人叛乱应当在何时伏诛呢？军事行动何时结束呢？请仔细研究出最佳方案，答复我！"

赵充国答复说："臣闻帝王之兵，以全取胜，所以重视谋略，轻视拼杀。《孙子兵法》说：'百战而百胜，非善之善者也，故先为不可胜，以待敌之可胜。'

【华杉讲透】

赵充国此处引用《孙子兵法》，解释一下：

以全取胜，既要取得胜利，又要保全自己，不受损失，甚至保全敌人的士兵、百姓和城池、财物，因为那是战利品。贵谋而贱战。《孙子兵法》说"不战而屈人之兵"。善之善者也，要靠谋略，不战而胜，如果浴血奋战打下来，那是下策，因为浴血奋战要浴血。

百战而百胜，非善之善者也，百战百胜，每战必有死伤损失不说，胜了一百仗还在战，证明胜利的质量很低，战斗的目的不是取胜，而是平定，要一战而定，不要百战百胜。

军事行动的要诀，就是等待那可以一战而定的决战时机，要等待决战，就要先为不可胜，先自我完坚，让敌人不能战胜我，然后等待敌人出问题，等待敌人最脆弱的时候，可以一战而定的时机，这就是"以待敌之可胜"，就是"胜中求战"。皇上对赵充国的要求就是"战中求胜"，而赵充国坚持要"胜中求战"。

《孙子兵法》还说"不可胜在己"，自己完坚，不可战胜，功夫全在自己；"可胜在敌"，能不能取得胜利要看敌人情况。所以，"胜可知而不可为"，能不能取胜，可以预判，但是判断下来没有把握的话，是不能强求的。

所以，我们喜欢喊口号说必胜，但军事没有必胜之道，只有不败之道。赵充国要确保的是不败，至于什么时候取胜，看敌人情况。皇上希望马上就胜，赵充国说不行！皇上就追问他什么时候能胜，皇上问这个问题，就是还没理解他的思想，但是皇上问了，他也得回答。

《孙子兵法》首先不是战法，而是不战之法；不是战胜之法，而是不败之法。这是多数人不能理解的。军事行动，任何时候首先考虑的都不是取胜，而是避免兵败。确保不败，自然有胜的结果；一心想胜，最后可能一败涂地。我们接下来看看赵充国怎么陈述他的不战之法、不败之法。

"蛮夷的风俗，虽然和我们礼仪之邦不同，但趋利避害，爱护亲戚，畏惧死亡，这些和我们是一样的。如今，羌人失去了他们肥沃的土地和丰美的水草，不知何处寄托其身，远遁荒山野岭，骨肉离心，人人都有背叛的愿望。而此时陛下班师罢兵，留下万人留驻屯田，顺天时，因地利，以待可胜之虏，虽然叛军没有马上伏诛，战事估计也能在一年内结束。（他们日子难过，我们攻打，事态紧急，他们就团结一心，一致对外；我们不管他们，他们松懈，就内部自动瓦解。）羌虏瓦解，前后投降者已有七百余人，其中我们晓以大义之后又放回去的有七十人，这都是促使他们瓦解的工具。臣谨归纳了不出兵而留兵屯田的十二条好处：

"步兵九部，官兵一万人留屯，耕田产谷，威德并行，这是其一。我们留在这里，排挤羌虏，他们无法回到自己的土地，让他们贫困破产，相互生怨恨，这是其二。当地居民也能耕种，不荒废了农业生产，这是其三。骑兵人马一个月的粮秣，就够步兵用一年，撤去骑兵而节省军费，这是其四。到了春天，集结士卒，顺着黄河、湟水将谷物运输到临羌，耀武扬威，作为镇压和谈判的资本，这是其五。利用农闲时间，将之前砍伐的木材，顺流而下，修缮邮亭，物资可以输入金城，这是其六。如果出兵，则自投危险之境，以图侥幸之胜；不出，则是令反叛之虏流窜于风寒之地，陷入霜露、疾疫、冻疮之害，坐得必胜之道，这是其七。我军可以免除攻营拔寨，深入追击，死伤相继之害，这是其八。内不损威武之重，外不令羌虏得到可乘之机，这是其九。又不会惊动黄河以南的大开部落，再生出其他变乱，这是其十。修治隍陿中道路桥梁，打通道路到鲜水以制西域，伸威千里，以后行军就像在枕席上过一样方便，这是其十一。军费既然节省，也就不需要征发内地百姓徭役，以防备国内事变，这是其十二。留驻屯田，就有以上十二条好处，出兵，则失去这十二项利益，请皇上明诏采择！"

汉宣帝再次回复说："你说战争可以在一年内结束，是指今年冬天吗？还是什么时候？将军你有没有考虑，羌虏如果听说我们大军已撤，集结精锐攻击我们屯田和道路上的守军，杀掠百姓，我们该如何制止？将军再深入考虑，回复！"

赵充国再次上奏说："臣听说，用兵以计算敌我双方实力形势对比为本，胜算大的能战胜胜算小的。先零的精兵，如今剩下的不过七八千人，丧失了土地，远在三林，四分五散，挨冻受饿，反叛来归的络绎不绝。臣认为，羌虏的破灭可以日月而计，最晚也拖不过明年春天，所以说可以在一年内解决。我私下观察，北边从敦煌到辽东，一万一千五百余里，我们在要塞及亭障驻守的士兵不过数千人，敌人数次大军来攻，也占不到我们的便宜。如今我们的骑兵虽然撤回了，羌虏也知道，咱们屯田的步兵还有一万人。而且三个月内，羌虏的战马正在枯瘦期，一定不敢把他们的妻子儿女留在其他种族的包围之中，自己远涉河山来攻打我们；更不敢带着他们的辎重还归故地。这就是为什么我断定羌虏一定会在他们现在所处的地方瓦解，可以不战而破。至于羌虏有小寇小盗，杀伤百姓，这本来就是没法禁绝的事。臣听说，作战如果没有必胜把握，就不要短兵相接；进攻如果没有拿下的把握，就不要劳师动众。如果说我们现在出兵，虽然不能灭了先零，也能制止他们的小寇小盗，那也行！但实际上做不到，出兵不出兵，结果都一样，为什么我们要放弃坐胜之道，而将自己置于危险境地呢？深入险境，又得不到利益，白白让自己疲惫损失，贬低自己的身价，这不是我们向蛮夷展示威重的方法。况且大兵一出，战胜也好，战败也好，一旦班师，士兵们的心理变化了，觉得打完仗了，都想回家了，没法让他们安安心心屯田防备羌人，而湟中地区咱们也不能让它真空，那么要换防，要运粮，徭役又起了。臣认为这十分不便！臣私底下想：奉诏出塞，引军远击，穷天子之精兵，散车甲于山野，虽然没有尺寸之功，但是也可以避嫌，摆脱苟且偷安的指控，后面有什么罪责也可以免责。但是，这些私利对陛下是不忠，不是社稷之福！"

【华杉讲透】

赵充国一番心迹，还是《孙子兵法》的将道：进不求名，退不避罪，唯人是保，利合于主。真纯臣也！

赵充国的每次奏章，皇上都交给公卿大臣们讨论。开始的时候，同意赵充国意见的人大概十分之三，后来到十分之五，再后来到十分之八。皇上又下诏诘问之前反对赵充国意见的人，这些人都顿首服气。魏相说："臣愚昧，不懂得军事利害，后来赵将军数次筹划军事，他的意见总是对的，臣可担保，他的计策一定可用！"于是皇上回复赵充国，嘉奖并采纳了他的意见。

破羌将军辛武贤、强弩将军许延寿多次上书说羌虏可击，于是对他们的建议也采纳，下诏两位将军与中郎将赵卬出击。许延寿出兵，俘虏四千余人；辛武贤斩首二千级；赵卬斩杀及俘虏也有二千余人；而同期赵充国招降也得五千余人。于是皇上下诏撤军，只留下赵充国在当地负责屯田事务。

6 大司农朱邑去世。汉宣帝认为他是一个奉公守法的好官，因此感到可惜，下诏赐给他的儿子黄金一百斤，以供奉他的祭祀。

7 这一年，汉宣帝任命前将军、龙𩗀侯韩增为大司马、车骑将军。

8 丁令国（柏杨注：位于西伯利亚贝加尔湖畔）接连三年南下攻击匈奴，杀掠数千人。匈奴遣骑兵万余人前往攻伐，但没有收获。

神爵二年（辛酉，公元前60年）

1 春，正月，因为有凤凰飞过长安，并落下甘露，汉宣帝大赦天下。

2 夏，五月，赵充国上奏说："羌人本来有大概五万人军队，之前被斩首七千六百级，投降三万一千二百人，溺死在黄河及湟水，以及饿死者五六千人，算下来，剩下跟随其首领煎巩、黄羝一起逃亡的不过四千人。靡忘等人都保证能劝这些叛羌余众来降，请撤去屯田部队！"
皇上批准，于是赵充国整军凯旋。
赵充国的好朋友浩星赐前去迎接，对他说："众人都认为是辛武贤、许延寿的出击，多有斩杀和俘虏，所以才使羌人破灭。然而，有见识的人则认为羌人已到了穷途末路之境，就算不出兵，他们自己也会降服。为将军您考虑，还是应该归功于二位出击的将军，声称他们的贡献，您不能相比，这样对你比较好！"赵充国回答说："我年纪已经老了，爵位也已经到头了，岂能因为一件事自夸或自谦，去欺骗明主吗？兵势，是国之大事，是给后世留下案例，参考效法，如果我不能跟皇上将其中的轻重利害讲明白，一旦死了，以后还有谁来讲呢？"于是实话实说，皇上也同意他的分析，罢免了辛武贤的破羌将军官衔，让他回去做酒泉太守。赵充国也恢复后将军职务。
秋，羌人若零、离留、且种、儿库一起斩杀了先零大酋长犹非、杨玉。羌人的其他酋长弟泽、阳雕、良儿、靡忘等，分别率领着煎巩、黄羝部落所属四千人归降。汉朝廷封若零、弟泽二人为帅众王，其他酋长都封侯或君。于是在金城郡设立属国，收容投降的羌人。
皇上下诏举荐护羌校尉。当时赵充国卧病在床，丞相、御史、车骑将军、前将军都一致举荐辛武贤的弟弟辛汤。赵充国听说后，立即从病床上起来写奏折，说："辛汤酗酒，不能让他去主持蛮夷事务，不如派他的哥哥辛临众。"当时辛汤已经正式接受任命，拜受符节，皇上接到赵充国意见，马上又把辛汤的符节收回，改授辛临众。不巧辛临众患病，去不了。众人又举荐辛汤。辛汤上任后，多次醉酒凌虐羌人，再次激起羌人反叛，和赵充国预计的一样。

辛武贤深恨赵充国，上书告中郎将赵卬曾经向他泄露宫中机密谈话，皇上将赵卬交给有司审问。赵卬自杀。

【华杉讲透】

赵卬是赵充国的儿子。浩星赐提醒赵充国不要得罪人，赵充国说，我已经老了，爵禄也到头了，怎么能为了不得罪人，就不为国家说实话呢？他没有想到，他的儿子还没老。结果，他的儿子就被他得罪的人害死了。赵充国的实话，给国家留下了安邦定国的案例总结；他儿子的惨死，也给后人留下了谁也不得罪才能苟活的人生警告。但英雄人物总是勇往直前，不会有利必趋，也不会有害必避，只凭着大是大非，凭着良知去做。千怪万怪，还是怪赵卬有把柄在辛武贤手里。

赵卬有什么事儿呢？就是喝酒吹牛说了不该说的话。他在军中和辛武贤酒宴，跟辛武贤说，皇上之前并不喜欢张安世，甚至曾经想诛杀他，是我的父亲赵充国替他求情，才救了他一命。泄露这样的谈话，不仅是赵卬之罪，也是赵充国之罪了。因为赵卬未必在场，那就是赵充国告诉他的。保密意识，就是要对你最亲近、最信任的人保密。如果你认为跟他说没关系，而他也认为和别人说没关系，这么一个接着一个的没关系，就等于告诉了全世界。更何况，他恐怕没你这么谨慎。赵充国父子，就是教训！

3 司隶校尉（御史大夫属官，负责监察三辅、三河、弘农七郡等京畿及周边地区）、魏郡人盖宽饶，刚直公清，数次冒犯皇上。当时皇上重用刑法大臣，又多用宦官担任中书官，盖宽饶上亲启密奏说："如今圣道衰微，儒术不行，把刑余之人（宦官）当成周公、召公，把法律条文当成《诗经》《尚书》。"又引用《易传》说："五帝官天下，三王家天下。家以传子孙，官以传圣贤。"皇上读了他的奏书，认为他怨恨毁谤，把他的奏书交给中二千石官员查办。执金吾认为："盖宽饶的意思，是要皇上把帝位禅让给他，大逆不道！"谏大夫郑昌怜悯盖宽饶只是忠直忧国，因为言辞不当，顶撞皇上而被文吏所诋挫，上书替盖宽饶求情说："臣听说，山中有猛兽，野菜都没人敢去采摘；国家有忠臣，奸邪之人也就不敢露头。司隶校尉盖宽饶，居不求安，食不求饱，进有忧国之心，退有死节之义，上面没有许氏、史氏这样的皇亲庇护，下面没有金家、张家这样的世家支持，而他的职务就是监察，又一向直道而行，直言说话，所以仇家多，朋友少。上书陈国事，却被有司弹劾以大辟之罪。臣幸得位列大夫之后，官职以谏为名，不敢不言！"皇上不听。九月，盖宽饶被交付狱吏审判。盖宽饶用佩刀自刭于未央宫北门之下。国人无不怜悯之。

【华杉讲透】

盖宽饶确实得罪了皇上，让皇上有了情绪。皇上认为他怨恨毁谤，而他自己也未必没有跟皇上闹情绪。但是，他的情绪只能博一个忠直的美名，皇上的情绪却可以杀人。有关官员论之以大辟之罪，是顺着皇上的意思，知道皇上想杀他，帮皇上找理由，用孟子的话说，叫"逢君之恶"，君王想干坏事，不方便干，他就找理论找理由给君王送上去。

"盖宽饶要皇上把帝位禅让给他！"这话说出来，鬼都不信，皇上也不会信，但盖宽饶的奏书里说五帝的官天下是禅让给圣贤，三王的家天下是传给子孙，这话就算是被人断章取义，也极不恰当。

别人对我们的话断章取义，我们总是很愤恨。但是，对别人的话断章取义，其实是每个人的天性。我们都习惯从别人的话里只摘取自己需要的信息，要么找一些符合自己期望的，盲目相信；要么拿着筛子筛出对方话里的漏洞，用于辩论。所以自己的话被别人断章取义，也不算冤枉，重要的发言，必须自己先做"断章取义测试"，确保别人怎么断章，也不能曲解你的意思。

盖宽饶之死，留下两个教训：一是可以直言进谏，但不要带情绪；二是不要留下给人断章取义的话柄。

4 匈奴虚闾权渠单于率领十几万骑兵沿汉朝的边塞进行围猎，企图入侵汉境掳掠。大军南下途中，正好有一个名叫题除渠堂的匈奴人逃到汉朝来归降，透露了匈奴的计划。汉朝廷封题除渠堂为言兵鹿奚鹿卢侯，并派遣后将军赵充国将四万余骑兵屯驻沿边九郡，防备匈奴。过了一个多月，单于生病呕血，不敢再进兵，撤回国内去了，汉军也撤退罢兵。

于是单于派题王都犁胡次等人入汉求和亲，还没有得到回复，单于就死了。

虚闾权渠单于刚即位的时候，就罢黜了正宫颛渠阏氏。颛渠阏氏就和右贤王屠耆堂私通。屠耆堂本来要去参加龙城大会。颛渠阏氏告诉他说，单于病危，不要走远。过了数日，单于死，掌权的贵族郝宿王刑未央派人召诸王前来，都还没赶到。颛渠阏氏与她的弟弟左大将且渠都隆奇密谋，立屠耆堂为握衍朐鞮单于。握衍朐鞮单于是乌维单于的耳孙（九世孙）。

握衍朐鞮单于即位，性情凶恶，杀刑未央等人，任用都隆奇，把前任虚闾权渠单于的子弟近亲全部罢免，任用自己的子弟。虚闾权渠单于的儿子稽侯狦未能当上单于，逃归他的岳父乌禅幕那儿。乌禅幕的部落，本来是康居、乌孙之间的小国，总是被侵略，于是率其众数千人投降匈奴，狐鹿姑单于把侄儿日逐王的姐姐嫁给他，让他统治他的部落，居住在西部。

日逐王先贤掸的父亲是左贤王，本来应该即位为单于，他让给了狐鹿姑单于。狐鹿姑单于承诺之后会传位给他。所以国人都认为日逐王将要做单于。日逐王一向与握衍朐鞮单于有矛盾，就率领他的部族准备投降汉朝，派人到渠犁与骑都尉郑吉取得联系。郑吉征发渠犁、龟兹诸国五万人，迎接日逐王部落一万二千人，小王将十二人，跟着郑吉到了河曲。一路多有不愿跟随而逃亡的，郑吉就追斩之，这样一路带到长安。汉朝廷封日逐王为归德侯。

郑吉之前击破车师，如今又招降日逐王，威震西域，于是皇上命他兼管车师以西"北道"地区，号"都护"（并护南北二道，所以叫都护）。西域设都护，从郑吉开始。皇上封郑吉为安远侯。郑吉于是在西域各国中心地区设立幕府，在阳关以西二千七百余里修筑乌垒城。匈奴国势更加衰弱，不敢争西域，过去西域诸国为匈奴役属，匈奴设置了童仆都尉管理西域事务，如今匈奴将童仆都尉也撤销了。汉西域都护负责督察乌孙、康居等三十六国动静，有事变就上报，能安抚的就安抚，不能安抚的就诛伐，从而使汉朝号令行于整个西域。

握衍朐鞮单于更立其族兄薄胥堂为日逐王。

5 乌孙昆弥翁归靡通过长罗侯常惠上书说："愿以汉外孙元贵靡为嗣子，希望元贵靡也能尚汉公主，亲上加亲，畔绝匈奴。"皇上下诏让公卿们商议。大鸿胪萧望之认为："乌孙处在极为遥远之地，难保不发生变故，不能答应。"皇上觉得乌孙新近才立大功（公元前71年大破匈奴），又拒绝了匈奴的联姻，应该支持，就以解忧公主的妹妹刘相夫为公主（解忧是楚王刘戊的孙女，生长子元贵靡、次子万年、幼子大乐），携带丰厚的嫁妆，派常惠护送到敦煌。

公主还未出塞，听说翁归靡已死，乌孙贵人遵守当年誓约，共同拥立岑娶之子泥靡为昆弥，号狂王。

【柏杨曰】

岑娶逝世时，泥靡年幼，才传位给叔父翁归靡，嘱咐等泥靡长大再传给他。翁归靡代儿子向汉朝求婚，是要撕毁十二年前的誓约，而以汉朝为后盾。

常惠上书说："建议少主先留在敦煌。"常惠飞驰到乌孙，责让他们为什么没有立元贵靡，还要迎娶汉朝公主。

皇上接到事变报告，让公卿们商议。萧望之再度重申他的意见说："乌孙脚踏两只船，难以用婚姻约束，如今少主以元贵靡不立为由返回，对夷狄来说，也不是我们毁约，正是我国之福。如果少主不回来，恐怕又要再兴徭役。"皇上听从他的意见，召回少主。

神爵三年（壬戌，公元前59年）

1 春，三月十六日，高平宪侯魏相去世。四月二十九日（柏杨注：原文为戊辰，根据《汉书·百官公卿表》改），以丙吉为丞相。丙吉崇尚宽大，好礼让，不问小事，时人都认为他知大体。

2 秋，七月二十六日，大鸿胪萧望之被任命为御史大夫。

3 八月，汉宣帝下诏书说："基层官吏如果不能廉洁公平，则治道衰微。如今小吏工作繁重，而俸禄微薄，想要他们不侵渔百姓，那就太难了！现在给年俸一百石以下的小吏，加薪十分之五！"

4 这一年，东郡太守韩延寿升任左冯翊。当初，韩延寿刚做颍川太守时，前任太守赵广汉挑拨官民之间的感情，鼓励相互告讦，所以百姓之间有很多怨仇。韩延寿改弦易辙，教化百姓互相礼让，召集年纪大、阅历丰富的长者和乡绅，一起商议嫁娶、丧祭的规格标准，基本依据古礼，禁止奢华。百姓都遵从他的教化。凡是纸车纸马和阴间各种用具，一律不许使用，就抛弃在道路上。韩延寿升任左冯翊之后，黄霸接任颍川太守，遵循韩延寿的方针，继续实行，颍川大治。

韩延寿为官，推尚礼仪，好古教化，每到一地，一定聘请当地贤士，以礼相待，广泛采纳大家的建议和谏争。韩延寿注重表彰孝悌和有品行的人，修治公立学校，在每年春秋两季举行乡射之礼，陈列钟鼓、管弦，人们上下赛场时，都作揖相让。到了八月都试，考课军事，则设斧钺、旌旗，操练骑马射箭之事。修治城郭，收取赋税，一定事先发布告，宣布日期，以按期举行和完成为大事。吏民敬畏，奔走前往，按期完成。

他还设置了里正和伍长，督率百姓孝顺父母，友爱兄弟，不得窝藏奸人。间里阡陌之间有什么异常情况，基层官吏都能掌握，奸人不敢入界。开始的时候，工作非常繁琐，但治成之后，官吏没有追捕之苦，百姓没有受刑之忧，大家都安乐称便。

接待属下官吏，恩施甚厚，而誓约明确。如果有人欺瞒他，韩延寿就痛自刻责："是我先辜负了他啊！否则他怎么会欺骗我呢！"犯错的官吏知道了，自己更加悔恨羞惭，某县县尉就因此自杀而死。韩延寿门下的一个职员也是因此自刎，得到旁边人即时抢救，幸得不死。韩延寿为之涕泣，派人请医生诊治，厚赐慰问他的家人。韩延寿在东郡三年，令行禁止，刑事案件大减，因此被提升为左冯翊。

韩延寿出行巡视高陵县（左冯翊管辖范围内的属县），当地百姓有兄弟二人为争夺田产诉讼，请韩延寿判决。韩延寿为此深感悲伤，说："我有幸做左冯翊，成为一方百姓的表率，但不能宣明教化，致使民间出现骨肉兄弟争讼的事！既伤风化，也让贤明的县令、县丞、啬夫（相当于乡长）、三老（掌教化的乡官）、孝弟（掌伦理的乡官）都跟着蒙受耻辱，责任完全在我！我应该引咎辞职，回家反省！"当天，称病不再听取工作汇报，在官府宾馆里躺着，闭门思过。全县官吏都不知道该怎么办。县令、县丞、啬夫、三老都自缚待罪。于是争讼兄弟俩的宗族全都相互责备，两兄弟深切悔过，自己剃光了头发，光着上身，前往谢罪，愿意把田产让给对方，到死也不再争夺。于是一郡和洽，无不互相传颂诫勉，不敢再犯。韩延寿的恩德威信遍及周边二十四县，没有人敢再告状诉讼。韩延寿的至诚，令百姓不忍心欺瞒他。

【柏杨曰】

人不平则鸣，有委屈才有诉讼；诉讼，是弱者信赖官府的行为。但是，韩延寿拿和稀泥和撒娇等政治裹挟手段，制造和谐假象，像卧床不起、部下自投监狱等小动作，希望达到礼治目的。于是天地之间没有正义，没有法律，只有权势。社会全力追求的只是："息别人的事，宁自己的人！"行险侥幸之辈，永远胜利，恶霸砍断了百姓呼天求救的渠道。

【华杉讲透】

司马光说韩延寿"至诚"，我看不出他有什么"至诚"，倒同意柏杨的评论。韩延寿就像一个道德恐怖分子，对全县百姓进行道德绑架，让那兄弟二人闯下弥天大祸，成为千夫所指。

什么样的人是至诚呢？正好有一个王阳明处理父子争讼的案例，读者可以自行比较一下：

乡里有父子二人打官司，请王阳明裁断。先生的侍从意欲阻止，王阳明却让他们说说。话还没说完，父子二人就抱头痛哭而去。

弟子柴鸣治看见了，问："老师，您跟他们说了什么呀？怎么这么快就让他们感化悔悟了？"

王阳明说："我说舜是世间大不孝之子，瞽瞍是世间大慈之父。"

柴鸣治惊了，老师怎么说反话？

王阳明说："舜总是觉得自己是大不孝，所以能孝。瞽瞍常自以为是大慈，所以不能慈。瞽瞍记得这孩子是一把屎一把尿养大的，以前多可爱，现在怎么总是惹我不高兴？却不知道自己的心被后妻改变了，这就是越自以为慈爱，越不能慈爱。舜呢？自认为自己是大不孝的人。他的父母兄弟都想杀他，他心里就想，小时候父亲多爱我啊，现在居然发展到要杀我，那一定是我大不孝，惹恼了父亲。我的弟弟想杀我，那我这个哥哥是怎么当的呢？怎么没教好弟弟呢？这又是一大不孝了。继母也想杀我，那也是我没能孝敬讨得她的欢心了。总之一切都是自己的不孝。越觉得自己不孝，越是努力去孝，最终感化了一家人。等到瞽瞍高兴的时候，他不过是恢复了自己慈爱的本体。所以后世称舜是古往今来第一大孝子，瞽瞍也成了慈爱的父亲。"

韩延寿说都是他的责任，这没错，就是儒家"行有不得，反求诸己"的价值观。出现了问题，谁的责任？我的责任！在自己身上找原因，自己改善。但韩延寿不是真正找自己的原因，而是撒泼碰瓷，道德绑架别人。王阳明才是真正让那争讼的父子二人，学会自己找自己原因。

王阳明是教化，韩延寿是绑架。

5 匈奴单于又杀死了先贤掸的两个弟弟。（日逐王先贤掸降汉，握衍朐鞮单于报复。）乌禅幕替他们求情，握衍朐鞮单于不听，乌禅幕怀恨在心。后来，左奥鞬王死，握衍朐鞮单于立他自己的小儿子为奥鞬王，留在王庭。奥鞬部落不服，和族人拥立已故奥鞬王的儿子为王，带领部落向东迁徙。单于派右丞相率领一万骑兵前往追击，损失了好几千人，不能取胜。

卷第二十七 汉纪十九

（公元前58年—公元前49年，共10年）

主要历史事件

酷吏严延年被斩首，其母早有预料 032
匈奴内乱，五位单于并立 034
韩延寿与萧望之相互告发，韩延寿被斩首 034
匈奴又形成三单于局面 036
黄霸治民有方，却不擅长做丞相 037
耿寿昌建议设"常平仓" 039
杨恽因一封信被腰斩 040
冯夫人游说乌就屠 047
呼韩邪单于来朝 051
麒麟阁十一功臣 051
解忧公主年老，请求回汉 052
冯夫人自荐出使乌孙 052
王政君入太子宫，王氏家族登上历史舞台 053
汉宣帝驾崩，太子刘奭即位，是为汉元帝 054

主要学习点

对自己的功劳要随时清零 042
一切都要不断获取，没有什么是一劳永逸 042
致中和，不要激进 043
要看到事情的后果，并知道如何应对 050

中宗孝宣皇帝下

神爵四年（癸亥，公元前58年）

1 春，二月，长安出现凤凰，落下甘露，汉宣帝因此大赦天下。

2 颍川太守黄霸在颍川郡前后八年，郡中事务治理得越来越清明。当时，凤凰、神雀多次飞过和聚集在各郡国，其中颍川郡的数量最多。夏，四月，汉宣帝颁布诏书说："颍川太守黄霸，宣明诏令，百姓受到教化，孝顺父母的儿子、友爱的兄弟、贞洁的妇女、孝敬的孙子日益增多，农夫不再为田界相争，道不拾遗，奉养照顾孤寡老人，帮助贫苦穷困的人，监狱里八年都没有重刑犯。赐黄霸关内侯的爵位，赏黄金一百斤，级别提拔到中二千石。"同时，颍川的孝、弟、有德行的义民，以及三老、力田（掌管农业）等乡官都按照他们的官阶和事迹，赏赐爵位及布帛。又过了数月，汉宣帝征召黄霸为太子太傅。

3 五月，匈奴单于派他的弟弟呼留若王胜之朝见汉宣帝。

4 冬，十月，十一只凤凰出现在杜陵（宣帝预定的墓地）。

5 河南太守严延年治理郡务阴狠酷烈，大家都认为该判死刑的罪犯，会被他突然无罪释放；大家都认为没有死罪的，却会被他无端处死。官吏和百姓都没法揣测他的用意，战战兢兢，不敢犯其禁令。每到冬季，严延年会将各县囚犯押解到郡府，集中处决，流血数里，河南人都称他为"屠伯"。严延年一向看不起黄霸，等到两人在相邻的郡做太守，黄霸的政绩考核得到褒奖，总是排在他前面，心中十分不服。河南境内出现蝗灾，府丞义（姓不详）出行视察回来，见严延年。严延年问："这蝗虫不正好是凤凰的食物吗？"义年纪大了，有些糊涂，又一向畏惧严延年，不知道他什么意思，生怕遭他中伤陷害。本来严延年曾经和义一起在丞相府做丞相史（丞相府秘书），实际上对他很亲厚，平时对他的赏赐馈赠也很丰盛。但是义心怀恐惧，就自己卜卦，得了"死卦"，因此闷闷不乐，请假前往长安，上书告状，说了严延年十条罪名。奏书呈上之后，便饮药自杀，以示不欺。此事被交给御史丞调查，查出严延年有"言谈话语中对朝廷心怀不满""诽谤朝政"等几桩罪名。十一月，严延年以"大逆不道"的罪名被斩首弃市。

当初，严延年的母亲从东海郡来看儿子，打算跟随严延年一起进行腊祭。到了洛阳，正赶上处决囚犯。严母大惊，就停在驿站招待所，不肯到郡府去。严延年到招待所拜谒母亲，严母闭门不见。严延年脱下帽子跪在门外磕头，过了很长时间，母亲才见他，然后斥责说："你有幸做太守，治理千里之地，没听说你用仁爱教化百姓，保全百姓，却看见你利用刑罚杀人立威，难道这是当老百姓的父母官应该做的吗？"严延年服罪，顿首认错，又亲自驾车将母亲接到郡府。母亲过了腊月和新年，对严延年说："天道悠悠，神明在上，杀人多的必会被他人所杀。我不希望等到自己年老了，却看见你被刑戮！我走了，回家乡为你准备墓地去了！"于是回乡，见到严延年的兄弟和族人，又把这话说了一遍。结果过了一年多,严延年果然被杀。东海人都赞叹严母的贤明和智慧。

6 匈奴握衍朐鞮单于暴虐,喜欢杀伐,全国上下都离心离德。太子和左贤王又数次谗言诋毁左地(东部地区)的贵族,因此这些贵族都有怨愤。正在此时,乌桓派兵袭击居于匈奴东部边境的姑夕王,掳掠了不少人,单于很恼怒。姑夕王害怕被降罪,于是和乌禅幕及左地贵族拥立稽侯狦为呼韩邪单于,征发左地士兵四五万人,向西攻击握衍朐鞮单于,到了姑且水北岸。两军尚未交战,握衍朐鞮单于的军队就已先行败走。他派人问他的弟弟右贤王说:"匈奴人都攻打我,你肯不肯发兵帮我?"右贤王回答说:"你不爱惜百姓,屠杀兄弟和贵族,你就死在你那儿,不要弄脏了我的地方!"握衍朐鞮单于羞愤自杀。左大且渠都隆奇逃亡投奔右贤王,他的部属全部归降呼韩邪单于。

呼韩邪单于回到王庭。过了数月,将军队解散,让士兵各自回到故地。同时,呼韩邪单于在民间找到了他的哥哥呼屠吾斯,将他立为左谷蠡王,并派人煽动右贤王属下的贵族,让他们杀掉右贤王。这年冬天,都隆奇与右贤王共立日逐王薄胥堂为屠耆单于,发兵数万人东袭呼韩邪单于,呼韩邪单于兵败逃走。屠耆单于回到西边,任命他的长子都塗吾西为左谷蠡王,小儿子姑瞀楼头为右谷蠡王,并命令两人都留居单于王庭。

五凤元年(甲子,公元前57年)

1 春,正月,皇上巡游甘泉,在泰畤祭祀天神。

2 皇太子加冠,行成人礼。

3 秋,七月,匈奴屠耆单于派先贤掸的哥哥右奥鞬王与乌藉都尉各率领二万骑兵，屯驻东部地区，防备呼韩邪单于。当时匈奴西部地区的呼揭王与唯犁当户密谋，一起诋毁诬陷右贤王，说他当初要自立为单于。屠耆单于杀右贤王父子，后来知道他们是被冤枉的，又杀唯犁当户。于是呼揭王恐惧，叛逃，自立为呼揭单于。右奥鞬王听说后，也自立为车犁单于。乌藉都尉自立为乌藉单于。由此匈奴有了五个单于。

屠耆单于自率兵东击车犁单于，派都隆奇攻击乌藉单于。乌藉单于、车犁单于都兵败，向西北逃走，与呼揭单于合兵一处，共四万人。乌藉、呼揭都自去单于称号，一起尊奉辅佐车犁单于。屠耆单于听说后，派左大将、都尉将骑兵四万人分别屯驻东方，防备呼韩邪单于，自将骑兵四万人西击车犁单于。车犁单于兵败，向西北方向逃走。屠耆单于率军回到西南阗敦地区。

汉朝廷议讨论匈奴局势，大多数人认为："匈奴为害日久，可以趁其国内混乱，举兵灭之。"下诏问御史大夫萧望之意见，萧望之说："春秋的时候，晋国士匄率军攻打齐国，中途听说齐侯去世，马上班师回朝。君子赞扬他不去攻打办丧事的国家，认为他的恩德足以让孝子心服，他的情谊足以让诸侯感动。前单于向慕教化，一心向善，向我国天子称弟，遣使来求和亲，海内欣然，西方夷狄外族无不知晓。可惜，还未等到和亲之约结成，却为贼臣所杀。如今我们去攻伐匈奴，那是乘人之乱，幸人之灾，他们一定奔走远遁。不义之师，恐怕劳而无功，应该遣使吊问，辅其微弱，救其灾患，四夷闻之，都以中国之仁义为贵。如果因我们的恩惠，而让他们各自得以恢复各自的禄位，一定称臣服从，这才是德之盛者。"

汉宣帝听从了萧望之的建议。

4 冬，十二月初一，出现日食。

5 韩延寿代替萧望之担任左冯翊。萧望之听说韩延寿做东郡太守时，挪用公款一千多万，派御史调查。韩延寿听说后，也布置他的下属调查萧望之在左冯翊任上时，挪用廪牺署（掌供应祭祀时所用粮食牲口）公款一百多万的事情。萧望之上奏说："臣的职责在于监察天下，听到案情线索，不能不问，却被韩延寿打击报复。"皇上因此认为韩延寿有问题，下令他们二人各自彻查他们举报的事。调查下来，韩延寿调查萧望之挪用公款，查无实据。而萧望之派往东郡的监察官员却查出韩延寿在考试骑射的时候，奢侈豪华，超过规定标准，又取官府内的铜器，在月食时铸成刀剑，就跟尚方所制作的御用刀剑一样。还有挪用公款，征发官方徭役供他私人差遣，以及装饰整治车辆甲胄，耗费三百万以上。韩延寿被控"狡猾不道"，斩首弃市。行刑当天，官吏百姓数千人一路送到渭城法场，老人小孩扶着车轮，争相送上酒肉。韩延寿不忍拒绝，来者不拒，一共喝了一石多酒。命他的旧属向送行的人致谢，说："有劳远送，延寿死无所恨！"百姓莫不流涕。

【华杉讲透】

韩延寿最终被控"狡猾"，看来是恰当。从他一贯的道德表演，到私下生活的腐败奢华，再到最后上法场还有那么多人相送，正应了史书上经常出现的四个字：以惑下愚。

五凤二年（乙丑，公元前56年）

1 春，正月，皇上巡游甘泉，在泰畤祭祀天神。

2 车骑将军韩增薨。五月，将军许延寿被任命为大司马、车骑大将军。

3 丞相丙吉年老，皇上很敬重他，但是萧望之经常轻视丙吉，皇上不高兴。丞相司直（辅佐丞相纠举不法的监察官）弹劾萧望之对丞相倨傲轻慢，又曾派属下官吏给自己家里买东西，下属自己贴钱达到十万三千钱,申请逮捕治罪。秋,八月初二,汉宣帝将萧望之降为太子太傅,任命太子太傅黄霸为御史大夫。

4 匈奴呼韩邪单于派他的弟弟右谷蠡王等向西进攻屠耆单于的军队,杀死及俘虏一万余人。屠耆单于接到消息,即刻亲自率领骑兵六万人攻击呼韩邪单于,结果屠耆单于兵败自杀。都隆奇于是与屠耆单于的小儿子、右谷蠡王姑瞀楼头逃亡并向汉朝归降。车犁单于则向东投降呼韩邪单于。

冬,十一月,呼韩邪单于手下左大将乌厉屈,与父亲呼速累乌厉温敦见匈奴内乱不止,率领部众数万人归降汉朝。汉朝封乌厉屈为新城侯,乌厉温敦为义阳侯。这时,乌藉都尉被李陵的儿子拥立为单于,但不久就被呼韩邪单于捕斩。呼韩邪单于重回单于王庭,但他的部众也只有数万人。在西边,屠耆单于的堂弟休旬王自立为闰振单于;而在东边,呼韩邪单于的哥哥左贤王呼屠吾斯也自立为郅支骨都侯单于。(五单于血战后,又形成三单于的局面。)

5 光禄勋、平通侯杨恽,廉洁无私,但爱夸耀自己的才干和德行,为人刻薄,喜欢揭发别人的隐私,所以在朝中结怨很多。杨恽与太仆戴长乐有矛盾,有人上书控告戴长乐的罪状。戴长乐怀疑是杨恽指使,也上书告杨恽的状,说:"杨恽曾上书替韩延寿辩护,郎中丘常对杨恽说:'听说君侯您想救韩延寿,救得活吗?'杨恽说:'谈何容易!正直的人,往往结局都不好!我连自己都不能自保,正是人们所说,老鼠进不了洞,只怪它嘴里衔的东西太大!杨恽还曾经对我说:'正月以来,天阴不雨,这正是《春秋》所记载的,当年夏侯胜说的那事!'"(指之前夏侯胜对昌邑王说的:'天久阴不雨,臣下必有要谋害君上的。'暗示杨恽诅咒皇上。)"事情交给廷尉调查,廷尉于定国上奏,说杨恽对皇上心怀怨望,用妖言诽谤,大逆不道。皇上不忍心杀他,下诏将杨恽、戴长乐都贬为庶人。

五凤三年（丙寅，公元前55年）

1 春，正月二十六日，博阳定侯丙吉薨。

【班固曰】
　　古代制定称号，一定找一个象征物，远的从天地间各种事物中选取，近的就在自己身上选材。所以经书称君王为元首，臣子为股肱，表示他们是一体的，相互扶持，才能成功。所以君臣相配，是古今常道，自然之势。近观汉朝丞相，高祖开基创业，有萧何、曹参冠于群臣；孝宣中兴，又有丙吉、魏相最有声誉。他们在位之时，官员的罢黜、升迁，都有标准和程序，朝廷部门健全，公卿们都很称职，海内礼让之风兴起。观察他们的行事，可见明君贤臣，所以致治，绝非虚言！

2 二月壬辰日，黄霸被任命为丞相。黄霸的才能主要体现在治理百姓，当了丞相之后，他的功名就不如做地方官的时候。当时京兆尹张敞家养的鹖雀（褐马鸡）飞到丞相府，黄霸以为是神鸟，跟大家商议要上奏皇帝。
　　张敞上奏说："我看见丞相要求和中二千石官员及博士等一起，向来京城汇报年度工作的各郡及封国长史（相当于秘书长）和守丞（辅助郡守的主要官吏）询问他们为民兴利除害、推行教化的情况，让他们逐条回答。凡是有农夫不争田界，男女分开走路，道不拾遗，以及能列举孝子、贞妇姓名及人数的，列为第一批，先上殿汇报；只能泛泛陈述，说不出具体事迹、姓名和人数的，列为第二批；没有按此来条教百姓的，列在最后叩头谢罪。丞相嘴里虽然没有明说，但是心里希望各郡国都能按此教化百姓。长史、守丞们正在应对时，臣家里养的褐马鸡飞到了丞相府屋檐上，丞相以下有数百人见到了。很多边疆来的官吏都认识这是褐马鸡，但是他们都假装不知道。丞相就商议要把这件事奏报皇上，说：'臣正在向各郡国派来呈进计簿的长史、守丞询问有关兴举教化的条目，皇天报下神雀。'后来知道是我家飞来的褐马鸡，才不上奏了。郡国官吏们都偷笑丞相虽然仁厚智慧，但是有点相信这些神神怪怪的事。臣张敞不是诋毁丞相，而是担心群臣都不敢说话，而长史、守丞们畏惧丞相的意旨，回去之后，舍弃现有的法律，各以私设的教令，务必要增加各种教化事迹，反而破坏淳朴的风俗，一起造假，有名无实，倾危摇摆，懈慢怠惰，最后成了奇葩妖孽的世界。假如京师先行实现了农夫不争田界、男女分开走路、道不遗失的所谓教化，但是，对吏民是廉洁还是贪腐，贞洁还是淫乱，并无激励作用，只是以虚伪垂范天下，这是不可以的！如今想让诸侯国先行，再把那虚伪的名声传到京师来，这不是小事！汉朝承继秦朝的各种弊端之后，加以通达变化，制定法律，就是为了劝善禁奸，法律条文已经详细齐备，不能再额外增加。应该下令贵臣明令各郡国长史、守丞，让他们回去告诉当地二千石长官，选拔三老、孝弟、力田、孝廉、廉吏，一定要物色恰当的人才，郡中事务都以现行法令为准，不许擅自增加条教。如果有造假以求名誉的，一定先行诛戮，以明示真正的好坏。"

天子对张敞的话非常赞赏，予以采纳，并召集各郡国来呈进计簿的长史、守丞，让侍中代表皇上训诫，说的都是张敞的意思。黄霸大为羞惭。

又有一件事，乐陵侯史高（皇上祖母史良娣哥哥的长子）因为是外戚关系，加上过去的恩情，担任侍中，身份贵重。黄霸举荐说，史高可以做太尉。天子派尚书责问黄霸说："太尉这个官职已经撤销很久了。你是丞相，宣明教化，通达幽隐之处，让监狱中没有冤情，乡邑间没有盗贼，这是你的职责。将相官职，由我任命。至于侍中、乐陵侯史高，是帷幄近臣，朕对他非常清楚了解，你为什么越职举荐他做太尉呢？"

尚书命黄霸答复，黄霸脱下冠帽请罪。过了好几天，皇上才不再追究。从这件事之后，黄霸再也不敢提出什么建议。不过，自从汉兴以来，善于治理百姓的好官，黄霸排第一。

3 三月，汉宣帝巡游河东，祭祀后土神，并下诏减少口钱（人头税，百姓七岁到十四岁出口赋钱，每人二十三钱，其中二十钱用于供养天子,三钱是汉武帝增加来补车马费用。之前已经减免过一次,减到十六钱,这次再减,减多少具体数目不详),赦免天下死刑以下罪犯。

4 六月十六日,汉宣帝任命西河太守杜延年为御史大夫。

5 设置西河、北地属国以安置匈奴降者。

6 广陵厉王刘胥让女巫李女须诅咒皇上,祈愿自己当天子。事情被发觉,刘胥毒杀女巫及宫女二十余人以灭口。公卿们请求处死刘胥。

五凤四年（丁卯,公元前54年）

1 春,刘胥自杀。

2 匈奴单于向汉朝称臣,派遣弟弟右谷蠡王到长安入侍做人质（匈奴此时有三个单于,不知道这是哪位单于）。汉朝因为边塞地区不再有战事,将边防部队减少了十分之二。

3 大司农中丞（大司农的副长官,掌钱谷金帛等事务）耿寿昌上奏说:"连年丰收,谷价低贱,农民收入减少。根据以前的惯例,每年从函谷关以东地区运输粮食四百万斛以供应京师,需要动员士卒六万人。如今可以在三辅地区和弘农、河东、上党、太原等郡就近收购,供应京师,可以节省关东漕运部队一半以上。"汉宣帝采纳了他的建议。耿寿昌又说:"令边郡都修建粮仓,在粮价低贱时加价收购储存,荒年粮价上涨时再低价卖出以平抑粮价,命名为'常平仓'。"百姓受益匪浅。皇上下诏赐爵耿寿昌为关内侯。

4 夏,四月初一,出现日食。

5 杨恽失掉封爵、官位后，住在家里治理产业，以财富自娱自乐。他的友人、安定太守、西河人孙会宗写信警告他说："大臣废退，应当闭门思过，惶恐畏惧，做出可怜的样子。不应当搞得产业发达，宾客如云，还享有盛誉。"

杨恽是丞相杨敞之子，有才能，从小就在朝廷担任要职，声名显赫，因为一些暧昧无法辨明的言语就被废黜，心中不服，回信给孙会宗说："我检讨自己，罪过已经很大了，行为也有亏欠，就决心做一个农夫，默默无闻于世，所以率领妻子儿女，努力耕种农桑，没想到还会为这个遭受非议！人情所不能克制的，圣人也不能禁止！所以就算是至尊无上的君王，至亲无比的父亲，即使他们去世，守丧也有一定的期限（三年）。我被罢黜，也已经三年了（意思是说即使要我闭门反省、惶恐、畏惧，那三年也到期了），耕作劳苦，到了岁末农闲严寒之时，烹羊烤肉，斗酒慰劳自己，到了酒酣耳热的时候，仰天击缶（盛酒的瓦罐）而歌，其诗曰：'在那南山耕种啊，杂草荒乱，除之不尽。种下一顷豆子啊，豆子却都掉落了，只剩下低垂的豆茎。人生行乐而已，何必盼望富贵！'我这个样子确实是荒淫无度，不知道是不是不能这样。"

杨恽哥哥的儿子、安平侯杨谭对他说："你的罪很小，又有功（杨恽之前有揭发霍氏谋反之功），以后还有机会被任用！"杨恽说："有功又怎么样，这样的皇上，不值得为他尽力！"杨谭说："皇上确实是这样，之前盖宽饶、韩延寿都是尽忠尽职的好官，还是出事被诛杀。"

当时正好有日食发生，有一个叫"成"的马夫头上书说："杨恽骄奢，不思悔过，日食的警告，就是应在他身上。"事情交给廷尉调查，搜查出杨恽写给孙会宗的书信。皇上读了信件，非常厌恶。廷尉判决杨恽大逆不道，腰斩；妻子儿女流放到酒泉郡；杨谭受牵连，被贬为庶人；几位与杨恽交好的在职官员，包括未央宫卫尉韦玄成和孙会宗等，都被罢免官职。

【司马光曰】

以孝宣皇帝之英明,加上魏相、丙吉为丞相,于定国为廷尉,这样的领导班子够好了。但是,赵广汉、盖宽饶、杨恽之死,都不能让百姓心服,对孝宣之治来说,是很大的污点!《周官·司寇》有议贤、议能的规定,考虑被告的贤德、才能,应当相应减轻处分。比如赵广汉、韩延寿之治理百姓,这就是才能;盖宽饶、杨恽的刚直,这就是贤德。所以就算有死罪,也应该宽待他们,更何况他们根本就罪不至死呢!扬雄认为韩延寿诽谤萧望之,是自取其咎。但是我认为,韩延寿的行为本身也是萧望之激起的。皇上不能洞察隐情,却使韩延寿独自无辜受死,不是太过分了吗!

【柏杨曰】

文言文原版《资治通鉴》,有张晏对杨恽那首歌的解释,看了之后,毛骨悚然。张晏的解释是:"南山是很高的地方,象征皇帝。杂草荒乱是攻击皇帝昏乱。一顷是一百亩,寓意朝廷文武百官。豆子是很结实的东西,代表忠贞,应该收进仓库里,却掉下来,沦落到旷野。豆茎低垂,曲儿不直,暗示朝廷官员都是谄媚之徒。"

张晏是什么时候人以及是干什么的,我们不知道,仅从他对杨恽这首歌的解释,就可以了解文化杀手的可怕。张晏竟能从一首普通的歌词里,找到足以使作者毁灭的罪证,这种本领,如果用到科学研究上,中国该有多大进步?却偏偏用到文字狱上。

【华杉讲透】

杨恽之死,值得好好学习。司马光写《资治通鉴》,是写给皇帝看,所以他是站在皇帝的角度看问题。柏杨写《资治通鉴》注解,是怀着批判的角度,批判"万恶的旧社会"。我们读《资治通鉴》呢,主要是看自己从中学到什么。

一、不能受不得委屈。

特别是家世太好的人,容易受不得委屈,少年得志大不幸,这就是杨恽的写照。他出身在丞相之家，又才华横溢，所以一直活在社会金字塔的塔尖，他认为这就是自己应该在的位置，却忘了"一切都是难得可贵，没有什么是理所应当"。

二、对自己的功劳要随时清零。

你有功劳，国家已经回报你了，之后就应该马上清零，千万不要把自己的功劳当资本，而要当消费品，快速消费掉。未来的一切，要重新开始。

三、一切都要不断获取，没有什么是一劳永逸。

所有的一切，功名利禄、权力地位，甚至人身安全，都需要不断地获取，不是一劳永逸的。包括现在流行的一个词，叫"财务自由"，完全是虚幻的，没有人因为钱多而获得财务自由，只有因为勤奋和善于持家获得财务自由，那勤奋和善于持家的人，无论多少钱，都是财务自由。不善于持家又不勤奋的人，爸爸留下再多钱，也过不好一生。

四、不要有怨气，因为怨气会杀人。

杨恽对皇上有怨气，正是他对皇上的怨气，杀死了自己。孔子说："唯小人与女子为难养也，近之则不逊，远之则怨。"盖宽饶就是"近之则不逊"，说话触怒皇上。杨恽就是"远之则怨"，皇上不亲近他了，他就心怀怨愤，要用"我过得很好"来示威。

五、记住一句话：身怀利器，杀心自起。

在这里身怀利器的是谁呢？皇上和杨恽都是身怀利器的人，他们都起了杀心。

皇上看谁不顺眼，他就可以杀掉谁。为什么伴君如伴虎，就是因为这个心理特征。以前出过刑事案件，某人得了一把好刀，他特别想试一试这把刀，结果他就夜晚出去杀了一个无辜的路人，自己也被抓捕，上了刑场。这就是一个简单的心理。皇上手里就有这把杀人的利刃，而且他有"合法杀人权"，杀任何人都合法，他就非常容易杀人。

杨恽自己又何尝不是身怀利器，杀心自起呢？他的利器就是他的才华，他唱的歌就是投向皇上的匕首和投枪。张晏对他的诗歌所做的文本分析，完全准确。他要是说这就是一首普普通通的歌，那是自欺欺人，掩耳盗铃。

杨恽报复皇上的，不仅是这首歌，还有他"成功人士"的生活。皇上要惩罚他，他却要显示我过得比当官还要好！而且继续交游京城仕宦旧友，让还在朝中为官的大臣们看到——"人家杨恽，那才叫生活！"这也最终连累了和他交好的朋友们被免官。

六、别怪皇上薄情，自己的心比皇上还狠！

人们容易同情弱者，说他们"罪不至死"，但是，那时代的游戏规则，就是有罪无罪都可以死，所以说"罪不至死"根本没有意义。这些大臣们为官一方的时候，对那些名字上不了史书的草民，杀得流血数里，根本没把那些被杀的人当人，而他们的性命在皇上眼里，也就跟百姓的性命在他们的眼里一样，都不重要。

不仅如此，他们相互倾轧的时候，对别人不也是置之死地而后快吗？他们都想借皇上的手杀掉对方，斗争失败了，轮到自己死的时候，又觉得自己"罪不至死"了。还是严延年的母亲说出本质："天道神明，人不可独杀。"没有只能你杀别人，别人不能杀你这回事，那杀人的，也被人杀；那想害死别人的，也被别人害死。

七、行有不得，反求诸己。中庸之道——致中和。

万事从自己身上找原因，咱们读《资治通鉴》，主要从臣子身上找原因，才能学到东西，跟着怨皇上，那就等于白读。赵广汉、韩延寿是因为跟其他大臣相互倾轧而死，杨恽和盖宽饶的死因则是冒犯和触怒皇上。

做人要心态平和，不要激进。《中庸》说："喜怒哀乐之未发谓之中，发而皆中节谓之和。"这就是致中和。杨恽和盖宽饶都是发情绪而不能中和，所以情绪致死。

6 匈奴闰振单于率领军队向东进击郅支单于。郅支单于迎战，杀死闰振单于，兼并了他的部众，并进攻呼韩邪单于。呼韩邪单于败走，郅支单于建都单于王庭。

甘露元年（戊辰，公元前53年）

1 春，正月，皇上巡游甘泉，在泰畤祭祀天神。

2 杨恽被诛杀后，公卿们上奏说京兆尹张敞是杨恽一党，不宜再占据官位。皇上爱惜张敞人才，特意将奏章搁置，不作批复。

张敞派他的一位属员絮舜去查案。絮舜回到家，说："他最多还能当五天京兆尹吧，还查什么案！"这话很快传到张敞耳朵里。张敞即刻派人将絮舜逮捕下狱，昼夜审问找他的罪状，终于使他被定成死罪。处决之前，张敞写了一张字条，派主簿送去给絮舜看，字条上写着："我这个'五日京兆尹'的威力如何？冬天马上就要过去了，你还想多活几天命吗？"于是将絮舜斩首弃市。

等到立春，行冤狱使者（查勘冤狱的官员）出巡，絮舜的家属抬着他的尸首，并拿着张敞写的字条，向使者控诉。使者上奏张敞残杀无辜。皇上希望放过张敞，让他赶紧跑，于是就把之前公卿们上奏张敞是杨恽一党的奏章拿出来批复，将张敞免为庶人。张敞秒懂，到未央宫北门解下京兆尹印绶，即刻逃亡。

过了数月，京师官吏百姓松懈，追捕盗贼的警鼓此落彼起，而冀州又出了大贼。皇上思念张敞的功效，派使者去找到他住的地方召他。张敞身上带着要弹劾的重罪，等到使者到的时候，妻子家室都恐惧哭泣，只有张敞笑着说："我如今亡命为民，如果来抓我，当地郡吏来就行了。如今是皇上的使者来，这是皇上要用我！"于是整顿行装，随使者到京师，到公车（汉代官署名，臣民上书和征召都由公车接待）上书说："臣之前幸得位列公卿，担任京兆尹，因为杀了属员絮舜获罪。絮舜本是我厚待的属员，一向得到我的恩泽和宽待。因为有奏章弹劾臣，要免臣的官，絮舜得到消息，就不接受我交办给他的工作，回家躺着，说臣只是'五日京兆'，背恩忘义，伤薄俗化。臣认为絮舜狂妄不肖，便以私意歪曲法律，将他处死。臣贼杀无辜，判案不公，就算被明正典刑，也死无所恨！"

天子接见张敞，拜为冀州刺史。张敞一到任，盗贼马上消失得无影无踪。

【柏杨曰】

张敞的干练和反应之快，在这份奏章上得到证明。这是一项非常重要的手段，首先向皇上承认错误，当"圣眷"正隆时，正是最安全时。其次，正是这么一纸文书，立即把压在自己背上的刑事案件轻轻化解。史书上没有交代刘病已接到奏章时如何反应，但可以推断已经结案。否则的话，劾章仍是一颗定时炸弹。

可怜的只是势利眼絮舜的孤儿寡妇，仍然认为圣明的君王会为他们冤死的丈夫、父亲做主。

3 皇太子刘奭柔仁好儒，见皇上所用的官员多是精通文法的人，用刑法来控制下属，便在闲居随侍皇上的时候，从容地建议说："陛下太过依赖用刑，应该多用儒生。"皇上变色说："汉家自有制度，霸道与王道相杂使用，怎么能纯粹用周朝的那种礼治教化呢？况且俗儒看不到时事变化，喜欢厚古薄今，让人分不清名分与实际，不知道如何去遵行，怎么能委任他们呢？"又叹息说："以后乱我汉家的人，就是太子啊！"

【司马光曰】

王道和霸道，本质并无不同。过去，在三代鼎盛的时候，无论是制作礼乐，还是出兵征讨，决定都在天子手中，这就是王道。天子微弱，不能控制诸侯，诸侯中有强盛的，能带领同盟国，一起征讨背叛中央的封国，号召尊奉王室，这就是霸道。王道和霸道，都是本于仁义，任贤使能，赏善罚恶，禁暴诛乱，无非是名位有尊卑，德泽有深浅，功业有大小，政令施行的范围有广狭之分而已，并不是像黑与白、甜与苦那样相反。汉朝之所以不能恢复三代之治，是因为人主不想去施行，而不是先王的圣道不合时宜，不可以施于后世。儒者有君子儒，有小人儒。宣帝所说的俗儒，固然不足与为治，那为什么不去找到真正的大儒来任用呢？稷、契、皋陶、伯益、伊尹、周公、孔子，都是大儒，假如汉朝能得到这样的人才，所成的功业，哪里会仅此而已呢？孝宣皇帝说太子懦弱而不能自立，不懂得治国的大体，一定会败乱国家，这个判断并没有错。但是，怎能因此说王道不可行，儒者不可用呢？岂不是太过分了！这样的话，不可以用来训示子孙，留给后世效法！

4 淮阳宪王刘钦（宣帝次子）喜欢研究法律，聪慧明达，很有才能。他的母亲张婕妤也尤其得到皇上宠幸。因此，皇上疏远太子，而喜爱淮阳宪王，数次赞叹淮阳宪王说："这才是我的儿子啊！"常常有意立淮阳宪王为太子，但由于太子生于汉宣帝微贱之时，当时是依靠岳父家许氏照顾，而即位之后，许皇后又被害死，所以不忍心。过了很长时间，汉宣帝拜韦玄成为淮阳中尉，因为韦玄成曾经将他的爵位让给兄长，汉宣帝想以此来感谕淮阳宪王刘钦。于是太子之位才安稳了。

5 匈奴呼韩邪单于被郅支单于击败后，左伊秩訾王为呼韩邪谋划，劝令群臣入朝侍奉汉朝，从汉朝求助，如此，才可以平定匈奴。呼韩邪单于询问诸大臣意见，都说："不可！我们匈奴的风俗，本来就崇尚武力，以屈服于人为下为耻。靠着在马上征战建国，所以才能将威名传遍蛮夷各国。战死，是匈奴人应有的本分。如今兄弟争国（郅支单于是兄，呼韩邪单于是弟），不是兄长胜利，就是弟弟胜利，失败者就算死了，也有威名，子孙仍为诸国之首。汉朝虽强，也没有能力兼并匈奴。我们为什么要打乱古制，臣事于汉，让先单于蒙羞受辱，为诸国所耻笑呢！就算因此而得到安全保障，又如何统御其他蛮夷呢？"

左伊秩訾说："不然，强弱有时。如今汉朝正是强盛时期，乌孙等有城郭的国家都向汉朝称臣，而且自从且鞮侯单于以来，匈奴日渐削弱，不能收复失地。如今虽然倔强如此，也没有一天得到安宁。如今事汉则安存，不事汉则危亡，还有比这更好的办法吗？"

诸贵族大人相互争论很久，呼韩邪单于还是听从了左伊秩訾之计，带领部众向南靠近，派他的儿子、右贤王铢娄渠堂到长安入侍。郅支单于也派他的儿子、右大将驹于利受入侍。

6 二月二十一日，乐成敬侯许延寿薨。

7 夏，四月，新丰地区出现了黄龙。

8 四月初一，太上皇庙（刘邦父亲的祭庙）失火。四月初九，文帝祭庙又失火。汉宣帝为此素服五日。

9 乌孙狂王泥靡又娶楚公主刘解忧为妻（解忧公主先嫁给岑娶，再嫁翁归靡，此次又嫁给狂王泥靡），生下一个儿子，名叫鸱靡。狂王和公主关系不和，又暴虐凶恶，失去众心。汉使卫司马（屯卫司马，屯田部队的指挥官）魏和意以及副使、卫侯（卫司马的副职）任昌到乌孙。公主说："狂王是乌孙的祸患，乌孙人都苦于他的在位，杀他很容易。"于是设谋摆酒，派武士拔剑斩杀他。没想到剑砍歪了，狂王受伤，上马驰走。他的儿子细沈瘦带兵将魏和意、任昌和公主包围在赤谷城，过了几个月，都护郑吉征发西域诸国军队援救，才解围而去。汉朝廷派中郎将张遵带着医药去救治狂王，赐给金帛，逮捕魏和意、任昌，用铁链锁住脖子，用囚车带回长安，处斩。

当初，乌孙肥王翁归靡与匈奴夫人所生的儿子乌就屠，在狂王受伤的时候，惊骇不安，与各大酋长一起逃到北边山中，扬言其母家匈奴要派兵来，所以乌孙百姓都归附他。之后，乌就屠袭杀狂王，自立为昆弥。这一年，汉朝廷派遣破羌将军辛武贤率军一万五千人到敦煌，疏通水渠，积蓄粮秣，准备讨伐乌就屠。

当初，解忧公主的侍女冯嫽，能够撰写文书，了解汉朝与西域各国事务，曾经持汉节为公主使者，西域各国都敬重信任她，人称"冯夫人"。她是乌孙右大将之妻，而右大将与乌就屠是亲密的朋友，因此都护郑吉派冯夫人去游说乌就屠，说汉兵马上就要压境，乌孙一定会被消灭，不如投降。乌就屠恐惧，说："希望能获得一个小小的称号，让我有立足之地。"皇上征召冯夫人，亲自问她关于乌孙的情况，然后派谒者竺次为使，期门甘延寿为副使，送冯夫人。冯夫人坐着装饰锦绣的华丽马车，持着汉节，命令乌就屠到长罗侯常惠所在的赤谷城，立元贵靡（翁归靡与解忧公主的儿子）为大昆弥，乌就屠为小昆弥，都赐给印绶。破羌将军不出塞，还师。后来乌就屠并没有送还各大酋长的部众，汉朝廷再派长罗侯常惠率领三支部队屯驻赤谷，为大小两位昆弥划清地界，大昆弥分得六万余户，小昆弥分得四万余户。但乌孙民众还是心向小昆弥。

甘露二年（己巳，公元前52年）

1 春，正月，汉宣帝立皇子刘嚣为定陶王。

2 汉宣帝颁布诏书，大赦天下，减轻百姓的税赋，每人减三十钱。（之前两次谈到减口赋，口赋是向未成年人征收，属于皇帝的收入，起征年龄为七岁，汉武帝提前到三岁。算赋是向十五岁以上、五十六岁以下的成年人征收，每人一算，一百二十钱，如今减收三十钱。）

3 珠厓郡出现叛乱。夏，四月，汉宣帝派护军都尉张禄率兵镇压。

4 御史大夫杜延年因年老多病，被免除职务。五月初一，廷尉于定国升任御史大夫。

5 秋，七月，立皇子刘宇为东平王。

6 冬，十二月，皇上巡游萯阳宫、属玉观。

7 这一年，营平壮武侯赵充国薨。先前，赵充国因为年老请求退休，皇上赐给安车、驷马、黄金，让他退休回家。不过，朝廷每有涉及四方蛮夷的重大会议，还经常请他回来参与军事谋划，向他问策筹划。

8 匈奴呼韩邪单于来到五原塞求降，表示愿意奉上国宝，并于次年正月前往长安朝见皇上。皇上下诏让主管官员讨论朝见的礼仪。丞相、御史都说："圣王之制，先有京师，然后有各诸侯国；先有诸侯国，然后有夷狄。匈奴单于来朝，其礼仪应该和诸侯王一样，但位次在各诸侯王之下。"太子太傅萧望之认为："单于并不是汉朝的封国，不是汉朝的臣属，之前是敌国，所以应该待之以不臣之礼，位次在诸侯王之上。外夷稽首称藩，汉朝让而不臣，这才是羁縻人心之谊，谦让亨通之福。《尚书》说'夷狄荒服'，就是说，他就算来归附，也是反复无常。假使匈奴后代有鸟窜鼠伏，叛离远遁，不再来朝拜助祭的，那他不来就算了，不算叛臣，这才是万世之长策。"

天子采纳了萧望之的意见，说："匈奴单于愿做我北方藩国，可于明年正月初一前来朝见。朕自问恩德不足，不能广施荫蔽，应以客人之礼相待，令单于位次在各诸侯王之上，谒见时称臣，但不必报上姓名。"

【荀悦曰】

春秋之义，王者一统天下，没有内外之别。夷狄道路遥远，人迹隔绝，所以历法政令不能到达，礼教不能施加，这并不是以他们为尊，而是形势使然。《诗经》说："那些氐、羌小国，没有敢不来朝见的。"所以，那些处在要服（距京师一千五百里到两千里）和荒服（距京师两千里到两千五百里）地区的国君，必须到京师朝贡，如果不来朝贡，就要去责备告令他们，并没有把他们当成地位平等的敌国。萧望之要对匈奴单于以不臣之礼相待，地位加之于匈奴王公之上，这是僭越失序，以乱天常，不合礼制！当然，如果是权宜之计，那又另当别论。

【华杉讲透】

萧望之的见识，比丞相、御史不知道高几倍。荀悦的评论，正应了孝宣皇帝俗儒不可用的话，而且符合宣帝说的每一个字：看不到时事变化，喜欢厚古薄今，分不清名分与实际。

这个问题正是一个名分问题。孔子说，为政先正名，"名不正，则言不顺；言不顺，则事不成"。单于来降，该给他什么名分？丞相和御史认为，给诸侯王名分，但是比国内诸侯王低一级。萧望之认为，不是臣子的名分，而是自愿归附的客人，比诸侯王高一级。

看一个战略问题，有两个关键：一是你能往后看到几步，二是你能算清楚自己能做到哪一步。发生一件事情，马上就要思考这件事情会带来什么后果？它未来会怎么发展？我如何应对？能不能应对？

匈奴来朝，萧望之就看到了以后他不来怎么办？如果接受他是和诸侯封国一样的臣子，甚至地位比封国国君还低一级，那么他不来朝见，就必须讨伐。不讨伐，就没法对其他诸侯国交代了。那么，又讨伐得了吗？值得讨伐吗？所以，想要今后少承担责任，就要今天少要一点名分。

丞相、御史则完全不知不觉，没有任何有深度的战略思考，只有不负责任的空谈。如果皇上也跟着他们这样认为，那就完了。

想当初冒顿单于写信给吕后，用词悖乱无礼，甚至要吕后嫁给他做小老婆，吕后也没有讨伐，而是客客气气、彬彬有礼地回信，让他自己羞惭道歉。所谓强弱有时，今天匈奴来朝，是因为他弱了，明天可能又强起来。要那些不切实际的虚荣，给自己上套，图什么呢？

这里，我们还要重复那句老话："一切都是难得可贵，没有什么是理所应当。"千般万般的错误，都是忘了这句话。那匈奴单于举国来降，是开天辟地头一遭，可丞相、御史却都认为这是理所应当，甚至嫌人家做得还不够。

9 汉宣帝下诏，派遣车骑都尉韩昌前往迎接单于，征发沿途七个郡二千骑兵，列队在道路两旁欢迎护卫。

甘露三年（庚午，公元前51年）

1 春，正月，皇上巡游甘泉，在泰畤祭祀天神。

2 匈奴呼韩邪单于来朝，赞谒时自称"藩臣"，而不加报名字。汉宣帝赐给他冠带、衣裳，黄金印玺、綟绶（綟是一种草，綟草染制的绶带，是诸侯王的规制），玉石装饰的宝剑、佩刀、弓一张、箭四支，仪仗用的戟十支，安车一辆，马鞍和缰绳一套，马十五匹，黄金二十斤，钱二十万，衣被七十七套，锦绣、绸缎、布帛等八千匹，棉絮六千斤。礼毕，派使者带领单于下榻长平。皇上从甘泉出发，住宿池阳宫，登上长平阪，和单于见面。事先传诏，单于不必下拜，其左右当户，都列队观礼，诸蛮夷君长、王、侯数万人，都在渭桥下迎接，夹道列队。皇上登上渭桥，众人都高呼万岁。然后，单于在长安住下。皇上在建章宫置酒，宴请单于，并请他参观汉室珍宝。

二月，单于归国。单于请求允许他的部众移居瀚海沙漠以南光禄塞下，如果边境有紧急情况，允许他们撤退到受降城。汉朝廷派遣长乐都尉、高昌侯董忠、车骑都尉韩昌率领骑兵一万六千人，又征发边郡士卒及马匹数千，送单于出朔方鸡鹿塞。下诏令董忠等留下保卫单于，帮助诛灭不服的人，又转运边郡谷物干粮，前后三万四千斛，供单于部众食用。之前，自乌孙以西到安息诸国靠近匈奴的，都畏惧匈奴，轻视汉朝，呼韩邪单于朝汉之后，都尊奉汉朝了。

皇上因为四方戎狄臣服，想到那些股肱大臣的贡献，就请人将他们的画像画在麒麟阁。画上他们的容貌，写上他们的官爵、姓名，唯有霍光不写名字，只写上"大司马、大将军、博陆侯，姓霍氏"，其次是张安世、韩增、赵充国、魏相、丙吉、杜延年、刘德、梁丘贺、萧望之、苏武，一共十一人，皆有功德，知名当世，是以表而扬之，明确他们是中兴的辅佐，可以和周宣王时期的中兴功臣方叔、召虎、仲山甫等人媲美。

3 凤凰飞集新蔡县。

4 三月初六，丞相、建成安侯黄霸薨。五月十二日，于定国任丞相，封西平侯。太仆、沛郡人陈万年为御史大夫。

5 汉宣帝下诏，让儒家学者们讲各自对五经（《诗经》《尚书》《礼记》《易经》《春秋》）的解释及其异同，由萧望之等将讨论结果辨析分明，做出持平的结论，上奏给皇帝，由皇帝亲自裁决。结果，决定以梁丘贺传授的《易经》，夏侯胜、夏侯建传授的《尚书》，谷梁赤传授的《春秋》为准，并立三位为博士。

6 乌孙大昆弥元贵靡和鸱靡（都是解忧公主的儿子）都病死了。公主刘解忧上书说："我年纪老了，思念故土，希望能回来，葬在汉地。"汉宣帝怜悯她，派人把她接回长安，享受公主待遇（解忧以宗室之女嫁乌孙，回来后享受皇女待遇）。过了两年，解忧公主去世。

元贵靡的儿子星靡代即位为乌孙大昆弥，但年龄幼小。冯夫人上书说："我愿意出使乌孙，辅佐星靡。"汉宣帝批准请求，派她出使乌孙。都护韩宣上奏说，乌孙的大吏大禄（相当于丞相）和大监二人，可以赐给金印紫绶，让他们尊辅大昆弥。汉朝廷批准。

后来段会宗担任都护，帮助乌孙召回流亡叛逃在外的乌孙人，使乌孙安定下来。星靡死去，其子雌栗靡接替他成为乌孙大昆弥。

7 皇太子所宠幸的司马良娣重病，临死前对太子说："我死，不是天命已尽，而是其他那些良娣和良人诅咒杀死我！"太子同意她的话，司马良娣死后，太子悲愤发病，恍惚不乐。汉宣帝命令皇后在后宫妃嫔的娘家女子中，挑选可以供太子娱乐和侍奉太子的女子，挑到元城人王政君，送到太子宫中。王政君，是之前绣衣御史王贺的孙女，送到太子宫中，在丙殿与太子相见，一受太子爱幸，就有了身孕。这一年，在甲馆的画堂生下后来的汉成帝，成为嫡皇孙。皇上十分喜爱，亲自取名为刘骜，字大孙，经常带在身边。

【华杉讲透】

王政君出场，这是王莽篡汉的序幕。王氏家族登上西汉政治舞台，也将埋葬西汉王朝。

甘露四年（辛未，公元前50年）

1 夏，广川王刘海阳，因为有禽兽行为和杀死无辜，被废为庶人，流放到房陵。

2 冬，十月，未央宫宣室阁发生火灾。

3 这一年，汉宣帝将定陶王刘嚣改封为楚王。

4 匈奴呼韩邪单于、郅支单于都遣使朝献，汉朝廷接待呼韩邪单于的使者规格很高。

黄龙元年（壬申，公元前49年）

1 春，正月，皇上巡游甘泉，在泰畤祭祀天神。

2 匈奴呼韩邪单于来朝，二月，归国。

当初，郅支单于认为呼韩邪单于兵弱，归降汉朝后不会再回来了，于是带领他的部众向西，准备平定匈奴西部地区。此外，屠耆单于的小弟本来跟随呼韩邪单于，也逃回西部，聚集他哥哥的余部，得数千人，自立为伊利目单于。路上与郅支单于遭遇，合战，郅支单于杀死了伊利目单于，兼并了他五万多名兵众。郅支单于听说汉朝出兵帮助呼韩邪单于，就留居西部，估计自己的力量不足以统一匈奴，就干脆继续西进，靠近乌孙，希望与乌孙联合。郅支单于派使者去见小昆弥乌就屠。乌就屠杀了他的使者，发八千骑兵去迎接郅支单于。郅支单于发觉了乌就屠的阴谋，勒兵突袭，打败乌就屠，然后北击乌揭、坚昆、丁令，兼并了这三个国家。郅支单于数次派兵攻击乌孙，总是获胜。坚昆东去单于王庭七千里，南至车师五千里，郅支单于就以坚昆为他的都城。

3 三月，有孛星出现在王良、阁道两星座间，进入紫薇星座。

4 皇帝病重，挑选可以嘱咐后事的大臣，将外戚侍中乐陵侯史高、太子太傅萧望之、少傅周堪请到寝宫，拜史高为大司马、车骑将军，萧望之为前将军、光禄勋，周堪为光禄大夫，皆受遗诏辅政，领尚书事，掌管枢机。

冬，十二月初七，汉宣帝在未央宫崩逝。（十八岁即位，在位二十五年，寿四十三。）

【班固曰】
孝宣之治，有功必赏，有罪必罚，注重综合考核人事的名与实。主持政务的大臣、学者，以及执掌法令的官员，全都精通自己的本职。至于能工巧匠，器械制造，从汉元帝到汉成帝的时代，都很少有能赶得上的。这一朝，可以称得上是官吏称职、百姓安居乐业了。又赶上匈奴乖乱，宣帝做到了"推亡固存"（呼韩邪单于能存的，就帮助他，坚固他；郅支单于该亡的，就推倒他，赶走他），汉朝的恩信，威震北夷，呼韩邪单于向慕汉朝之义，稽首称藩。孝宣皇帝功光祖宗，业垂后嗣，实可称之为"中兴"，他的功德已经可以和商朝的武丁中兴，以及周朝的宣王中兴相当了！

5 十二月初六，太子刘奭（二十七岁）即皇帝位，拜谒汉高祖祭庙，尊皇太后为太皇太后（上官太后），皇后为皇太后。

卷第二十八 汉纪二十

（公元前48年—公元前42年，共7年）

主要历史事件

王政君被立为皇后　059

宦官石显权倾朝野　062

刘更生再次被下狱，萧望之被逼自尽　066

贾捐之《弃珠厓议》提出撤销海南珠厓郡　069

谷吉送郅支单于儿子回国，却被诛杀　074

刘更生上书《条灾异封事》建议放逐小人　077

贾捐之、杨兴谋求高位被治罪　080

匡衡建议改变社会风气　082

冯奉世平定陇西羌人叛乱　083

主要学习点

做难做到的事，补充自己的短处　061

将领的五种性格缺陷　067

说话的艺术：逻辑与修辞　076

世风民俗，就是上行下效　083

要避免只有决策理由，没有决策依据　085

孝元皇帝上

初元元年（癸酉，公元前48年）

1 春，正月初四，葬孝宣皇帝于杜陵，赦天下。

2 三月初十，立王政君为皇后，封皇后父亲王禁为阳平侯。

3 将三辅（京兆尹、右扶风、左冯翊）地区、太常（掌祭祀和诸陵邑，所以有公田）、各郡国公田及皇家林苑所出产的物产，可节省或结余的，用于赈济贫民。对于财产不到一千钱的，借给他们种子和粮食。

4 封外祖父平恩戴侯许广汉同胞弟弟的儿子，中常侍许嘉，继承平恩侯爵位。

5 夏，六月，传染病流行，令太官（掌皇帝膳食及燕享之事）减少膳食,又减少乐府编制,减少苑中养马,以赈济难民。

6 函谷关以东十一个郡和封国,都发生洪灾,造成饥荒,有的地方甚至出现人吃人的惨剧。官府组织转运周边郡国粮食相救。

7 皇上一向听说琅玡人王吉、贡禹都通晓儒家经典,德行高洁,就派使者去征召他们。王吉在路上病死;贡禹到京师,拜为谏大夫。皇上数次虚心问政,贡禹上奏说:

"古代人君节俭,只收十分之一的赋税,没有其他赋税徭役,所以家家户户都能自给自足。高祖、孝文、孝景皇帝时期,宫女不过十余人,皇家马厩里的马,也不过一百余匹。后世争相奢侈,越来越严重,臣下也跟着仿效。臣愚以为,要完全效法太古时期,当然困难,不过至少也应稍微学学前人的样子,节省开支。如今宫室已经有了定制,没法再裁减了。但是其余的东西,可以尽可能地减损。以前在齐地负责制作皇家冠服的三服官(三服指春、夏、冬三季服装),一年为皇室织造的衣裳,不过十个竹箱。现在呢,齐地三服官春、夏、冬三季织造,每季都有工人数千人,一年费用数亿钱。皇家马厩里用粮食喂养的马,将近一万匹。武帝的时候,又多取美女数千人,充填后宫。到武帝崩逝的时候,陪葬的金钱、财物、鸟兽、鱼鳖,多达一百九十种,又将后宫女子送去守陵。到了孝宣皇帝崩逝,陛下自己不好意思说减损,群臣呢,也按过去的惯例,甚为痛惜!皇家如此,就上行下效,妻妾的规模,大大超过常度,诸侯王的妻妾,有的多达数百人,豪富吏民蓄养歌姬也有数十人,所以内多怨女,外多旷夫,贫穷人家都娶不到老婆。到了埋葬的时候,也大兴陪葬之风,导致地上财富一空,地下全是宝藏。这种过错,都是皇上带动的,而大臣们也有因循援例之罪。希望陛下深察古人的正道,跟从那些俭朴的天子,大大地减损您的车辆、衣裳、器物的开支,至少减去三分之二。选择后宫的贤者,留二十人,其他的都放她们回家。至于先帝陵园中守陵的宫女,没有生育子女的,也应该放她们回家。皇家马厩里的马,有数十匹就够了。只留下长安城南上林苑作为打猎之用，其余的一概废除。如今天下饥馑，难道不正应该大大地减少天子的开支，以赈济万民，合乎天意吗？天生圣人，是为了万民福祉，不是为了供奉他一个人享乐！"

天子纳善其言，下诏，令各地宫殿行馆，皇上很少去的，就不要再修治了。太仆（掌管皇帝舆马及马政）要减少用粮食喂养的御马，水衡都尉（掌管上林苑）要减少用肉喂养的野兽。

【司马光曰】

忠臣事奉君王，应责求君王去做他比较难做到的事，那容易做到的，不用怎么费力，他也能做好。要补充他的短处，他所擅长的部分，也不需要臣子去劝勉。汉元帝即位之初，虚心向贡禹求教，贡禹应该抓住机会，先就其所急，再慢慢说这些可以暂缓办理的事。汉元帝的主要问题，在于优柔寡断，谗佞弄权，这才是当时的大患。贡禹不从这里着手。而恭谨节俭，本来就是汉元帝一贯的志向，而贡禹却不厌其烦侃侃而谈，这是为什么呢？假如以贡禹的智慧，没有看出当时的问题所在，那他就称不上是贤人。假如他看出来了，却不说出来，那他的罪就大了。

8 匈奴呼韩邪单于再上书，说民众困乏。皇上下诏，让云中、五原郡转运谷物二万斛给单于。

9 这一年，开始设置戊己校尉，在车师故地屯田。

初元二年（甲戌，公元前47年）

1 春，正月，皇上行幸甘泉，祭祀天神。

乐陵侯史高以外戚身份领尚书事，前将军萧望之、光禄大夫周堪做他的副手。萧望之是当时名儒，和周堪都曾担任皇上的师傅，皇上信任他们，经常在退朝之后，再接见二人，讨论历代治乱故事，陈述国家大政方针。萧望之又推荐宗室出身，通晓儒家经典，有德行，现任散骑、谏大夫的刘更生做给事中，与侍中金敞一起，在皇上左右。四人同心谋议，劝导皇上恢复古制，多方匡正皇上的错误，皇上也非常信任、偏向他们，并欣然采纳他们的意见。史高虽然地位在他们之上，但只是充数而已。史高由此与萧望之有了矛盾。

中书令弘恭，仆射石显，自宣帝时就掌管枢机，明习文法。皇上即位后，身体多病，认为石显长期担任重要职务，又是宦官，不是骨肉之亲，也无婚姻之家，精明干练，责任心强，就将政务委任给他，事无大小，都由石显转呈上奏，再由皇上裁决。于是石显贵幸，权倾朝野，百官都敬畏事奉他。石显为人，机巧慧黠，办事周到，特别能领会皇上的意图，又心机极深，善于诡辩，中伤他人，为人睚眦必报。石显与车骑将军史高互为表里，议论政事，常常坚持自己的意见，不跟萧望之等一致。

萧望之等人憎恨许氏、史氏两个外戚家族的任性妄为，现在又恨弘恭、石显擅权，于是向皇上上奏说："中书是政务之本，国家的枢机部门，应该由通达、光明、公正之士担任。汉武帝的时候，因为皇上总是在后宫游宴，所以用宦官担任。但是，这并非古制。皇上应该罢免中书宦官，以符合刑人不在君侧的古义。"这个意见提出来，就和史高、弘恭、石显等人翻脸决裂了。皇上刚刚即位，性格谦让，对既定的安排，难以作出改变，萧望之等人的建议，商议很久，还是不能决定，反而将刘更生提升为宗正（刘更生之前是给事中，是宫廷内的官员，现在去做宗正，反而不能进入宫廷了，萧望之一方在皇帝身边反而少了一人）。

萧望之、周堪数次向皇上推荐名儒、茂才以任谏官。会稽人郑朋想要攀附萧望之，就上书告状，说车骑将军史高派他的门客到地方郡国图奸牟利，又说许氏、史氏子弟的罪过。皇上把奏章给周堪看，周堪建议，让郑朋到金马门待诏。郑朋又给萧望之写信说："将军志向如何呢？是做到管仲、晏婴那样就止步了呢，还是要忙得过了中午都吃不上饭，功德直追周公、召公才满意呢？如果将军您的志向只是管仲、晏婴而已，那我将隐居山林，老死而已；如果将军欲兴周、召之遗业，也要亲接贤士，忙得过了中午都吃不上饭，那区区在下，愿竭心尽力，以奉将军万分之一！"

萧望之接见郑朋，推诚相待，后来发现他不过是个倾危邪恶的小人，于是和他断绝联系，不再接触。郑朋是个阴险小人，由失望而怨恨，马上转投许、史阵营，说他之前告许氏、史氏的状，"都是周堪、刘更生教我说的，我是关东人，怎么会知道这些事呢"。于是侍中许章建议皇上接见郑朋。郑朋从宫中出来，扬言说："我刚刚向皇上报告了前将军萧望之五项小过错，一项大罪！"

待诏华龙，品行卑污，想要投靠周堪等人。周堪等人不接受他。于是华龙也和郑朋勾结起来。

弘恭、石显就指使郑朋、华龙二人，告萧望之等阴谋罢黜车骑将军史高，疏远许氏、史氏两大外戚家族。郑朋、华龙二人特意在萧望之休假的时候上奏，皇上就把奏章交给弘恭调查。萧望之说："外戚在位，奢侈骄淫，我要皇上疏远他们，是为了国家，不是什么邪谋。"

弘恭、石显上奏说："萧望之、周堪、刘更生结成一党，数次诋毁大臣，离间皇上骨肉亲戚，以达到他们专擅权势的目的，为臣不忠，诬上不道，请皇上派谒者把他们召到廷尉！"当时皇上刚刚即位，不知道把人交给廷尉就是关进监狱的意思，同意了他们的奏报。后来皇上要召见周堪、刘更生，左右回答说："已经逮捕下狱。"皇上大惊，说："不就是让廷尉问问话吗？"于是责备弘恭、石显，二人叩头谢罪。皇上说："赶紧把他们放出来工作！"弘恭、石显就让史高出面跟皇上说："皇上刚刚即位，还未能以道德教化闻名天下，却先把自己的师傅关进了监狱。现在，既然已经关进监狱，只能将他们免职了（总不能说皇上搞错了吧）。"皇上于是下诏给丞相、御史，说："前将军萧望之，给朕做了八年师傅，没有其他什么罪过，如今事已久远，不能尽记，有些遗忘了。赦免萧望之的罪，收回前将军、光禄勋印绶。周堪、刘更生贬为庶人。"

【华杉讲透】

汉元帝的糊涂，糊涂到不可思议。二十八岁做皇上，这一年他已经二十九岁，之前做了二十多年太子，他居然不知道把人交给廷尉就是下狱！史书上这么写，读的人都不敢相信。稀里糊涂把自己的辅政大臣关进监狱里去了，知道是自己钻进了对方政治对手的圈套，然后又能将错就错干脆就把他们扳倒了。他基本上是梦游，走到哪儿算哪儿，有人把他往哪边牵一下，他就往哪边走。面对这种皇上，萧望之、周堪这样的人，当然不是弘恭、石显的对手。因为萧、周操心的是怎么治理国家，弘、石研究的是怎么操纵皇上。

2 二月二十七日，皇上封弟弟刘竟为清河王。

3 二月二十八日，陇西地震，城郭崩坏，房屋倒塌，压死很多人。

4 三月，立广陵厉王刘胥的儿子刘霸继承王位（宣帝五凤四年，刘胥以罪自杀，封国撤除，现在立他的儿子）。

5 下诏罢去黄门所管理的车驾犬马，水衡都尉所属的皇家花圃，宜春宫所属的御花园，以及少府掌射猎的官员佽飞管辖的池塘，以及皇家射猎鸟禽用的池田等，全部开放给贫民。又下诏赦天下。号召推荐茂才（优秀人才）、异等（有特别能力的人）、直言极谏之士。

6 夏，四月，立皇子刘骜为皇太子。待诏郑朋推荐太原太守张敞，是先帝时期的名臣，宜辅佐皇太子。皇上问萧望之意见。萧望之认为张敞是能吏，足以胜任繁杂纷乱的工作，但是行为轻佻，不是太子师傅之器。天子派使者去征召张敞，想让他做左冯翊，但是不巧，张敞恰在此时病故了。

【华杉讲透】

张敞很有才能，但是没有威仪。曾经在朝会之后，走马过章台街，让车夫赶马快跑，他自己用折扇拍马，招摇过市。他还有一个著名的轶事，成了成语，叫作"张敞画眉"，用以比喻夫妻感情之好。他总是在家给他妻子画眉毛，画出了名，长安城中都传说张敞画的眉毛好看。有司弹劾他，说他不成体统。汉宣帝问他有没有这回事。他不以为意，回答说："臣听说闺房之内，夫妻之间的私情，比画眉毛过分的事情多了去了。"宣帝爱惜他的才能，没有责备他。但是，张敞也因此始终没有得到大用。

关于张敞画眉，还有一些传说花絮。说他每天给妻子画眉，是因为他妻子眉角有一点伤痕，所以他每天都仔细画眉遮盖。又说那伤痕就是他造成的，小时候他和妻子同村，张敞顽皮，扔石子打伤了小姑娘，当时跑掉了。后来听说姑娘长大后因为破了相嫁不出去，他就回家提亲，娶了姑娘。后面这些都是传说了。总之，张敞画眉，与韩寿偷香、相如窃玉、沈约瘦腰，合称中国历史四大风流韵事。我们也很乐意，在密密麻麻都是"弃市""族""人相食"等残酷词语，鲁迅说字缝里满本都写着"吃人"的中国历史中，能添加一点烟火气息。因为下一段马上又要"人相食"了。

7 下诏赐萧望之爵关内侯、给事中，每月初一及十五日朝见。

8 函谷关以东发生饥荒，齐地发生了人吃人的惨剧。

9 秋，七月二十七日，又发生地震。

10 皇上重新征召周堪、刘更生，想用他们做谏大夫。弘恭、石显从中阻拦，改任为中郎。

皇上非常器重萧望之，想要任命他做丞相，依靠他处理政事。弘恭、石显以及许、史两家兄弟，侍中、诸曹等，对萧望之都心怀怨恨。

正在这时，刘更生派他的母家亲戚上书说："地震灾变，是应在弘恭等人身上，不是因为萧望之、周堪和刘更生，臣愚以为，应该罢退弘恭、石显，以彰显对他们遮蔽善人的处罚，进用萧望之等人，以疏通贤者的上行通道，如此，则太平之门开，灾异之源塞也。"奏书送上去，弘恭、石显等怀疑是刘更生指使，向皇上建议逮捕上书者，审问他的后台，果然供出是刘更生指使。于是将刘更生再次逮捕下狱，贬为庶人。

这时，萧望之之子、散骑、中郎萧伋也上书为萧望之之前的事申冤，事情交给有司调查，有司回复说："萧望之之前有罪，案情清楚，并没有人诬陷他。而他却指使儿子上书，引用一些说自己无辜的诗句，有失大臣体统，对皇上不敬，请逮捕。"弘恭、石显深知萧望之高洁，一定不会接受被逮捕的屈辱，于是向皇上谏言说："萧望之之前幸得皇上宽待，没有下狱，后来又赐给他爵位和封邑，他却不悔恨服罪，反而觉得冤枉，让他的儿子上书鸣冤，把过错推到皇上身上，自以为是皇上师傅，不可能送他进监狱。如果不让他到监狱走一遭，挫一挫他的傲气，打掉他那不满的心理，恐怕朝廷以后也不会施恩给他，因为他都不知道感激啊！"

皇上说："萧太傅一向刚烈，他怎么肯到监狱去！"石显等人说："人命至重，谁不爱惜自己生命呢？萧望之的罪，只是一些言语上的小罪，他也没什么好担忧的，不要紧！"皇上就批准了他们的建议。

冬，十一月，石显等将逮捕萧望之的诏书封好，交给谒者，下令交给萧望之亲自拆封。然后，又令太常火速征发执金吾车骑包围萧望之宅第。使者到，召萧望之。萧望之问他的门生，鲁国人朱云。朱云是个崇尚节烈的人，劝萧望之自裁。于是萧望之仰天长叹说："我曾经位居将相，年过六十了，还要进监狱里去苟且偷生，那不是太可鄙了吗？"然后称呼朱云的字号说："游！赶紧给我配药来，不要让我久留不死！"于是饮药自杀。

天子闻之大惊，击打着手掌说："我本来就怀疑他不会去牢狱，你们果然杀了我的贤师！"当时，御厨正送来午饭，皇上不吃饭，为之涕泣，哀恸不已，左右为之感动。于是召集石显等责问，说他们考虑问题不够周详。石显等人脱下冠帽谢罪，好一阵子皇上才平复了。皇上追念萧望之不已，每年都派使节去他的坟墓前祭祀，终其一生，都没有间断。

【司马光曰】

孝元皇帝为君，太奇怪，太容易被欺骗，太难以醒悟。之前弘恭、石显陷害萧望之，或许很难分辨。到了要逮捕萧望之下狱，皇上知道萧望之刚烈，必宁死也不肯到监狱去，弘恭、石显则极力劝说，不必担心。结果萧望之果然自杀。这一次，弘恭、石显欺君陷害已经太明显了，就算是一个中等智力的君王，也会感动奋发，一定要处罚欺骗他的邪臣。孝元皇帝则不然，自己涕泣不能进食以哀悼萧望之，却不能诛杀弘恭、石显，仅仅让他们免冠叩头就通过了。如此，则奸臣还有什么可害怕的呢？这就让弘恭、石显肆其邪心，无所忌惮了。

【华杉讲透】

刘奭是昏君，弘恭、石显是奸臣，那么，从萧望之身上，我们又能学到什么呢？萧望之有没有错呢？行有不得，反求诸己，如果我是萧望之，我应该怎么做？理念是什么？

《孙子兵法》讲将道，讲将领的五种性格缺陷：

> 故将有五危：必死，可杀也；必生，可虏也；忿速，可侮也；廉洁，可辱也；爱民，可烦也。凡此五者，将之过也，用兵之灾也。覆军杀将，必以五危，不可不察也。

领导力，很大程度上是一种性格。反之，领导者的灾难，往往也是一种性格缺陷。

将领有五种性格缺陷，是最危险的。

一、不怕死，一味死拼，就会被敌人所杀。

二、贪生怕死，没有必死之心，又会被俘虏。

三、愤怒急躁，经不起刺激，会中激将法之计，愤而出战送死。

四、廉洁，爱惜名誉，经不起污辱，会为了维护自己的名誉，洗清别人泼在自己身上的脏水，而不顾性命出战，中计。

五、爱护居民，也会被人利用，或让他为掩护居民而烦劳，或驱使人民为炮灰,让他不忍作战,而敌人就藏在里面。

这五种性格缺陷,都是将领的过错,用兵的灾害。军队覆灭,将领身死,都是由于这五种危险造成的,不可不警惕!

萧望之不是说他备位将相吗?他就应该知道将道,他就死在性格缺陷上,一是"必死,可杀也"。弘恭、石显知道他必死,果然就利用这一点杀了他,他完全是按对方写的剧本走的。

第二个是根源,就是"廉洁,可辱也"。萧望之的原话:"吾尝备位将相,年逾六十矣,老入牢狱,苟求生活,不亦鄙夫!"这就是太爱惜自己的羽毛,太爱惜自己的形象。这不是生存智慧。想当年,萧何因为形象太好,为刘邦所忌惮,他就故意让家人违法乱纪,抢夺民田,让告他状的奏章送到皇上那儿去,让皇上看到他萧何也有大缺点,难成气候,以此求得自己的安全。

萧望之不是萧何,对于他来说,人格比生命还重要。但是,他既然是国家股肱大臣,当知国家的命运也很重要,为什么不能活下来,和弘恭、石显斗争呢?他的死,也是对自己不负责任,对家庭不负责任,对国家不负责任,对他的皇上徒弟不负责任,特别是——这何尝不是他对皇上的报复和惩罚!你居然要敲打敲打我?!那你就看看我怎么敲打你!刘奭终生为师傅上坟,也是接受了这个敲打、这个惩罚,这是他师徒二人的对话。

性格决定命运,天大的智慧和本事,也突破不了自己性格的天花板。就像刘奭,他贵为皇帝,有生杀予夺的大权,但是,他却有一个巨大的和帝位不相称的性格弱点——懦弱。他不杀弘恭、石显,不是智力问题,不是不知道自己被骗了,而是懦弱,把这两个称心称手的人再杀了,一大堆事自己还得重新安排,这巨大的责任让他恐惧,他也就假装糊涂,接受他们的辩解了。

11 这年,弘恭因病而死,石显继任中书令。

12 当初,汉武帝灭南越,设置珠厓郡(今海南琼山县)、儋耳郡

（今海南儋州市）在海岛上。官吏和士兵，都是中原人，对当地人侵暴欺凌。当地人呢，也很凶暴，自以为阻绝于大海之外，中央力量不能到达，经常违反官吏禁令，隔几年就造一次反，杀死官吏，汉朝廷则发兵击灭平定，二十余年间，一共反了六次。到宣帝时，又再反。到当今皇上即位的第二年，珠厓郡山南县又反，朝廷发兵镇压，反而其他郡县也跟着叛乱，连年不断，不能平定。皇上与群臣商议，想要增派大军。待诏贾捐之说：

"臣听说，以尧、舜、禹之盛德，统治的地方也不过方圆数千里，西接沙漠，东至大海，朔方以南，就是中原文化所及的地方。愿意接受中原教化的，朝廷就去治理；不愿意的，也不强迫统治。所以，君臣都得到歌颂，凡是有生气的动物，都各得其宜。

"武丁、周成王，分别是殷朝和周朝之大仁之君，他们的疆土，东边也不过江国和黄国，西边不超过羌、氐，南边不超过荆国蛮夷，北边不超过朔方，所以颂声并作，凡是会听会看的动物，无不安乐过活。越裳部落通过九重翻译，来向中原朝献，这不是武力所能做到的。

"到了秦朝，兴兵远攻，因为向外贪求，却让国内空虚，以至于天下溃散反叛。汉文帝偃武修文，在文帝时期，一年审案不过数百起，赋税低，徭役简便。到了汉武帝时期，厉兵秣马，征讨四夷，天下一年诉讼案件以万计。赋税烦多，徭役繁重，寇贼并起，军旅数发，父战死于前，子斗伤于后，女子也要在亭障站岗，孤儿号哭于道路，老母、寡妇饮泣于街巷，这都是开拓的疆土太大，政法不休之故。如今函谷关以东的民众，生活困难，流离失所，人之常情，莫不亲近父母，爱恋夫妇，如今发展到卖妻子，卖儿女，法律不能禁，道义不能止，这才是国家真正的大忧大患。而陛下忍不下一时的恼怒愤恨，要将中原士众，驱之于大海之中，以快心于幽冥之地，这不是救助饥馑，保全百姓的做法！

"《诗经》说：'蠢尔蛮荆，大邦为仇。'（你这愚蠢的蛮荆，竟敢与大国为仇。）意思是说，圣人在位，自然四夷宾服；中原衰乱，自然蛮夷先叛。这种祸患，自古有之，蛮荆尚且反叛，何况万里之外的南方蛮夷呢！骆越之民，父子同在河中洗澡，习惯用鼻子饮水，与禽兽无异，本来不值得设置郡县。其地孤悬大海之中，雾大露重，气候潮湿，多毒草、虫蛇、水土之害，大军前去，敌人还没见到，战士已经死了。所谓珍珠、犀牛、玳瑁，也不是只有珠厓郡有，放弃它一点也不值得可惜，不讨伐也不会损失威信。那里的人民，如同鱼鳖，不值得争取。

"臣再以当年讨伐羌族叛乱的事例作一佐证，大军在前方作战，还不满一年，前线距长安不超过一千里，军事费用已经达到四十多亿，大司农所辖的国库积蓄全部用尽，然后再用少府专门用于供养天子的宫廷积蓄。就区区一隅的问题，还花费这么多，更何况劳师远袭，只有士卒死亡，没有军事成功！

"这种事情，在历史中找不到先例，在当今相似的案例中，又看到如此巨大的害处。臣愚以为，那些不是冠带之国，没有礼仪教化的地方，《尚书·禹贡》所提到过的，《春秋》上也有记载的这些远方蛮夷，还是不要去理会吧！希望国家能放弃统治珠厓郡，专心处理关东人民的忧患，体恤他们的痛苦！"

皇上将贾捐之的意见，征询丞相、御史。御史大夫陈万年认为应当讨伐。丞相于定国认为："之前连年兴兵攻打，护军都尉、校尉以及军丞派去十一人，只有二人生还。战士及运输部队死者一万人以上，军费三亿多，也没能平定。如今关东困乏，人民困难，民心摇动，我同意捐之的意见。"

皇上听从。

贾捐之，是贾谊的曾孙。

初元三年（乙亥，公元前46年）

1 春，皇上下诏说："珠厓虏杀吏民，背叛为逆。参加廷议的大臣，有人说可击，有人说可守，有人说放弃，各有理由。朕日夜思考各方意见，羞于国威受损，就想诛灭他们；犹疑不敢冒险，就想屯田；通达时事变化，则为天下万民担忧。天下万民的饥饿，与远方蛮夷的不服，哪个重要呢？况且宗庙的祭祀，在灾荒年间，都不能齐备，我怎么能去计较那微不足道的羞辱呢！如今关东大困，仓库空虚，无以赡养，又以动兵，不仅劳民伤财，而且还要再生凶年。现在我决定，撤销珠厓郡。当地人民向慕礼义，愿意迁到大陆定居的，就安置他们。不愿意的，也不强迫。"

【华杉讲透】

这一段议论，十分精彩，开疆拓土，往往并没有什么"国家利益"，不过是君王的好胜心和征服欲，秦皇汉武都是这种情况。而当远方人民反叛，一定要"虽远必诛"的，也不关乎国家利益或人民幸福，而是觉得君威受损，不忍其忿，必欲诛之而后快。汉武帝要扬威四夷，以至于他在位后期，全国人口大量减少，他崩逝的时候，人口只有他登基时的一半，就是这么惨！元帝远远没有武帝的才干，更不能去学武帝的做派。

贾捐之直接指出了这其中的两个本质：一是兴师远伐，与国泰民安无关，甚至恰恰是对国家人民的巨大威胁；二是直指汉元帝——"今陛下不忍悁悁之忿，欲驱士众挤之大海之中，快心幽冥之地，非所以救助饥馑，保全元元也"。您要做什么呢？不是为国为民，就是不忍其忿，自己快意恩仇而已，对人民有百害而无一利。

而汉元帝的诏书，也回应了贾捐之的批评："朕日夜唯思议者之言，羞威不行，则欲诛之；狐疑辟难，则守屯田；通乎时变，则忧万民。"这真是说到了本质上，三个决策选项，实际上是三种心理活动。这一段君臣对话，正应了宋神宗在《御制资治通鉴·序言》中说的：

> 其所载明君、良臣，切摩治道，议论之精语，德刑之善制，天人相与之际，休咎庶证之原，威福盛衰之本，规模利害之效，良将之方略，循吏之条教，断之以邪正，要之于治忽，辞令渊厚之体，箴谏深切之义，良谓备焉。

这奏折和诏书，就是天人相与之际，自己扪心自问；就是休咎庶证之原，威福盛衰之本，规模利害之效，到底吉凶、祸福、利害的根本在哪儿，读者宜熟玩焉！

2 夏，四月二十九日，茂陵（汉武帝陵园）白鹤馆火灾，赦天下。

3 夏天，发生旱灾。

4 立长沙炀王刘旦的弟弟刘宗为长沙王（刘旦死后无嗣，今立其弟）。

5 长信少府（主管皇太后宫）贡禹上书说："各地行宫及长乐宫（长乐宫与长信宫都是皇太后宫）保卫部队，可以裁减一大半，以减轻人民的徭役负担。"

六月，皇上下诏说："朕顾念到人民的饥寒，又远离父母妻子，去保卫君王并不居住的离宫，劳作于没有实际意义的工作，这恐怕不是调和阴阳之道。现在，撤销甘泉宫、建章宫警卫部队，让他们回乡务农。各部门官员，都要裁减开支，请你们把裁减计划，列出条目奏报上来，不要有什么顾忌。"

6 这一年，皇上又重新提拔周堪为光禄勋。周堪的弟子张猛为光禄大夫、给事中，大见信任。

初元四年（丙子，公元前45年）

1 春，正月，皇上行幸甘泉，祭祀天神。三月，行幸河东，祭祀后土，赦免汾阴苦役犯。

初元五年（丁丑，公元前44年）

1 春，正月，擢升周子南君为周承休侯。

【华杉讲透】
周子南君名叫姬延，是周文王后代。礼制，历代王朝皆封前代王室后裔爵位，赠予封邑，祭祀宗庙，以示尊敬，也显示本朝所承继统绪，标明正统地位。汉武帝时代尊儒术复古后，下诏说："三代邈绝，远矣难存。其以三十里地封周后为周子南君，以奉先王祀焉。"封姬延为周子南君，如今元帝再将他封侯。

2 皇上行幸雍县，祭祀五色帝庙。

3 夏，四月，有孛星出现在参星之旁。

4 皇上用贡禹等各位儒生的意见，下诏太官不要每天都宰杀牲畜，供应的饮食，减少一半。皇家车马，够正常使用就行。撤销角抵游戏（类似摔跤），撤销上林苑那些皇帝很少居住的宫馆，撤销位于齐地的三服官（皇家织造厂），撤销位于北假的田官（皇家农田），撤销盐铁官（盐铁专卖局），撤销常平仓。博士弟子的名额不再限制，以扩大招生（汉武帝为博士官设置弟子五十人，宣帝时扩大到二百人，如今不再限制），又下令，人民有能通晓"五经"之一的，免除田赋徭役。又废除"刑法"七十多条。

5 陈万年卒。六月二十日，以长信少府贡禹为御史大夫。贡禹对国家政治得失，前后上书数十次，皇上嘉许他的质朴直言，对他的意见，多予以采纳。

6 匈奴郅支单于自以为道路遥远，汉朝鞭长莫及，又怨恨汉朝帮助呼韩邪单于，而不帮助自己，于是困辱汉朝使者江乃始等人，又遣使奉献，请求归还他在汉朝做人质的儿子。汉朝派遣司马谷吉送单于儿子回国。御史大夫贡禹、博士东海人匡衡认为："郅支单于对汉朝并没有心悦诚服，所在之处又道路绝远，使者送他的儿子，送到边塞就可以了。"谷吉上书说："中原与夷狄，有保持联系和接触的道义，如今我们既然已经养育了他的儿子十年，德泽深厚，如果不把他送到家，而是只送到边塞，那就表示断绝关系了，他们更没有向慕依从中原之心。这样，抛弃了前面的恩情，结下了后面的怨仇，不是正确的做法。讨论的官员，因为江乃始缺乏应变才能，智力勇气都不能施展，以至耻辱，所以为我担忧。但是，我幸得手持强大的汉朝的符节，承明君圣主之诏，向单于宣谕厚恩，谅他也不敢放肆。如果他怀有禽兽之心，对我有不道之行，那单于就犯下了滔天大罪，必然逃得更远，不敢靠近我边塞。这样，我们损失一个使节，而使百姓获得平安，这正是谋国之计，也是我个人的心愿。我愿意将单于之子一直送到单于王庭。"

　　皇上批准了谷吉的计划。谷吉将单于儿子送到王庭，单于怨愤难平，竟然杀了谷吉等人。

　　郅支单于杀了谷吉之后，自知有负于汉，闯下大祸，又听说呼韩邪单于越来越强大，担心遭到袭击，于是想要远遁。这时，正赶上康居王因为经常受到乌孙国侵扰，与他的大臣们计议："匈奴是大国，乌孙本来是匈奴属国。如今郅支单于困处于国境之外，不如迎接他到我国，驻扎在东部边境，我们与他合兵一处，共同攻打乌孙，然后由郅支单于做乌孙王。这样我们既无乌孙之患，也无匈奴之忧了。"然后派使者到单于都城坚昆，把这个计划告诉郅支单于。

　　郅支单于一方面害怕汉朝和呼韩邪单于的压力，又怨恨乌孙，听到康居王的计策，大喜，于是与康居结盟，引兵西进。路途遥远，加之天气严寒，郅支人一路死亡不绝，到了康居，只剩三千人。康居王将自己的女儿嫁给郅支单于，郅支单于也将自己的女儿嫁给康居王。康居人对郅支单于非常尊敬，想要借他的威势来威胁诸国。郅支单于数次借兵给康居攻击乌孙，深入赤谷城，杀戮人民，掳掠牲畜财物。乌孙人不敢追击，乌孙西部五千里广大地区完全残破，无人居住。

7 冬，十二月初九，御史大夫贡禹去世。十二月十九日，长信少府薛广德为御史大夫。

永光元年（戊寅，公元前43年）

1 春，正月，皇上行幸甘泉，祭祀天神。礼毕，留下射猎。薛广德上书说："如今关东穷困到了极点，人民流离失所，陛下却每天撞击亡秦之钟，听着郑、卫之乐（春秋时郑国、卫国的音乐，被认为是靡靡之音），臣十分痛惜！如今士卒露宿于旷野，从官劳累困倦，希望陛下即日回宫，与百姓同忧乐，则天下幸甚！"皇上即日还宫。

2 二月，下诏说："请丞相、御史举荐质朴、敦厚、逊让、有品行者四类人士，光禄每年也按这四条要求考核郎和从官。"

3 三月，赦天下。

4 雨雪霜冻，冻死了桑树。

5 秋，皇上要去祭祀祖庙，出便门，准备乘船前往。薛广德拦住皇上的车，脱下官帽，磕头说："皇上应该坐车从桥上过去。"皇上下诏说："大夫请把帽子戴上。"薛广德说："陛下不听臣的话，臣就在车前自刎，我的血污染了车轮，陛下也进不了祖庙了（有了死伤，犯了斋洁，就不能祭祀了）。"皇上不悦。负责先导的光禄大夫张猛进言说："臣听说，主圣臣直，有圣明的君主，就有耿直的臣子。坐船有危险，走桥上更安全。圣主不乘危，御史大夫的话可以听！"皇上说："要规劝别人，难道不应该这么说话吗？"于是同意走桥上。

【华杉讲透】

说话的艺术,既要给对方听你话的理由,又要鼓励对方,赞美对方。也就是说,既要讲逻辑,又要有修辞。薛广德是既不讲逻辑,也不讲修辞,只提要求,并且把自己放在皇帝的对立面,一上来就怼死了。听他的,则他是忠臣;不听他的,则君是昏君。这谁受得了!张猛呢,"主圣臣直"四个字,先用修辞,解开了薛广德打的死结,给君臣二人就解了套。"圣主不乘危",又讲清了逻辑。最后下结论,不是说我也认为该走桥上,而是说"御史大夫言可听",这是修辞,把功劳又还给了薛广德。所以皇上说:"晓人不当如是邪?"

逻辑与修辞,这是说话的艺术。读者在历代名臣的谏言和奏章中,可以仔细去体会学习!

6 九月,降霜,冻死庄稼,天下大饥。丞相于定国,大司马、车骑将军史高,御史大夫薛广德都以天灾引咎辞职(为天变负责)。皇上分别赐给他们安车、驷马、黄金六十斤,同意辞职。任命太子太傅韦玄成为御史大夫。薛广德回到家乡,将皇上赐给他的安车悬挂起来,作为一项荣耀,传示子孙。

7 皇帝做太子的时候,跟从太中大夫孔霸学习《尚书》,即位之后,赐孔霸关内侯,号褒成君,兼任给事中(常侍皇帝左右,备顾问应对,每日上朝谒见)。皇上想让孔霸做丞相。孔霸为人谦逊退让,不好权势,经常说:"爵位太过了,我有何才何德能当得起呢!"御史大夫的职位屡屡空缺,皇上想用孔霸,孔霸坚决辞让,自陈心迹,推辞了三次。皇上深知他是出于至诚,于是作罢,并因此更加敬重他,赏赐甚厚。

8 九月二十四日,任命侍中、卫尉王接为大司马、车骑将军。

9 石显忌惮周堪、张猛等人,数次进谗言诋毁他们。刘更生担心被陷害,上书说:"臣听说舜任命九位大臣,济济一堂,相互谦让,和谐之至。众臣和谐于朝廷，则万物和谐于天地，所以当洞箫吹奏出《韶》乐，九遍之后，凤凰来仪，就会飞来朝拜。到了周幽王、周厉王的时代，朝廷不和，相互怨恨排斥，结果就发生日食、月食，水泉沸涌，山陵崩坏，霜降失节。由此观之，和气带来祥瑞，戾气带来灾异；祥多则国安，灾多则国危，这是天地之常经，古今之通义。如今，陛下开创三代之盛业，招揽文学之士，优游宽容，让他们齐头并进。但是，贤与不肖混淆，白黑不分，邪正杂糅，忠谗并进，不同的奏章在公车交替堆积，因奏章不妥被逮捕的人塞满了北军监狱。朝臣们意见不合，相互仇视，互相毁谤，搬弄是非，迷惑皇上的耳目，摇动皇上的心意，不可胜数。大臣们分成不同的派别，结党营私，往往是小人联合起来，一起陷害正直的大臣。正直的大臣能够得到进用，则国家能治；正直的大臣被陷害，则国家将乱。君上面对治乱之机，却不知道该任用依靠谁，而灾异数见，这是臣之所以寒心者也！

"陛下登基已经六年了，在《春秋》的记载中，一连六年，灾异如此稠密的，还没有过，究其根本原因，就是因为谗邪并进。而谗邪并进的原因，是陛下疑心太重，本来已经用了贤人，行了善政，但是，一有人进谗言，就罢退贤人，收回善政。君王有狐疑之心，就会招来谗贼诽谤之口；君王没有坚定的判断，就会打开群小幸进之门。谗邪进则众贤退，群小盛则正士消。所以《易经》有'否'（不顺利）和'泰'（平安）之分，小人那一套猖狂，君子之道就消退，政治就越来越乱；君子之道昌盛，小人之道消退，则政治越来越清明。古代鲧、共工、驩兜与舜、禹一起在尧的朝廷为臣，周公与管叔、蔡叔一起在周朝共事，他们之间，互相打击，流言相谤，不可胜道，而尧帝能以舜、禹为贤，排斥共工；周成王能支持周公，而排斥管、蔡，所以天下大治，荣华至今。孔子与季孙氏、孟孙氏同仕于鲁，李斯与叔孙共宦于秦，但是鲁定公以季孙氏、孟孙氏为贤，而排斥孔子，秦始皇信任李斯，而排斥叔孙，所以天下大乱，恶名传到今天。所以治乱荣辱之端，在于君王信任什么人！信任的人有贤德，就要坚定不移。《诗经》说：'我心匪石，不可转也（我的心虽然不是石头，但是你也不可转动我的心志）。'这就是讲笃实守善的道理。《易经》说'涣汗其大号',意思是说,王者涣然大发号令,就像出汗一样,汗出之后,你不可能再收回来。如今善令刚出,一会儿工夫,又收回来,这是一种'反汗'现象。任用贤人,还不到三十天,又把他罢退,这是转动石头了。《论语》说'见不善如探汤'(看见不善的东西,就像手伸进滚水一样),马上要抽离。如今丞相与御史大夫二府,多次奏报谗佞之辈不当在位,历经数年,仍然不能将他们罢去。所以出令就像反汗,用贤就像转石,去佞倒像拔山,如此这般,想要阴阳协调,不是太难了吗?

"于是群小见到有机可乘,纷纷缘饰文字,巧言诋毁,流言蜚语喧哗于民间,所以《诗经》说:'忧心悄悄,愠于群小。'(小人成群,正是让人忿愠。)当年孔子与颜渊、子贡互相称誉,但并不成为朋党;大禹与后稷、皋陶相互推荐引用,但并不结成党羽;为什么呢?因为忠心为国,没有邪心。如今奸佞小人与贤臣并立于朝堂之上,合党共谋,违善依恶,叽叽喳喳,朋比为奸,不断设下危险的圈套,想要倾移主上的心智。如果这些小人忽然得到重用,那正是天地之所以不断用灾异来警告君王的。

"自古没有不行诛杀,就能天下大治的。所以舜流放了共工、驩兜、三苗、鲧,孔子诛杀了少正卯,然后圣人教化才得以推行。如今以陛下之明智,诚应深思天地之心,以周成王、尧帝为榜样,以鲁定公、秦始皇为教训,考察祥瑞应验之福,灾异警戒之祸,以应对当世之变,远斥佞邪之党,摧毁阴谋集团,堵塞群小幸进之门,广开贤德正直之士进身之路,不再狐疑而能决断,不再犹豫而能分别善恶,让是非分明,则灾异消失而祥瑞并至,这是太平之基,万世之利!"

石显看到了刘更生的奏书,与许氏、史氏一起,更加怨恨刘更生。

这年气候反常,夏季寒冷,太阳呈现出青色,没有光芒,石显及许氏、史氏都说是因为周堪、张猛当权引起的天变。皇上内心看重周堪,但是又为众口一词的诋毁所患,不知道该信谁的。当时长安令杨兴因为有才干受到赏识,而且常常称誉周堪。皇上想得到杨兴的支持,就问他:"朝臣们断然不接受光禄勋,这是为什么呢?"杨兴是一个倾危巧佞之人，听了皇上这话，认为皇上怀疑周堪，就顺着皇上的话说："周堪不仅不能做朝廷大臣，就是主政一州、一里，也不行！臣见众人听说周堪与刘更生等阴谋离间皇上骨肉亲人，都认为应该诛杀他，臣之前才上书说周堪不可诛伤，并不是不赞成他们，只是为国家培养恩德。"皇上说："这有什么罪名诛杀呢？如今应该怎么办呢？"杨兴说："臣愚以为可以赐爵关内侯，食邑三百户，不再给他实权和事务。这样，明主不失师傅之恩，这是上策。"皇上由此对周堪、张猛开始怀疑。

司隶校尉（监督京师和京城周边地方的秘密监察官）、琅琊人诸葛丰，开始时以刚直和特立独行著名于朝，多次冒犯皇亲贵戚，当权派都说他坏话。后来，因为被控在春夏二季逮捕人犯（春夏二季是万物生长之时，对囚犯特别优待，能释放的就释放，关押的不加刑具，停止审讯，重囚也能改善伙食，因为春夏时节如果抓捕人犯，是违背天时），贬为城门校尉。诸葛丰于是就上书控告周堪、张猛。皇上不喜欢诸葛丰的作为，下诏说："城门校尉诸葛丰，在光禄勋周堪、光禄大夫张猛在朝之时，多次称言堪、猛之美。诸葛丰之前为司隶校尉，不顺四时，修法度，专做苛刻暴虐之事，以获取虚荣和威势，朕不忍将他逮捕治罪，贬为城门校尉。而他不自己反省，反而怨恨周堪、张猛，并举报他们，用没有证据的虚辞，告无法验明的罪状，不顾自己之前的立场和看法，实在是没有信义！我可怜诸葛丰年老，不忍加刑，将他免为庶人！"又说："诸葛丰说周堪、张猛没有忠贞信义，朕也怜悯他们，不治他们的罪，又惋惜他们的才干，未能报效国家，将周堪调任河东太守，张猛为槐里县令。"

【司马光曰】

诸葛丰对周堪、张猛，之前是赞誉，之后又诋毁，他的心志，不是为朝廷进贤除奸，而是为了投靠结党，自己往上爬而已，他也是郑朋、杨兴之流的人物，他有什么刚直呢？做人君者，应该明察美恶，辨别是非，赏以劝善，罚以惩奸，这才是治国之道。如果诸葛丰说得对，那就不应该贬黜诸葛丰。如果诸葛丰是诬罔，那周堪、张猛怎么又被贬呢？

如今双方都受到责罚，那是非区别到底在哪里呢？

10 待诏贾捐之与杨兴关系好，贾捐之经常说石显的不是，所以得不到实权的官职，也很少有机会觐见皇上。等到杨兴因为才干受到赏识，贾捐之对杨兴说："京兆尹官职出缺，假如我有机会觐见皇上，一定能帮你争取到。"杨兴说："您妙笔生花，言语精妙，假如您能做尚书令，不知道胜过现在的尚书令五鹿充宗多少倍！"贾捐之说："假如我能取代五鹿充宗，您做京兆尹，京兆尹是郡国之首，尚书是百官之本，那真是天下大治，士人们也不会被隔绝疏远了。"贾捐之又批评石显。杨兴说："石显如今显贵，皇上信任他，如今您想往上走，一定听我的，向他靠拢，合他的心意，就能升官了。"于是贾捐之与杨兴联名上奏，称誉石显，建议赐爵关内侯，并举荐石显的兄弟们为各部官员。又联名上奏举荐杨兴，认为可以任命为京兆尹。石显听说后，识破了二人的计谋，向皇上报告。于是将贾捐之、杨兴下狱，令石显负责审理。石显上奏说："杨兴、贾捐之心怀诈伪，互相举荐，谋求高位，欺君罔上，为'不道'之罪。"（不道，是刑法罪名，范围比较广，凡是违反当时的伦理道德要求的悖逆行为，都可以称为"不道"或"无道"。）

贾捐之被斩首弃市；杨兴被剃光头发，罚做苦役犯。

【司马光曰】

君子以正攻邪，尚且不能攻克。贾捐之以邪攻邪，能免于灾祸吗？

【华杉讲透】

干坏事，做坏人，也是一种"专业"，没有经过"专业训练"，请勿模仿。贾捐之不尊重坏人坏事的"专业"，以为自己也能干，最终送了性命。

贾捐之是贾谊的曾孙，名门之后，从之前的《弃珠崖议》奏书中，也可以看到他的思想格局和政治才华，有先祖之风。但是，政治有治国理政的政治和权力斗争的政治之分，贾捐之是治国理政的政治家，却是权力斗争的菜鸟，居然以为自己能骗过权斗大师石显，结果被轻易识破，落得斩首弃市的悲惨下场。怪谁？

《中庸》说："君子居易以俟命，小人行险以徼幸。"（君子安心地处在平易的地位，等候天命的到来，小人却是冒险去妄求非分的利益。）贾捐之就是行险以徼幸了。

再读一段《中庸》："子曰：人皆曰'予知'，驱而纳诸罟擭陷阱之中，而莫之知辟也。"（孔子说："人人都说'我知道'，可是被驱赶到罗网陷阱中去却不知躲避。"）贾捐之自己把自己驱赶进陷阱罗网里面，却不知道。为什么呢？是因为徼幸心理，也是因为读书不精，修养不够。

11 改封清河王刘竟为中山王。

12 匈奴呼韩邪单于民众越来越多，塞下禽兽射猎已尽，单于力量足以自卫，也不怕郅支单于了，于是他的大臣们就劝他北归。过了一段时间，单于终于北归王庭，匈奴民众渐渐都来归附他。匈奴的国势终于安定下来。

永光二年（己卯，公元前42年）

1 春，二月，赦天下。

2 二月初五，御史大夫韦玄成被任命为丞相，右扶风郑弘为御史大夫。

3 三月初一，日食。

4 夏，六月，赦天下。

5 皇上问给事中匡衡地震日食之变的缘故，匡衡上书说：

"陛下躬行圣德，开太平之路，怜悯愚昧的吏民违法犯罪，年年给他们大赦，希望他们能改过自新，天下幸甚！但是，臣见大赦之后，奸邪并没有减少，更没有停止，今日大赦，明日犯法，相随入狱，这是教导未得其法的缘故。如今天下的风俗，喜好声色，崇尚侈靡，对没有利害关系的亲戚非常淡薄，却竞相利用婚姻结合去图利，苟合侥幸，不惜以身试法，舍身取利，本性不改。就算每年赦免他们，也不能避免使用刑法。臣愚以为，应该大刀阔斧地改变社会风气。

"朝廷之于国家，就像是建筑用的模板，朝廷上大臣们有不平和的言论，下面的官员百姓就有争斗之患；上有自用自专之士，则下有不能相让之民；上面互相争胜，则下面互相伤害；上有好利之臣，则下有盗窃之民，这就是根本。要治理天下，主要就是治理上层社会。要教化天下，不能到每家每户去劝说每一个人。如果贤者在位，能者布职，朝廷崇礼，百官敬让，道德之行，由内而外，由近及远，然后百姓才知道他们该效法谁，效法什么，一天天向善，一天天进步，自己都感觉不到。

"《诗经》说：'商邑翼翼，四方之极。'（商朝京师的礼仪风俗，翼翼然可以仿效，乃是四方之中正。）如今，长安是天子之都，亲承教化，但是，长安的社会风气，却和远方没什么差异，郡国来的人，没有什么值得学习效法的，或者看到京师的侈靡，就跟着侈靡了。所以，京师就是教化之原本，风俗之枢机，是应该先正风俗的地方。

"臣听说，天人之际，精气互相激荡，善恶互相响应，人间有什么事情，天象就有显示。阴有变化，就会发生地震；阳有遮蔽，就会发生日食，水灾旱灾也随之而至。陛下敬畏天威，哀悯百姓，就应该节省浪费，考正制度，接近忠正，疏远巧佞，以崇尚至仁，匡正风俗，则道德弘扬于京师，善名播扬于疆外，然后大化可成，礼让可兴也。"

皇上欣赏匡衡的言论，将他擢升为光禄大夫。

【荀悦曰】

大赦，是权宜之计，不是常典。汉朝初兴时，在秦朝战乱之后，大愚之世，几乎人人都有罪，家家可抓起来判刑，所以才约法三章，颁布大赦令，荡涤秽流，全社会重新开始，这是当时的时势使然。后世承继先祖功业，相沿成习，大赦成了惯例，这就不合时宜了。比如孝惠帝、孝文帝的时期，就没有什么大赦。到了孝景帝的时候，七国之乱，异心并起，奸恶狡诈，不一而足；再到武帝末年，赋税繁重，群盗并起，再加之以太子之乱，巫蛊之祸，天下纷然，百姓生活困难，无所依赖；或者后来光武帝之际，又是拨乱反正之后，这种情况，又可以大赦了。

【华杉讲透】

匡衡所论，就是修身齐家治国平天下的道理，但是，他只讲了后一半，没讲前一半。后一半就是治国平天下，京师治理好了，天下都平了。但是，修身齐家呢？皇上自己呢？他没有涉及。是啊，上有殊死争斗的大臣，则下有互相伤害的社会；上有好利之臣，则下有盗窃之民。世风民俗，就是上行下效。所以，要贤者在位，能者布职，朝廷崇礼，百官敬让，这当然是皇上希望的了。那么，对皇上的要求是什么呢？要节省浪费，考正制度，近忠正，远巧佞。这皇上也接受啊！但是，皇上的问题，正是分不清忠正和巧佞。所以，都是空谈。

6 秋，七月，陇西羌族㲎姐部落的旁支反叛，皇上下诏请丞相韦玄成等人商议应对。这时候，农作物年年歉收，朝廷正引以为忧，又遭遇羌变，韦玄成等漠然不知所措，都不发表意见。右将军冯奉世说："羌虏近在境内，竟然背叛，如果不即时诛灭，无以威制远方蛮夷，臣愿率军讨伐！"皇上问他要多少兵。冯奉世说："臣听说善用兵者，役不再兴，粮不三载（出自《孙子兵法》，原文是'役不再籍'，就是一次征兵就解决问题，不要仗打了一半，人打没了，又回国征兵。'粮不三载'，这要求更高了。不三载，就是两载。去的时候带一次粮食，回来的时候再送一次粮食给军队路上吃），所以，用兵时间不长，速战速决。以前平叛，没有认真计算评估敌人的实力，我军投入兵力不够，以至于遭到挫败，又再三增调部队，所以旷日持久，军费浩大，国威受损。如今叛军有三万人,按兵法,我们应该用两倍兵力去讨伐,那就是六万人,再评估一下,羌虏只有弓箭长矛,兵器落后,可用四万人,一个月就足以解决他们。"

丞相韦玄成、御史大夫郑弘、车骑将军王接、左将军许嘉都认为:"百姓正在秋收农忙时节,不宜多加征发,发一万人前往屯守,就足够了。"

冯奉世说:"不可!如今天下饥馑,战士战马都羸弱损耗,攻守的装备、工事也废弛很久,不够精良,夷狄皆有轻视我边吏之心,而羌族首先发难。如果派一万人去屯驻各处,羌虏见我们兵少,必不畏惧。我们要战吧,一定挫败丧师;要守呢,兵力还不足以保护人民;就会形成我方怯弱的形势。那羌虏乘胜得利,各个种族相互煽动,一起起兵,到那时候,我担心就不是四万兵所能解决的了,花再多钱也解决不了。所以,发兵少了,就一定旷日持久,派兵多,则一举迅速解决。两相比较,利害相差万倍!"

冯奉世固执相争,他的意见还是得不到支持。皇上下诏,增加两千人。于是派冯奉世率领一万两千骑步兵,以领兵屯田为名(兵少,不敢说讨伐,只声称屯田),典属国(意思是负责属国的官员,秩二千石,负责少数民族事务)任立、护军都尉韩昌为裨将,到陇西,分兵三处屯驻。韩昌先派两位校尉出战,羌兵人多,击破汉军,两位校尉都战死。冯奉世绘制战区地图,和兵力分配计划,再向皇上汇报,希望增兵三万六千人,才能够解决战事。奏书递上去,天子发兵六万余人,八月,拜太常、弋阳侯任千秋为奋武将军,协助冯奉世。冬,十月,大军全部抵达陇西,十二月,全师并进,大破羌虏,斩首数千级,其他的逃出边塞。在军事行动结束前,汉朝廷又征募士兵一万人,拜定襄太守韩安国为建威将军,准备再增兵,韩安国军还未进发,听说战事已经结束,又折回来。皇上下诏,部队复员,但也留了不少人屯田,驻守要害地形。

【华杉讲透】

这个决策过程,很有意思。要警惕那种"只有决策理由,没有决策依据"的决策。

冯奉世的意见，依据是《孙子兵法》和以前的军事经验。兵法是以多胜少之法，不是以少胜多之法，《孙子兵法》说："十则围之，五则攻之，倍则分之，敌则能战之，少则能逃之，不若则能避之。"十倍兵力才能打包围战，五倍兵力才能进攻，两倍兵力，可以把敌人切成几段，分而治之；兵力相当，遭遇战咱们也能不吃亏。但是，如果兵力不如敌军，就要赶紧跑！兵力差距大，更要躲得远远的。记得前面讲王翦灭楚吗？他找秦始皇要六十万兵，秦始皇嫌太多，不给。李信说他只要二十万，秦始皇就派了李信去。结果李信大败而回，秦始皇还是重新派王翦，带了六十万兵去灭了楚国。冯奉世要四万兵，前后分析很清楚，已经是最低标准的要求。

丞相韦玄成、御史大夫郑弘、车骑将军王接、左将军许嘉，他们说一万人就够了，有决策依据吗？没有任何依据！但是他们有理由——百姓秋收农忙时节，不宜多征发，发一万人屯驻，就够了——理由很清楚，农忙秋收，不想多发，但是，这跟兵力够不够有什么关系呢？没有任何关系，这话完全没逻辑，但是四位大臣一直没逻辑，皇上也支持没逻辑，唯一一个有逻辑的据理力争，还是争不过。

这种决策过程很典型，我们经常遇到，就是根据自己的"实际困难"决策，而不根据解决问题的实际需要决策。这是一种掩耳盗铃的人性弱点，人人都很容易这样，所以要仔细体会。

两方争执，最后皇上决策，增加两千人。两千人有依据吗？任何依据都没有，也是随意定一个数，也是掩耳盗铃。

等到前线损兵折将，皇上迅速醒悟，冯奉世要三万六千人，他直接给了六万人，又征发一万人，让前线总兵力达到八万人，这是羌虏四倍兵力了，这才是用兵之道。

投入越大，风险越小，成本越低，因为成本主要在于一战而定，在于不拖时间，在于不反复，不要指望"四两拨千斤"，四两拨不动千斤；不要指望"花小钱办大事"，小钱办不了大事，无非是增大风险，拖长时间，花更多钱。

卷第二十九　汉纪二十一

（公元前41年—公元前33年，共9年）

主要历史事件

盐铁专卖制度恢复　089
元帝大量削减祭祀宗庙　090
冯婕妤挡熊救驾　094
京房劝元帝远离石显，却被石显害死　094
石显自知权势太盛，设计迷惑元帝　099
陈汤假传圣旨，与甘延寿调兵诛灭郅支单于　101
陈汤上书：明犯强汉者，虽远必诛！　104
呼韩邪单于请求和亲，昭君出塞　106
《侯应论罢边十不可》　106
元帝想改立刘康为太子，史丹阻止　113
汉元帝驾崩，太子刘骜即位，是为汉成帝　114

主要学习点

清楚自己的性格弱点　093
保密的原则，是要对可靠的人保密　098
君王要正己，关键在于平直真实　100
将在外，君命有所不受　112
军无财，士不来；军无赏，士不往　113
生活中充满了私人恩怨和小心眼　113
追思先人，传承家族精神　116

孝元皇帝下

永光三年（庚辰，公元前41年）

1 春，二月，冯奉世回到京师，调任左将军，赐爵关内侯。

2 三月，立皇子刘康为济阳王。

3 夏，四月，平昌考侯王接薨。秋，七月壬戌日（七月无此日），任命平恩侯许嘉为大司马、车骑将军。

4 冬，十一月初八，地震，降雨（冬天不下雪，下雨，气候反常）。

5 恢复盐铁官（撤销盐铁专卖制度仅三年就恢复了），博士弟子限额一千人（三年前撤销盐铁专卖同时，取消了博士招生名额限制，如今限额一千人），因为朝廷经费不够开支，而民间又很多人免除田赋差役，国库收入无法供给内外徭役的缘故。

永光四年（辛巳，公元前40年）

1 春，二月，赦天下。

2 三月，皇上行幸雍县，祭祀五色帝庙。

3 夏，六月二十六日，孝宣皇帝陵墓东门失火。

4 六月三十日，发生日食。皇上于是召集那些之前说天变是因为周堪、张猛当权造成的人来责问，都叩头谢罪。于是皇上下诏称赞周堪、张猛之美，召到行在所，拜周堪为光禄大夫，俸禄级别中二千石，领尚书事，张猛为太中大夫、给事中。但是，中书令石显掌管尚书，五名尚书（石显、牢梁、五鹿充宗、伊嘉、陈顺）都是他一党，周堪很少能见到皇上，汇报什么事都要通过石显转达，所以事情都是石显说了算。正巧，周堪患病失声，说不出话，病逝了。石显诬陷张猛，逼迫张猛在公车（司马门收发室）自杀。

5 当初，贡禹上奏说："孝惠帝、孝景帝的祭庙，因为亲情已尽，应该撤毁（贡禹的意思，天子只应设七座祭庙，其他的都应撤除），其他郡国地方上不合古礼的祭庙，也应该撤除。（孝惠帝尊高祖刘邦的祭庙为太祖庙，景帝尊文帝为太宗庙，他们生前行幸到过的郡国，都设立太祖、太宗庙。后来，宣帝又尊武帝为世宗庙，武帝巡狩过的郡国，也立世宗庙，以上相加，六十八个郡国有太祖、太宗或世宗庙，共一百六十七所，开支浩大。）

天子接受贡禹的建议，秋，七月初十，下诏撤除昭灵后（刘邦的母亲)、武哀王(刘邦的哥哥)、昭哀后(刘邦的姐姐)、卫思后(卫子夫)、戾太子、戾后(史良娣)的墓园,都不再祭祀,并解散祭祀官员与守墓人员。冬,十月十九日,撤除设置在各郡、各封国的皇家祭庙。

6 所有皇家陵园,根据所在地界,分别划给三辅管理(之前一直由祭祀部太常管理,现在划给地方官府)。

皇上在渭城寿陵亭地区预筑坟墓,下诏不要设置县邑,也不要强迫移民充实陵邑。

永光五年(壬午,公元前39年)

1 春,正月,皇上行幸甘泉,祭祀天神。三月,行幸河东,祭祀后土。

2 秋,颍川发生洪水,淹死百姓。

3 冬,皇上行幸长杨射熊馆,大肆打猎。

4 十二月十六日,皇上采纳韦玄成等人的建议,撤毁太上皇和孝惠皇帝的祭庙及墓园。

5 皇上喜好儒术、文辞,对宣帝时期的政治,多有改变。上书言事的人,大多都得以觐见,每个人都以为自己得到皇上的喜欢。傅昭仪和她生的儿子、济阳王刘康,得到皇上爱幸,超过皇后、太子。太子少傅匡衡上书说:

"臣听说,治乱安危的关键,在于君王的用心要审慎。受天命而开创王朝的君王,务在创业垂统,传之无穷。而之后继承的君王呢,就要存心于继承、弘扬先王之德行，而褒扬扩大其功业。当年周成王嗣位，一心一意学习文王、武王之道，以修养自己的身心，把盛美的功业都归功于文王、武王，而不敢自专其名。所以上天欣赏他，鬼神护佑他。

"陛下您的盛德，就像上天一样覆盖大地，一心深爱您的子民，但是，天下仍然阴阳不和，奸邪未尽，为什么呢？就是因为您的大臣们没有弘扬先帝之盛功，反而争相说先帝的制度不可用！一定要变更先帝的制度，变了之后，没法施行，再改回去。所以群臣互相指责，下面的官吏人民不知道该听谁的。

"臣内心非常痛恨，国家抛弃已有成效的制度，而做纷乱的更张，希望陛下详览统业之事，留神于遵守先帝之法制，弘扬先帝之功业，以定群下之心。《诗经·大雅》说：'无念尔祖，聿脩厥德。'（怀念您的祖先，弘扬他们的恩德，这才是至德之本。）《诗传》说：'审好恶，理情性，而王道毕矣。'（能审查自己的好恶，理顺自己的性情，王道就在其中了。）而治理自己的性情，就是要注意，自己什么地方太过了，什么地方又有所不足。所以，聪明通达的人，要警惕自己不要太明察秋毫（不能宽容别人）；寡闻少见的人，要警惕自己不要太闭塞（被人蒙蔽）；勇猛刚强的人，要警惕自己不要太狂暴（容易伤害他人）；仁爱温良的人，要注意自己不要太优柔寡断（不能决断）；恬淡安舒的人，要注意自己不要有拖延症（耽误大事）；胸襟广阔的人，要注意自己容易遗忘（没把事情放心上）。总之，一定要审查自己该注意的性格缺点，时刻告诫自己，改正自己，然后能致中和，恰到好处，巧伪之徒，才不敢结党营私，希求幸进。希望陛下注意！这才是尊崇圣德之道。

"臣又听说啊，家室之道修，则天下之理得。所以《诗经》开篇，从《国风》开始（讲封国的风土习俗），《礼经》呢，从将加冠的成人礼和婚礼开始，这都是性情之原。人伦之本，本于冠礼和婚礼，正是端正本源，防患于未然。所以，圣王必须在皇后与嫔妃之间，嫡子与庶子之间，分别清楚，这是帝王之家内部的大礼。地位卑贱的，不能逾越地位尊贵的，后到的，不能逾越先来的，这就是统人情而理阴气。

"尊嫡子而卑庶子之礼，嫡子成年，在行冠礼的时候，在主阶上进行，用甜酒祝福。其他的庶子，不能与他同列，这就是以嫡子为尊贵，使之立于无可置疑的地位。这不是虚礼，而是内心以他为与众不同，而在礼仪上表现出来。圣人一动一静，一举一动，甚至悠游宴乐的时候所亲近的人，其大小尊卑，也要有严格的次序，这样全国人民自然就清楚了解，听从教化，修养自己。如果该亲近的人，反而疏远；该尊贵的人，反而处于卑位，那么佞巧奸妄之徒，就伺机而动，以乱国家。所以，圣人要谨慎地防微杜渐，注意这些生祸的端倪，禁于未然，不因为自己的私恩，坏了国家的公义。正如《易经》所说：'正家而天下定矣！'"

【华杉讲透】

匡衡的奏折，读者可以代入自己，就当这奏折是写给你的，对照检查自己的性格，是他所说的哪一类，该如何补正。性格即命运，修养自己，最重要的就是要清楚自己的性格弱点，并时刻警醒。

6 当初，汉武帝既成功堵塞了黄河缺口，并筑宣房宫于其上，后来，黄河又在北边馆陶缺口，冲出一条新河道——屯氏河——向东北流入大海，河的宽度和深度都与大河相等，所以也就顺其自然，不再堵塞缺口。这一年，黄河又在清河郡灵县鸣犊口决堤，屯氏河没有水，渐渐断绝了。

建昭元年（癸未，公元前38年）

1 春，正月二十九日，天降陨石，落在梁国。

2 三月，皇上行幸雍县，祭祀五色帝庙。

3 冬，河间王刘元被控滥杀无辜，废黜王位，流放到房陵。

4 撤除孝文太后（薄氏）的陵寝祀园。

5 皇上行幸虎园观看斗兽，后宫嫔妃都陪坐。有一只熊逃出圈外，攀着栏杆要上殿，左右、贵人、傅婕妤等皆惊慌逃跑，唯有冯婕妤起立向前，当熊而立。左右武士上前，将熊格杀。皇上问："人之常情，都惊惧逃跑，你怎么还上前挡着熊呢？"冯婕妤说："野兽抓到一个人，它就停止了。臣妾担心熊冲到皇上御座跟前，所以上前挡住它。"皇上嗟叹不已，对冯婕妤倍加敬重。而傅婕妤十分羞惭，从此与冯婕妤结下怨仇（二十年后，傅太后诬杀中山冯太后，报了今日之恨）。冯婕妤，是左将军冯奉世之女。

建昭二年（甲申，公元前37年）

1 春，正月，皇上行幸甘泉，祭祀天神。三月，行幸河东，祭祀后土。

2 夏，四月，赦天下。

3 六月，立皇子刘兴为信都王。

4 东郡人京房，跟随梁国人焦延寿学《易经》。焦延寿经常说："得到我的学问而丧失生命的，就是京房吧！"

焦延寿的学说，长于预测灾变，分六十卦，轮流交替指定日期，以风雨寒热为验证，都很准确。京房的功力尤为深厚，通过举孝廉等到选拔为郎官，屡次上书议论灾异，多次得到验证。天子很喜欢他，经常召见问对。

京房说："古代圣贤以功劳取贤，所以万事教化有成，天象也呈现祥瑞。末世呢，以毁誉取人，所以功业尽废，而灾异出现。应该让百官都拿出具体考绩，灾异才可以停息。"

皇上下诏，让京房拿出考核方案来，京房制定了官吏考核办法。皇上令公卿朝臣与京房在温室殿开会讨论，大家都认为京房的办法太琐碎，让上级跟下级相互监督，不可行。皇上却很希望采用他的办法。正好各部刺史（由中央派出，巡行郡县的监察官）集中在京师奏事，皇上召集刺史，让京房跟他们讲解考核条例，刺史们也认为不可行。唯有御史大夫郑弘、光禄大夫周堪，开始的时候说不可行，后来又支持京房的方案。

当时，中书令石显掌权，石显的友人五鹿充宗为尚书令，二人用事。京房曾经在皇上闲暇饮宴时觐见，问皇上说："周幽王、周厉王为什么把国家搞得那么糟？他们任用的是什么人呢？"

皇上说："君王昏庸，任用的又都是巧佞之臣。"

京房说："是明知他们是巧佞还用他们呢，还是以为他们是贤人呢？"

皇上说："当然是以为他们是贤人了。"

京房说："那我们今天的人又怎么知道他们不是贤人呢？"

皇上说："因为搞得国乱君危，所以知之。"

京房说："这么说，任用贤人，就一定天下大治，任用不肖之人，则国家必乱，这是必然之道了。那周幽王、周厉王为什么不觉悟而求贤，反而任用不肖之臣，以至于此呢？"

皇上说："乱世君王，都认为他们所用的是贤臣，如果都有觉悟，那就没有乱世，也没有危亡之君了。"

京房说："齐桓公、秦二世也取笑周幽王、周厉王没有觉悟，但是，他们自己，也分别任用了竖刁、赵高，政治越来越乱，盗贼漫山遍野，他们为什么不能吸取幽、厉的教训，觉悟到用人不当呢？"

皇上说："唯有有道之人，才能审查过去，而知道将来吧！"

京房于是脱下冠帽，跪地磕头说："《春秋》记载了二百四十二年的灾异，以警示万世之君，如今陛下即位以来，日食月食，星辰逆行，山崩泉涌、地震频繁、天降陨石，夏天下霜，冬天打雷，春季百花凋谢，秋天反而万物争荣，霜降不能灭杀害虫，水灾、旱灾、虫灾，人民饥馑、疫病，盗贼不止，受过刑罚的人，满街都是，《春秋》所记的各种灾异，全都齐了。陛下认为当今是治世还是乱世呢？"

皇上说："当然是极乱之世，这还用说吗？"

京房说："那如今陛下所任用的是谁呢？"

皇上说："幸而情况比前代乱世还是好一些，而且责任不在我所任用的人身上。"

京房说："前世之君，也像您这样认为吧！我想后世的人看我们今天，也和我们今天看前人一样。"

皇上默然良久，问："那今天乱世的人是谁呢？"

京房说："圣明的君主应该有自知之明。"

皇上说："我不知道，如果我知道怎么会用他呢？"

京房说："皇上所最信任的，于帷幄之中与他共商国家大事，掌握官吏任免大权的人就是。"

京房所指，就是石显，皇上也明白，对京房说："我晓得了。"京房退出，然而皇上并没有因此而罢退石显。

【司马光曰】

君王昏庸不明，则臣下就是想尽忠，也没有途径啊！看京房如何向孝元皇帝循循善诱，可以说明白直切了，但皇上还是不能醒悟，悲哀啊！就像《诗经》说："匪面命之，言提其耳。匪手携之，言示之事。"不仅面对面跟他说，而且提着他的耳朵告诉他，不仅拉着他的手跟他说，而且亲手指给他看。又有诗云："诲尔谆谆，听我藐藐。"谆谆地教导你，你却当耳边风！说的就是孝元皇帝这种人啊！

5 皇上令京房在他的弟子中，推荐通晓考核官吏业绩和称职与否的人，准备试用他们。京房推荐说："希望任用中郎任良、姚平为刺史，试行考核条例，由我留在朝中，转达汇报，以免被人壅塞蒙蔽。"

石显、五鹿充宗非常痛恨京房，想要把他排挤走，于是上奏建议，应该让京房先试试能不能做一郡太守。皇上于是任命京房为魏郡太守，让他在魏郡先试点施行他的考核条例。

京房请求说："年终的时候，希望能乘坐官府驿车，回京汇报。"皇上批准。

京房知道自己数次上书议论，得罪了大臣们，而且与石显有了矛盾，所以不想离皇上太远，担心被陷害，于是呈上亲启密奏说："臣出京之后，恐怕会被当权的大臣陷害，身死而功不成，所以向陛下请求年终能回来汇报，幸而蒙陛下的哀怜而恩准。然而，在辛巳日，阴蒙的昏气又起，侵犯遮蔽太阳，这表示有上大夫要遮蔽天子，引起天子的疑心。在己卯、庚辰之间，一定有人要隔绝臣，让我不能乘驿车回京奏事了。"

京房还没有出发，皇上就令阳平侯王凤通知京房，撤销了允许他年终乘坐驿车回来汇报的许诺。京房更加恐惧。秋天，京房走到新丰，又通过邮车上亲启密奏说："臣之前六月曾用'遁卦'占候，还没有效验，但我在占候法中说：'有道之人离去，便会天寒，大水涌出成灾。'到了七月，果然大水涌出。臣的弟子姚平曾经对臣说：'你可以说是能洞察道，却不能相信道，您每次预测灾异，没有不中的。如今大水已经涌出，预示着有道之人将死，你还说那些没用的干什么呢？'臣回答他说：'陛下至仁，对臣尤其宽厚，虽然说了也是死，我还是要说。'姚平又说我：'你可以说是小忠，还不是大忠。秦朝的时候，赵高用事，有一个叫正先的人，因为讥讽赵高而被处死。赵高的权威就是从这件事开始树立起来的。所以秦朝之乱，正先使之加速。'如今臣离开京师，出任郡守，自当全力报效，但只怕还没有治功，就被处死。希望陛下不要让我应验了大水涌出的灾异，让我成了正先之死，也让姚平笑话我啊！"

京房到了陕县，又上亲启密奏说："臣之前推荐任良出任刺史，主持官员考核，臣在朝中，以免陛下被隔绝蒙蔽。而那些议论的大臣，知道这样对他们不利，因为蒙蔽不了我，所以说：'派弟子去，不如派老师去。'但是，我若做刺史，就能向陛下奏事，所以他们又说：'京房做刺史，怕太守和他不同心，不如让他做太守。'他们这样说的目的，都是为了隔绝我与陛下，不让我有机会与陛下见面。陛下没有看穿他们的用心，而听从了他们的建议，这就是为什么阴蒙之气不解去，让太阳无光了。臣走得越远，太阳就越灰暗。希望陛下不要再碍难于召臣回京，而轻易违背天意。邪说阴谋，人虽然不易察觉，天变却一定会应验，因为人可欺，而天不可欺。希望陛下明察！"

京房走了一个多月，果然被下令关进监狱。

当初，淮阳宪王的舅舅张博，倾危巧佞，无德无行，经常向淮阳宪王伸手要钱，又说要替淮阳宪王想办法，谋求入朝觐见天子。张博跟从京房学习，把自己的女儿嫁给京房。京房每次朝见回来，就把跟皇上说的话告诉张博。张博就记下京房与皇上的密谈话语，让京房为淮阳宪王撰写请求入朝的奏章，然后把这些东西都带回淮阳国，给淮阳宪王看，作为他在努力的证明。石显知道了这件事，就告发说："京房与张博通谋，毁谤政治，非议天子，误导亲王。"将张博和京房都下狱，斩首弃市，妻子流放边疆。郑弘因为跟京房交好，也被贬为庶人。

【华杉讲透】

京房眼睁睁看着自己脖子上的绳索越勒越紧，沿途不断上书，喋喋不休地哀怜求生。但是，他的求告正加速了他的死亡。为什么呢？一个预言家，他的预言一定要少，而且要留出各种解释的余地，他情急之下，竟然预测"臣去稍远，太阳侵色益也"。臣走得越远，太阳就越灰暗。我们今天从常识都可以判断，这应验不了！正好让他自己的信用破产。

给他带来死罪的行为，和之前赵充国的儿子赵卬之死一样，都是泄露和皇上的密谈内容。赵卬泄露的，是皇上和他父亲的谈话，泄露的原因，是跟人喝酒谈话，虚荣炫耀，而他能够泄露，当然是因为他的父亲先泄露给他了。京房呢，他是泄露给了老丈人，而这个老丈人，又是一个最靠不住的人。所以，保密的原则，就是不要告诉任何人，特别是不要告诉你认为最可靠的人,包括你的父母、妻子、兄弟、子侄,因为第一,他可能不可靠;第二,他有其他他也认为最可靠的人,一个最可靠的人告诉另一个最可靠的人,就传得天下皆知了。

6 御史中丞陈咸多次抨击石显。过了一阵,陈咸因为与槐里县令朱云关系好,将朝中关于朱云评价的谈话泄露给他,被石显知道。陈咸与朱云都被逮捕下狱,剃光头发,罚去做苦役。

石显威权日盛,公卿以下都畏惧石显,不敢乱说乱动。石显与中书仆射(中书令的属官,中书令直接对皇上负责)牢梁,少府(掌管皇帝私财及宫廷生活事务)五鹿充宗结成一党,凡是攀附他们的,都得到很好的官位。民间有歌谣唱道:"那些姓牢的呀!姓石的呀!还有五鹿客呀!官印那么多呀!印绶挂成堆呀!"

石显自知权势太盛,怕皇上一旦听信左右耳目离间,就危及自己,于是预先安排,以做预防(相当于给皇上"打疫苗")。这一天,石显奉命到其他官府部门去办事,出宫前,石显先跟皇帝说:"今天事情比较多,恐怕要等宫门关闭后才能回来,我可不可以先向陛下申请诏令,叫门卫给我开门?"皇上批准。石显故意拖到晚上才回来,声称皇上有诏,给他开门。这期间果然有人上书,举报说:"石显专擅命令,假传圣旨开宫门。"天子听说后,笑嘻嘻地把举报信给石显看。石显哭泣说:"陛下过度宠爱我,让我办事,群臣无不嫉妒,想要陷害我的,类似这种情形,已经不止一次,唯有圣明的君主,才能察知实情。愚臣一个微贱之人,不能用我这一个身子,去让千万人都满意,以至于担负起天下的怨恨。臣愿意交还枢机的职务,到后宫去扫地,也死无所恨!望陛下哀怜我,保全我一条小命!"

天子觉得石显说的是实情实理,非常同情他,数次慰劳勉励石显,加厚赏赐,前后赏赐及馈赠他的财物,达一亿之巨。

当初,石显听到众人沸沸扬扬的议论,说是他杀死了萧望之,担心天下读书人都诽谤自己,于是又想了一个办法。他见谏大夫贡禹,通晓儒经,又以节操闻名,就派人向贡禹致意,深相结纳,又向皇上推荐贡禹，让他位列九卿，并且对贡禹恭敬有礼，十分周到。于是舆论又开始称颂石显，认为他不至于对萧望之有妒忌陷害的行为。石显设变诈之计为自己开脱，取信于人主，就是这套把戏。

【荀悦曰】

佞臣之迷惑君主，太诡计多端了！所以孔子说："远佞人。"非但是不用他们而已，而且必须远而绝之，阻塞他的源头，戒备到了极点（因为佞臣的诡计太多了，防不胜防）。

孔子说："政者，正也。"搞政治，就是一个"正"字，政道之本，在于正己，君王自身要正。正的关键，在于平直真实。所以，如果说某人有德，一定要核实确保其真实，然后才可以给他高位；如果说某人有才能，也一定要核查其真实，然后才可以交事情给他办；如果说某人立了功，一定要核查其真实，然后才可以给他奖赏；如果说有人犯了罪，一定要核查其真实，然后才可以对他处以刑罚。对德行，一定要核查其真实，才能给他显贵；对言论，一定要核查其真实，然后才对他信任；万物一定要核查其真实，然后才能使用；万事一定要核查其真实，然后才能施行。先王之道，就是众正集聚于上，万事真实于下而已。

7 八月初三，擢升光禄勋匡衡为御史大夫（前任御史大夫郑弘因京房案免职）。

8 闰八月初八，太皇太后上官氏薨。

【柏杨曰】

本年五十二岁的上官氏六岁当皇后，丈夫（八任帝刘弗陵）早死。所有亲人（上官家族和霍氏家族）在两次屠杀中，全被消灭，一个受人摆弄的小女孩，独处深宫四十七年，心灵早已破碎，传奇性的悲剧，终告落幕。

9 冬，十一月，齐、楚地震，大雨雪，树木折断，房屋倒塌。

建昭三年（乙酉，公元前36年）

1 夏，六月十九日，扶阳共侯、丞相韦玄成薨。

2 秋，七月，匡衡为丞相。十四日，卫尉李延寿为御史大夫。

3 冬，派西域都护、骑都尉、北地人甘延寿，副校尉山阳陈汤出击，斩郅支单于于康居。

当初，郅支单于自以为大国，威名尊重，又乘胜而骄，觉得康居王对他还不够礼敬，竟然怒杀康居王之前嫁给他的女儿，还杀了贵族、平民数百人，甚至将尸体肢解，投入都赖水中。又征调人民筑城，每天五百人，筑了两年才完成。又派遣使者，责成阖苏、大宛等国，要求每年向他进贡，都不敢不给。汉朝三次派使者到康居，要求交还谷吉等人的遗骨。郅支单于困辱使者，不肯奉诏。但又通过西域都护上书皇上，说："环境困苦，愿归附强汉，派我的儿子入朝侍奉您。"他的强横骄慢，就是这种做派。

陈汤为人，沉着勇敢，深谋远虑，又喜建奇功，与甘延寿商量说："夷狄畏服大国，这是他们的天性，西域本来是匈奴属国，如今郅支单于威名远闻，侵陵乌孙、大宛，经常跟康居王出主意，想要降服乌孙、大宛。如果他们得到这两个国家，只要几年，有城郭的西域诸国都危险了。况且郅支为人彪悍，好战伐，又数次取胜，时间长了，必定成为西域大患。现在他虽然离我们很远，但是蛮夷没有坚城强弩，如果我们征发屯田士卒，再驱使乌孙军队，直指康居城下，那他要逃则没地方可去，要守则守不住，千载之功，可以一朝而成！"

甘延寿觉得有理，想要向皇上上奏请示。陈汤说："皇上一定会与公卿们商议，大的策略，不是那些凡夫俗子所能理解的，肯定不会批准我们的行动。"

甘延寿犹豫，没有听陈汤的。正赶上甘延寿生病，陈汤就擅自假传圣旨，征调各国武装部队，以及在车师屯垦的戊己校尉部队。甘延寿得到消息，大惊，起来准备制止。陈汤大怒，按剑呵斥甘延寿说："大军已经集结，竖子你要沮坏大众吗？"甘延寿只好听从，并开始部署行军列阵，合汉兵、胡兵一共四万余人。

甘延寿、陈汤上书弹劾自己假传圣旨发兵之事，陈述如此做的理由，然后即日发兵，兵分六路挺进，其中三路从南道行军，翻过葱岭，取道大宛；另外三路由甘延寿亲自率领，从温宿国出发，经北道入赤谷，过乌孙，进入康居边界，挺进到阗池西岸。

这时，康居副王抱阗正率领数千骑兵攻打赤谷城东，杀死俘虏乌孙大昆弥的部众一千多人，抢掠牲畜财物甚多。抱阗得胜回国路上，正赶上汉军殿后部队，又抢了汉军不少辎重物资。陈汤回军迎战，纵胡兵攻击，在康居杀死四百六十人，解救被俘的乌孙民众四百七十人，交还给乌孙大昆弥。缴获的马、牛、羊则留下供应军食。又俘虏抱阗手下贵族伊奴毒。

陈汤率军进入康居东部边界，下令士兵不得抢掠，秘密派人招来康居贵族屠墨相见，谕之以威信，与他饮酒、盟誓，再遣送他回去。汉军继续挺进，到了离单于王庭六十里的地方，停军宿营。又抓获康居贵族具色的儿子开牟，让他做向导。具色的儿子，就是屠墨的母舅，都怨恨郅支单于，于是汉军对郅支的内情全部掌握。第二天，继续挺进，离城三十里，再停下扎营。

单于派使者来问："汉兵为什么来？"回答说："单于之前上书，说环境困苦，愿归附强汉，派儿子入朝侍奉。天子哀悯单于，抛弃大国，屈身于康居，所以派西域都护率军来迎接单于，护送单于的妻子儿女。怕惊动了单于左右，所以没敢直接到城下，就在这儿扎营。"

使者往来答报，甘延寿、陈汤就责备单于说："我们为了单于您的事，远道而来，为什么到现在没有一个有名的王爵或高级官员来交接？单于为什么忽视大计，有失主客之礼？兵来道远，人畜都已疲惫至极，军粮也要吃尽了,再拖延,恐怕我们都没法回去。请单于和大臣们赶紧商议定计!"

第二天,大军再挺进到郅支单于都城旁的都赖水河畔,离城三里,扎营布阵。望见单于城上立着五彩幡旗,数百人身穿铠甲,在城墙上守备,又派出一百多名骑兵,在城下往来驰骋,又有步兵百余人,在城门口夹门而立,摆出鱼鳞阵,讲习用兵。城上的人招呼汉军说:"有种就打过来!"那一百多名匈奴骑兵,向汉军军营冲过来,汉军张开劲弩瞄准,匈奴骑兵又退回。汉军派出弓箭手射击城门口的匈奴骑兵、步兵,骑、步兵都退回城里去了。

甘延寿、陈汤下令全军:"战鼓一响,直扑城下,四面围城,各就各位,挖隧道的挖隧道,塞门户的塞门户,拿盾牌的在前,持长戟弓弩的在后,仰射城楼上的守军。"城上的敌人往下逃走。在土城外,还有两层木质城楼,匈奴弓箭手就在木质城楼中射击,杀伤了很多城外的人。城外的人便搬来木柴,点火烧木城。

当天晚上,数百匈奴骑兵想要突围而出,被汉军迎击射杀。

当初,单于听说汉兵到来,想要逃走,怀疑康居怨恨自己,做汉军内应,又听说乌孙等国,都发兵来打他,考虑下来,也无处可去。郅支单于已经突围出来,又回到城里,说:"不如坚守,汉军远来,不能久攻。"

单于于是身穿铠甲,亲自登城固守,诸阏氏、夫人等后宫数十女子,也持弓箭向城外射击。等到城外士兵射中单于鼻子,诸夫人也死伤惨重,单于才下城。过了半夜,木城烧穿了,木城中的人退却进入土城,在城墙上高呼。当时康居国骑兵一万余人,分为十余处,四面环城,也和单于相应和。康居骑兵夜里数次奔袭汉军军营,作战不利,又退去。

到了天亮的时候,四面火起,汉军大喜,大声呼喊着登城,战鼓声震天动地,康居骑兵退却。汉军四面跟着持盾牌的士兵攻进土城中。单于男女百余人退入内城,汉兵放火烧城,士兵们争相冲入,单于身负重伤,气绝身亡。军侯假丞杜勋斩下单于首级。在单于宫中找到汉朝使者符节两具，以及谷吉等人所携带的帛书。凡是所缴获的金银财宝，谁抢到就归谁所有。一共斩杀阏氏、太子、名王以下一千五百一十八人，俘虏一百四十五人，投降一千余人，分配给参与军事行动的西域各国十五个国王。

建昭四年（丙戌，公元前35年）

1 春，正月，郅支单于的首级送到长安。甘延寿、陈汤上书说："臣听说，天下大义，首先是统一，古代有唐尧、虞舜，如今有强汉。匈奴呼韩邪单于已称臣为北方藩国，唯有郅支单于叛逆，未能伏诛。他逃到大夏国以西，以为强汉不能再让他臣服。郅支单于对百姓残酷狠毒，罪恶滔天，臣甘延寿、臣陈汤，将义兵，行天诛，赖陛下神灵，阴阳并应，天气清明，陷阵克敌，斩郅支单于首级及名王以下，宜悬挂在长安城蛮夷聚居的槀街，以示万里，明犯强汉者，虽远必诛！"（这就是"明犯强汉者，虽远必诛"这一名句的出处了。）

丞相匡衡等认为："如今正是春天，掩埋尸骨之时，不宜悬挂人头。"（春天是好生之时，监狱都不处决人犯，传统上不宜悬挂人头；春季暴露尸骨，也容易产生疫病，再加之甘、陈二人是假传圣旨，冒险立功，而且抢了郅支单于财宝，都发了大财，匡衡可能也不想让他们太得意。）

于是皇上下诏，将郅支单于人头，悬挂示众十日，然后掩埋，并报告祭祀太庙，赦天下。群臣向皇上祝贺，设酒宴庆祝。

2 六月初五，中山哀王刘竟薨。刘竟是皇上的幼弟，和太子刘骜一起长大，读书玩耍都在一起。刘竟薨逝，太子前往吊丧。皇上看见太子，想起幼弟，悲哀不能自止。等到太子上前，却一点悲容也没有。皇上大为痛恨，说："难道有不慈仁的人，可以奉宗庙而为天子，为万民父母吗？"当时驸马都尉、侍中史丹担任护太子家，皇上就以此责问史丹。史丹脱下冠帽谢罪说："臣见陛下哀痛中山王，以至于坏了身体，所以在太子觐见前，特意嘱咐太子不要涕泣，以免感伤陛下。罪在臣，臣死罪！"皇上认可了史丹的解释，化解了愤怒。

3 蓝田地震，山崩，壅塞灞水。安陵泾水堤岸崩塌，壅塞泾水，泾水逆流。

建昭五年（丁亥，公元前34年）

1 春，三月，赦天下。

2 夏，六月十七日，恢复戾太子刘据的墓园戾园。

3 六月三十日，日食。

4 秋，七月二十八日，恢复太上皇寝庙园、原庙、昭灵后、武哀王、昭哀后、卫思后墓园。当时皇上患病，很久都不好，以为是祖宗愤怒谴责他撤除了墓园和祭庙，所以全部恢复。唯有在郡国地方上的祭庙没有恢复。

5 这一年，改封济阳王刘康为山阳王。

6 匈奴呼韩邪单于得到郅支单于被诛杀的消息，且喜且惧，上书申请入朝觐见。

竟宁元年（戊子，公元前33年）

1 春，正月，匈奴呼韩邪单于来朝，请求让他做汉朝女婿，让他能更加亲近汉朝。皇帝以后宫良家子王嫱，字昭君赐给单于。单于欢喜，上书说："我愿意保卫塞外东自上谷，西至敦煌，传之万世，请皇上撤销边塞及边防部队，以休养天子人民。"天子让有司商议，都认为可行。郎中侯应熟悉边防事务，认为不可答应。皇上问他原因。侯应说：

"周、秦以来，匈奴暴桀，寇侵边境，汉朝兴起之后，仍受其害。臣听说，北部边塞到辽东，外有阴山，东西绵延一千多里，草木茂盛，禽兽繁多，本是冒顿单于的园囿，他在阴山制作弓矢，然后出来为寇。到了孝武皇帝时期，出师征伐，夺了阴山，将匈奴驱逐到沙漠以北，又建起要塞堡垒，修筑道路桥梁，兴建瞭望据点、亭障，更筑起光禄塞、受降城、遮虏障等外城，驻扎边防部队守卫，然后边境才得以稍稍安定。沙漠以北，地势平坦，草木稀少，多的是大沙丘，匈奴如果来犯，没有隐蔽之处，很容易被我们发现。而边塞以南，都是难行的山谷，往来都很困难。所以边疆长老们常说：'匈奴自从失去阴山之后，再经过时，无不哭泣。'如果我们撤去边塞和守备部队，这是给了夷狄一个巨大的利诱。这是不能撤除的第一个原因。

"如今陛下圣德广被天下，像上天一样覆盖保护着匈奴，匈奴幸得陛下拯救，才得以保存种族活下去，他们感激救命之恩，稽首来臣。但是，夷狄之情，困则卑顺，强则骄逆，这是他们的天性使然。之前我们已经撤销外城，减省亭燧，现在的边防设施，仅仅足以瞭望侦察，通烽火而已，古人说，安者不可忘危，不能再裁撤了，这是第二个原因。

"中原有礼仪之教，刑罚之诛，但愚民百姓还是会犯法。又何况单于，他说保障边境安全，能管得住他的人不破坏他的誓约吗？这是不能裁撤的第三个原因。

"在中原内部，尚且在险要地形，建设要塞城堡，以制服各地诸侯，不让他们起觊觎之心，非分之想。设置要塞，屯戍部队，也不全是为了防备匈奴，也要控制那些属国，他们本是匈奴投降过来的人，不要他们思念故乡，又逃回去。这是不能裁撤的第四个原因。

"靠近西边要塞的羌族，经常和汉人交通往来，汉朝官吏人民贪图利益，往往侵盗他们的畜产、妻子，以至于怨恨，激起民变。如今如果撤去要塞守卫，更可能发生这种欺骗诬陷、纠缠不清的纷争，这是不能撤除的第五个原因。

"之前从军出征的战士，很多都留在匈奴没回来，国内的子孙贫困，一旦要逃亡出去寻找亲戚，不能禁止。这是不能撤除的第六个原因。

"又，边疆奴婢愁苦，想要逃亡的很多，相互说：'听说匈奴那边很快乐！无奈边卡太紧！'如果撤除边卡，就会不停地有奴婢逃亡出去。这是不能撤除的第七个原因。

"盗贼狡黠，群辈犯法，如果其窘急，干脆向北逃亡到匈奴，难以抓捕，这是不能撤除的第八个原因。

"修筑边塞，已经持续一百多年，也不都是堆土为城，而是选择险要地形，依靠山岩、大石、巨木、溪谷、水峡渡口，稍稍平整，因地制宜，筑起要塞，历年修葺增补，下的功夫，用掉的费用，不可胜计。臣担心议论的大臣不能深谋远虑这边塞一兴一废所牵涉的前前后后，来龙去脉，就想一刀切，节省徭役军费。十年之后，百年之内，如果有其他变故，障塞破坏，亭燧断绝，再重新派部队去修复，那多少年也修复不了！这是不可撤除的第九个原因。

"如果我们撤去边防部队，瞭望侦察的亭子也没了，单于自以为是他在为我们保卫边疆，一定认为自己对汉朝有大功大德，那就要不断地对我们提要求。稍有不满意，他就不一定会怎么想，也不知道会干出什么来。所以，撤除边防守备，就是挑动夷狄的野心，而自毁中原之坚固。这是不能撤除的第十个原因！这不是长治久安，威制百蛮之长策！"

奏书递上去，皇上下诏说："不要再讨论撤除边塞守卫的事了。"又派车骑将军许嘉口谕单于，说："单于上书，愿撤去北部边塞边防部队，由单于的子子孙孙世世代代保卫边塞。单于一向爱慕中原礼仪，所以为我中原人民计议甚厚，这也是长久之策，朕十分嘉许！但是，中原四面八方都有边塞亭障，不是只有北边才有，也是为了防备我们国内的奸邪放纵之徒，不要出去祸害别人，所以，申明法度，以为震慑，让天下专心、定心、安心。对单于的一番好意，朕绝不怀疑。但是怕单于不理解我为什么不撤去边塞，所以请许嘉给你说明白这个道理。"

单于感谢说："愚不知大计，没有想到这些，天子还特意派大臣来教我，对我十分恩厚！"

当初，左伊秩訾为呼韩邪单于设计归汉，竟而让单于得到安定。其后有人进谗言，说左伊秩訾自以为自己功劳大，却没有什么封赏，十分不满。呼韩邪单于就怀疑他。左伊秩訾害怕被诛杀，带领他的部众一千多人降汉，汉赐爵关内侯，食邑三百户，令他仍佩戴匈奴王印绶。等到呼韩邪单于来朝，与左伊秩訾相见，道歉说："王为我计谋深厚，让匈奴如今得到安宁，这都是大王您的功劳，我岂能忘记您的恩德！料不到是我让您失望，离我而去，不愿意留下来，这都是我的过错！今天我想汇报天子，请您和我一起回去。"左伊秩訾说："单于赖天命，自归于汉，得以安宁，这是单于的神灵，和天子的护佑，我哪有出什么力！如今我既然已经降汉，又再回匈奴，这是二心了。我愿留在汉朝，为单于使者，不敢再回匈奴！"

单于固请，左伊秩訾固辞，终究没有回去。

单于号王昭君为宁胡阏氏，生一男伊屠智牙师，为右日逐王。

2 皇太子加冠，行成年礼（本年二十岁）。

3 二月，御史大夫李延寿卒。

4 当初，石显见冯奉世父子为公卿，女儿又在后宫做昭仪，就想和冯家攀上关系，推荐说："冯昭仪的哥哥，谒者冯逡品行端正廉洁，应该让他事奉皇帝左右。"天子召见，想要任命他为侍中。冯逡请求单独汇报，结果是汇报控告石显专权。皇上大怒，罢退冯逡，回去做郎官。后来御史大夫出缺，大臣们都举荐冯逡的哥哥，大鸿胪冯野王。皇上派尚书在中二千石官员中选拔，冯野王的德行才能又排名第一。皇上问石显意见。石显说:"九卿之中,没有赶得上冯野王的。但是,冯野王是冯昭仪的亲哥哥,如果用了他,我担心后世都说陛下越过众贤,以私心任用自己后宫亲属为三公。"皇上说:"善!我还没有想到这一层!"于是对群臣说:"我如果用冯野王为三公,后世一定拿冯野王说事儿,说我私心照顾后宫亲属。"

三月丙寅日(三月无此日),下诏说:"刚强坚固,宁静淡泊,就是大鸿胪冯野王这样的人!反应敏捷,能言善辩,可以出使四方,就是五鹿充宗这样的人!廉洁节俭,就是太子少傅张谭这样的人。现在,任命张谭为御史大夫!"

5 河南太守、九江人召信臣为少府。召信臣本来是南阳太守,后来调任河南,治行考绩总是第一名。他视民如子,喜欢为人民谋求各种福利,亲自劝导人民耕田,开通沟渠,以至于当地户籍人口增长了一倍。官吏人民都爱戴他,称他为"召父"。

6 三月癸卯日(三月无此日),恢复孝惠皇帝寝庙园、孝文太后、孝昭太后寝园。

7 当初,中书令石显希望把他的姐姐嫁给甘延寿,甘延寿拒绝。等到甘延寿击破郅支单于回来,丞相匡衡、御史大夫李延寿都厌恶甘延寿假传圣旨,擅自行动,对他的功勋都不赞一词。陈汤一向贪婪,抢掠到的战利品财物都不依军法处置。司隶校尉通知沿途郡县,逮捕陈汤的部下,审讯查办。陈汤上书说:"臣与将士们一起诛讨郅支单于,幸得擒灭,从万里之外,班师回朝,应该有使者在道路旁欢迎才是,如今司隶校尉反而将我的部下逮捕问罪,这是为郅支单于报仇吧!"皇上立即下令释放被捕军吏,令沿途地方官府在道路旁设酒食劳军。到了京师,论功行赏,石显、匡衡都认为:"甘延寿、陈汤假造诏书,擅自兴师,不诛杀他们,已是宽大,如果再给他们封爵封地,那以后在外带兵的将领,都争相乘危侥幸,生事于蛮夷,为国招难。"皇上内心很嘉许甘延寿、陈汤的功勋，对外呢，又尊重石显、匡衡的意见，久久不能决定。

前任宗正刘向（就是刘更生，如今改名刘向）上书说：

"郅支单于囚杀汉朝使者、吏士有上百人，事情扬国外，严重伤害汉朝国威，群臣无不痛苦悲悯，陛下赫然欲诛之，从未忘记这国恨深仇。西域都护甘延寿、副校尉陈汤，秉承陛下的旨意，依靠先帝的神灵，统率百蛮君长，集结西域各国的军队，出百死，入绝域，于是击破康居，屠灭郅支单于三重巨城（木城两重，土城一重，一共三重城），拔下敌军元帅大旗，斩下郅支单于人头，悬挂于万里之外的长安，扬威于昆仑山之西，一扫谷吉被杀之耻，立下光耀日月之功，蛮夷莫不震撼，恐惧臣服。呼韩邪单于见郅支单于已诛，且喜且惧，向风慕义，驱驰而来，低头来朝，愿守北藩，世世代代为汉家臣属。甘延寿、陈汤立千载之功，建万世之安，群臣之中，没有人比他们功勋更大。当年，周朝大夫方叔、尹吉甫诛灭征伐，而后四方蛮夷，全部宾服。《诗经》赞美说：'啴啴焞焞，如霆如雷。显允方叔，征伐玁狁，蛮荆来威。'军容盛大，光耀天地，动如雷霆，显明的方叔，征伐玁狁，蛮荆各部，畏威来朝。《易经》说：'有嘉折首，获匪其丑。'王者出征，克敌斩首，俘获匪类，这是应该嘉奖的。诛杀了首恶之人，其他过去不服的，就都来归顺了。如今甘延寿、陈汤所诛灭震服的，远远超过《易经》说的'折首'，《诗经》说的'雷霆'。论大功者不录小过，举大美者不疵细瑕。《司马法》说：'军赏不逾月。'赏军功要及时，不要拖过一个月，这是为了让人民立即看到立功的好处，受到激励。对军事上的功勋，必须迅速做出反应，才有利于激励人才。尹吉甫战胜归来，周朝厚厚地赏赐他，《诗经》上说：'吉甫燕喜，既多受祉。来归自镐，我行永久。'为尹吉甫设下盛大的宴席，致以多多的祝福，他从镐城回来，立下那么大的功勋，走了那么久的路。那千里之外的镐城，还觉得远，更何况如今是立功在万里之外？其辛劳悲壮，已经到了极致！而甘延寿、陈汤，不仅没有得到任何祝福回报，反而抹杀他们浴血奋战的功劳，被刀笔吏挑剔问罪，这不是激励有功，劝勉战士的办法！当初齐桓公有尊奉周天子之功，又有吞并项国之罪，儒家的君子，认为他的功绩大于他的罪过,还替他掩饰。

【胡三省曰】

《春秋·僖公十七年》记载:夏,灭项。"《公羊传》注解说,是齐灭项,为什么不写明是齐国干的呢?就是因为齐桓公有继绝世、存亡国之功,所以为他避讳。

"贰师将军李广利,损失大军五万人,靡费亿万军费,经历四年之久,而仅仅获得三十匹骏马的战利品,虽然斩下大宛国王毋寡的人头,也不足以弥补他的耗费,而他自身的罪恶,更是多不胜数。但是,孝武皇帝认为万里征伐,不追究他的过失,因此封赏他的部队,拜了两位侯爵,三位卿,二千石级别的官员有一百多人。

"如今康居国比大宛更强,郅支单于的名号也重于大宛王,郅支杀死汉使的罪,也远远大于大宛王只是不给马,而甘延寿、陈汤不要国家一兵一卒,不费国家一斗粮草,这和贰师将军比起来,功德是他的一百倍。况且当年常惠自作主张,借出使乌孙之机,顺道攻打龟兹;郑吉没有得到命令,就接受日逐王的投降,他们都得到列土封侯的赏赐。所以说,甘延寿、陈汤的威武勤劳,超过方叔、尹吉甫;功大于过,甚于齐桓公、李广利;功勋比之于近世,则高于常惠、郑吉。但是,他们的大功没有得到表彰,一点小过却被散布,臣非常痛心!应该立即停止对立功将士的调查,恢复他们的自由,不追究他们的过错,而是赏赐给他们尊宠的爵位,以劝勉有功之士!"

于是天子下诏,赦免甘延寿、陈汤之罪,不再追究,让公卿们商议该给他们什么封赏。参与商议的大臣们认为,应该根据军法中"捕斩单于"的功劳来定赏格。匡衡、石显则认为:"郅支是一个失国逃亡的逃犯,在绝远的地方窃称单于之号,是伪单于,不是真单于。"皇上参照当年安远侯郑吉的规格,封一千户。匡衡、石显再次反对。夏,四月三十日,封甘延寿义成侯,陈汤为关内侯,食邑各三百户,加赐黄金一百斤。拜甘延寿为长水校尉,陈汤为射声校尉。

于是杜钦上书追述冯奉世之前击破莎车的功劳。皇帝认为那是先帝在位时的事，就不再受理了。杜钦，是已故御史大夫杜延年的儿子。

【荀悦曰】

如果冯奉世的功勋应该得到封赏，就算是前朝的事，也应该受理。按《春秋》大义，撤毁泉台，应该谴责；撤销中军，则应该表扬；功是功，过是过，都要讲清楚。

假传圣旨这件事，非常严重，先王对此十分谨慎，一定是不得已而为之。如果假传圣旨之罪大，而所得的功劳又小，那是可以问罪的。如果假传圣旨的性质不严重，而功劳又很大，那就可以封赏。如果功过相等，不赏不罚也行，总之是权衡轻重，具体情况具体处理。

【胡三省曰】

《春秋·公羊传》记载，文公十六年，毁泉台。为什么要批评这件事呢？因为那泉台是祖先修筑的，你不去住就是了，为什么要撤毁呢？同样，又记载了撤销中军番号的事，因为鲁国是诸侯国、小国，不应该有三军，撤去一军，是恢复古制。

【华杉讲透】

这件事情比较复杂，假传圣旨是大罪，如果假传圣旨都没罪，那人人都有皇帝的权力了。但是，将在外君命有所不受，正如荀悦所说，看他假传圣旨的性质，他是集结属国军队，去攻打本来有罪的敌人，如果干成了，立了大功，就可以无罪。陈汤要赌的，就是这个。

至于石显、匡衡所说："延寿、汤擅兴师矫制，幸得不诛，如复加爵土，则后奉使者争欲乘危侥幸，生事于蛮夷，为国招难。"这话也有些道理，后世白居易有"不赏边功防黩武"的诗句，如果冒险成功都获得封赏，那边关武将，个个跃跃欲试了。况且，立国万里，他剿灭一个和平的村庄，把女人抢了，将男人的人头报上来说是剿匪所得，这种事情历史上屡见不鲜。

但是，石显、匡衡所论，只是一个方面，甘延寿、陈汤巨大的功勋，在刘更生的奏书里面写得很清楚了。

第三个方面，是私吞战利品的事情。这件事可以说不算事，皇上得到政权和土地人民，战士们得到战利品，这本身就是兵法的潜规则，也是陈汤去做这件事情时他想要的。况且，他集结那么多属国的兵马去打仗，没有战利品，那些军队怎么会去？曹操说："军无财，士不来。军无赏，士不往。"这本身就是游戏规则。曾国藩灭太平天国，王阳明平定宸濠之乱，都没上交一分钱的战利品，汇报给皇上都是敌人没钱。皇上也不会追究。钱到哪里去了？要问士兵们为什么而战？钱当然是分给大家了。皇上应该关注的，是刘更生说的，没有要国家一兵一卒，也没有要国家一斗军粮，可以说是免费干活，皇上怎么能参与分战利品呢？

最后一个问题，刘更生把道理说得很清楚了，匡衡、石显还是极力阻止封赏，并且成功把一千户的食邑，减少为三百户，整整少了七百户！石显为什么阻止呢？因为他和甘延寿有私仇，他想把姐姐嫁给甘延寿，甘延寿没给面子，拒绝了。匡衡为什么阻止呢？因为他之前反对，如今他的意见没有得到采纳，他没面子，无论如何要采纳一部分，才能证明他的正确。皇上为什么把一千户的赏赐削减成三百户呢，就是给这两个大臣面子。

你看，说起来都是为国为民的工作意见，实际上都是私人恩怨和小心眼。这就是生活，我们就要和这些人打交道。

8 当初，太子刘骜喜好经书，宽厚谨慎，也很博学。后来，却爱上喝酒，喜欢私房之乐。皇上就觉得他没有能力治国。而山阳王刘康有才艺，母亲傅昭仪又受宠幸，皇上于是时常有意以山阳王为嗣。皇上晚年多病，不亲政事，雅好音乐，有时把鼙鼓（一种军中小鼓）放在殿下，天子自己靠在栏杆上，投掷铜丸击鼓，鼓声就跟用手击打的节拍一样。皇上这一手，后宫及左右擅长音乐的人都做不到，而唯独山阳王能行。皇上数次称赞山阳王有才。史丹进言说："所谓有才，敏而好学，温故知新，像皇太子那样，这叫有才。如果像乐手那样擅长丝竹鼙鼓，那陈惠、李威那样的黄门吹鼓手也比匡衡还有才，可以做相国了。"皇上嘿然而笑。

　　后来皇上卧病在床，傅昭仪、山阳王刘康常常侍奉左右，而皇后、太子却很少能够觐见。皇上渐渐病重，心情抑郁不平，数次问尚书当年景帝废刘荣而改立刘彻为太子的故事。当时太子的舅父阳平侯王凤为卫尉、侍中，与皇后、太子都非常忧虑，不知道该怎么办。史丹是皇上亲信大臣，得以进皇上寝宫探病侍奉，等到皇上独自在病床上的时候，史丹直入皇上卧室，一直走到床榻边青蒲席上，伏地磕头哭泣说："皇太子是嫡长子，立为太子已经十几年，天下百姓都知道他的名号，无不归心于他。如今看见皇上宠爱山阳王，全国街谈巷议，流言纷纷，为国家担心注意，都说太子之位正在动摇。如果真是这样，公卿以下必然以死相争，不会奉诏。臣请求陛下先赐我死罪，作为群臣的表率！"天子一向心软，不忍心看见史丹哭泣，史丹的话，又言真意切，皇上受到感动，长叹说："我的身体是一天天不行了，太子和山阳王、信都王年纪都还小，我如何能不挂念他们的未来呢？但是并没有废立太子的意思，况且皇后谨慎，先帝又爱太子，我怎么会违背先帝的旨意？你在哪儿听来这些说法？"

　　史丹即刻后退，叩头说："愚臣妄闻，罪当死！"

　　皇上于是接纳了史丹的意见，对他说："我的病越来越重，恐怕好不了了。你要好好辅佐太子，不要辜负我的重托！"太子的地位于是得以稳固。而右将军、光禄大夫王商、中书令石显也拥护太子，颇为得力。

　　夏，五月二十四日，帝崩于未央宫（刘奭二十七岁即位，在位十六年，享年四十三岁）。

【班彪赞曰】

　　我的外祖父兄弟，当过汉元帝的侍中，对我说："元帝多才艺，写得一手好书法，鼓琴瑟，吹洞箫，也会自己作曲，再谱成新歌。年少时就喜好儒术，即位后多用儒生，委以重任，贡禹、薛广德、韦玄成、匡衡相继担任丞相。但是，皇上为文义所拘泥牵制，优柔寡断，孝宣中兴的事业，就衰微了。不过，元帝宽宏待下，恭敬俭朴，号令温和，也有古代帝王的风范。"

9 匡衡上奏说："之前因为皇上圣体不安，所以恢复之前已经撤出的祭庙，但是并没有得到祝福。审察下来，卫思后、戾太子、戾后园，亲情未尽，应该保留。孝惠帝、孝景帝庙，亲情已尽，应该撤毁。太上皇、孝文、孝昭太后、昭灵后、昭哀后、武哀王的祭庙，也请一并罢废，不再奉祭。"

皇上准奏。

10 六月二十二日，太子即皇帝位，拜谒高庙。尊皇太后为太皇太后，皇后为皇太后，以舅父、侍中、卫尉、阳平侯王凤为大司马、大将军、领尚书事（王氏从此掌权）。

11 秋，七月十九日，葬孝元皇帝于渭陵。

12 大赦天下。

13 丞相匡衡上书说："陛下秉性至孝，对先帝哀伤思慕，不绝于心，没有游娱射猎的宴乐，陛下这样慎终追远的精神，应该把它传到永远。陛下天性自然已经如此，愿陛下再留心，再加强！《诗经》说'茕茕在疚'，茕茕，是忧伤的样子；在疚，是生病，说周成王在武王的葬礼完毕之后，忧伤思慕，心情不能平复，这也正是文王、武王伟大勋业与伟大教化的根本。"

【华杉讲透】

慎终追远，出自《论语》，曾子曰："慎终，追远，民德归厚矣。"这是曾子的话。

慎终。

慎，是谨慎、慎重。终，是指家人去世。张居正讲解说，人伦以家庭亲人为重，人们对待自己的父母，或许还能尽孝，但若父母去世，有的人就认为亲人已经去世了，还做什么也意义不大，就不能尽到诚意礼节。这就是人心之薄情，不厚重。

中国人强调养老送终，若只是养老，而不送终，仍是薄情之人。父母必希望你送他一程，葬礼代表了人一生所得到的家庭和社会的评价和承认，不一定风光大葬，但必有真情缅怀，依依相送。葬礼的尊严和感情，也是对青少子弟的教育和熏陶，传承家族精神。

追远。

追，是追思。远，是去世已久的亲人，或远代的祖先。

亲人刚刚去世的时候，我们还能思念。去世的时间长了，悲痛之心淡了，每年的祭祀之礼难免马虎，不能尽心尽意。对远代的祖先，祖父、曾祖父、高祖父等，更不能尽心去扫墓祭祀了。

古代是农业社会，一家人所居之地，必有一个当初带家人来开荒耕田，开基创业的始祖，我读自家的家谱，里面最重要的，有八个字，"开基创业"和"勤耕俭积"，追思那开基创业之祖，他把我们带到这里，开辟了这一片沟渠桑田；追思那一代代勤耕俭积之祖，前人栽树，后人乘凉，我们今天的幸福生活，都来自祖先的付出和积累，我们必须传承这一精神，为子孙后代留下更加美好的家园。

"臣又曾经听我的老师教我说：'夫妻配偶，是人生的开始，幸福的源头。婚姻之礼正，然后物品齐备，天命完全。'孔子论《诗经》，以《关雎》为开始，因为婚姻在社会秩序纲纪中，居于首要的地位，是王道教化发端之处。自从上古以来，夏商周三代的兴废，没有一个不是由此而起。愿陛下详览历代得失盛衰的原因，以奠定本朝大基，选拔有品德的人，戒除声色之乐，接近端庄稳重之士，远离奇技淫巧之人。臣听说，儒家六经（《诗经》《尚书》《礼经》《乐经》《易经》《春秋》），是圣人用以统御天地之心，分明善恶、吉凶，指示人生正道，使人不违背良知本性的著作。而《论语》《孝经》，则是圣人言行的要点，应该仔细学习体会。

"臣又听说，圣王自己的修为，一举一动，待人接物，无论是敬祀上天，事奉父母，还是临朝面对群臣，动静周旋，都有一定的章法和分寸，以彰显人伦。恭顺、小心、敬畏、戒惧，这是事奉上天的态度；温柔、恭敬、逊服，这是事奉父母的礼仪；正己、率先垂范、严肃、恭谨，这是统御文武百官的威仪；嘉勉、恩惠、和颜悦色，这是宴享臣下的容貌。一举一动，都遵从礼仪，所以形为仁义，动为法则。到正月初，天子要到正殿去接受群臣朝贺，摆设宴席，以慰劳四方，古书上说：'君子慎始。'在开始之际，要尤其谨慎，愿陛下留神自己一举一动的礼仪，让臣下能看到盛德的光彩，为国家奠定良好的基础，则天下幸甚！"

皇上谦敬地接纳了他的劝告。

卷第三十　汉纪二十二

（公元前32年—公元前23年，共10年）

主要历史事件

石显失势，绝食而死　121
成帝赐封多位王氏外戚　122
杜钦建议皇帝只娶九妻，太后未采纳　125
呼韩邪单于去世，其子即位，再娶王昭君　127
皇帝把朝政完全委托给王凤　127
黄河决堤，尹忠因失职自杀　130
匡衡弹劾陈汤，谷永为陈汤辩护　132
王延世治理黄河　134
成帝削减后宫开支　135
成帝封王氏五个舅舅为"五侯"　138
陈立平定夜郎叛乱　140
王商得罪王凤，被逼死　143
王凤专权令成帝无奈　146
王章建议罢黜王凤，而后被捕死于狱中　147

主要学习点

少年戒色，壮年戒斗，老年戒贪　126
奸臣有两种：长君之恶与逢君之恶　129
人性的弱点，是对事实视而不见　132
记人之功，忘人之过　134
思考决策，要始终服务于最终目的　137
及时抗争，不要忍到忍无可忍　144
踏实地学习，不要故弄玄虚　151
下级要有领导上级的领导力　153

孝成皇帝上之上

建始元年（己丑，公元前32年）

1 春，正月初一，史皇孙的祭庙悼考庙发生火灾。

2 石显调任长信中太仆（长信宫是太后所居，长信宫中太仆掌管皇太后乘舆和马匹，不是常设的官职），俸禄级别中二千石。石显失去了依靠，又被调离权力中枢，于是丞相匡衡、御史大夫张谭，一条一条上奏石显过去的罪恶。石显及其党羽牢梁、陈顺都被撤职，石显与妻子被逐回故乡，石显忧郁愤懑，绝食，死在路上。他之前所结交的，因为攀附他而得到升官的人，全部都被罢免。少府五鹿充宗调任玄菟太守，御史中丞伊嘉调任雁门都尉。

司隶校尉、涿郡人王尊上奏弹劾说："丞相匡衡、御史大夫张谭，明知石显专擅权势，大作威福，为海内患害，但是，他们在当年不向先帝上奏弹劾，施以惩罚，反而阿谀曲从，心怀邪念，让国家迷失方向，没有尽到大臣辅政的责任义务，都是不道之罪！这罪在去年大赦令之前，可以不再追究。但是，在大赦令之后，匡衡、张谭二人弹劾石显，没有一句话说自己不忠之罪，反而说是先帝任用倾覆之徒，妄言'百官畏惧石显，超过畏惧皇上'，卑君尊臣，言辞不当，有失大臣体统！"

于是匡衡既羞惭，又恐惧，免冠谢罪，交还丞相及侯爵印绶。天子认为自己刚刚即位，不宜重惩大臣，于是将王尊调离，去做高陵县令。但是群臣都认为王尊说得对。匡衡沉默不能自安，每当有水灾旱灾，都请求退休让位，皇上则每每以诏书抚慰，不批准退休。

3 立已故河间王刘元的弟弟、上郡库令（掌管军械库）刘良为河间王。

4 孛星出现在营室星座。

5 赦天下。

6 二月二十八日（柏杨注：原文误为正月，根据《汉书》改），封舅父诸吏（加官的一种，凡加此官号者得出入禁中，常侍左右。诸吏可举劾百官，并与左、右曹平分尚书奏事）、光禄大夫（掌论议应对，在诸大夫中地位最尊）、关内侯王崇为安成侯，赐舅父王谭、王商、王立、王根、王逢时爵位关内侯。

夏，四月，黄雾弥漫，下诏给公卿大夫："天变所应何事？不要避讳顾忌，直言回答。"谏大夫杨兴、博士驷胜等人都认为："这是阴胜侵阳之气，当年高祖约定，非功臣不侯，如今太后诸弟都无功封侯，对外戚的恩典，从来没有这样过，所以上天以异变警告。"

于是大将军王凤恐惧，上书请求辞职退休，皇上优诏抚慰，不许。

7 御史中丞、东海人薛宣上书说："陛下至德仁厚，但是嘉祥之气还是凝滞不通，阴阳不和，这是因为下面的官吏，对人民还有很多苛刻的暴政，到地方上巡察的各部刺史，有的还不能按照规定的条目来检查，而且随着自己的喜好，任意指斥，干涉郡县事务，甚至大开私门，听信谗佞，去查找官吏人民的过错，对很细小的地方，都呵斥谴责，自己都做不到的事，却要求别人做到。郡县地方官吏，在他们的压力下，也相互苛刻，以至于一般百姓，也都是这种风气。所以乡党之间，也不顾及友情；亲戚之间，也忘了亲恩，互相帮助救济的风气越来越衰，迎来送往的礼节不再有了。人道不通，则阴阳阻隔，如今和气不通，未必不是这个缘故。《诗经》说：'民之失德，乾糇以愆。'

【胡三省曰】

失德，是被人谤讪。乾糇，是干粮。愆，是过失。意思是说，普通老百姓，因为一点干粮没有分食给别人，就会得罪于人，被人谤讪，更何况在上位的大人物呢？

"俗谚说：'苛政不亲，烦苦伤恩。'施政太过苛刻，就会伤害亲情，措施太过烦苦，就会伤害恩义。陛下最好能在刺史们回京上奏的时候，要他们了解本朝施政的立场和要点。"

皇上嘉许并接纳了他的意见。

【胡三省曰】

薛宣所说的刺史们不循守条职，是指朝廷规定刺史巡察地方的"六条"，超过六条要求的范围，就是任意举劾，妄为苛刻。《汉官典职仪》规定：

刺史班宣周行郡国，省察治状，黜陟能否，断治冤狱，以六条问事，六条之外，则不受理。一条，强宗豪右，田宅逾制，以强凌弱，以众暴寡；二条，二千石官员不奉诏书，不遵承典制，背公向私，旁诏牟利，侵渔百姓，聚敛为奸；三条，二千石官员不恤疑狱，风厉杀人，怒则任刑，喜则滥赏，烦扰刻暴，剥削百姓，为百姓所患，山崩石裂，妖祥讹言；四条，二千石官员选署不平，苟阿所爱，蔽贤宠顽；五条，二千石官员子弟恃怙荣势，请托所监；六条，二千石官员违公下比，阿附豪强，通行贿赂，割损政令。

8 八月的一天早晨，东方天际出现上下两个月亮。

【华杉讲透】

胡三省引用《易传》注："君弱如妇，为阴所乘，则两月出。"这是天象寓示皇后家族越来越强了。

9 冬，十二月，皇上分别在长安南、北郊祭祀天地，撤除甘泉、汾阴两地祭坛，同时撤除其他祭坛上的彩色装饰、女乐、御用专车、枣红色骏马、龙马、石坛等（因为不是古制）。

建始二年（庚寅，公元前31年）

1 春，正月，撤除雍县五畤（五色帝庙）及陈宝庙，这都是匡衡的建议。

【胡三省曰】

秦朝在雍县设祭庙祭祀上帝，有白帝祠、青帝祠、黄帝祠、赤帝祠，汉高帝刘邦又设北畤祭祀黑帝，至此，五帝齐全。

陈宝庙，是春秋时代，秦文公在陈仓巡游，获得一块"若石"（可能是陨石），命名为"陈宝"，建庙祭祀起来。匡衡认为与礼制不合，建议撤除。

正月二十三日，皇上开始到长安南郊祭祀天神，赦免承办祭祀的郊县及在长安各官府监狱服刑的耐刑罪犯（耐刑是一种轻刑，即强制剃除鬓毛胡须而保留头发。耐刑轻于髡刑。髡刑是强制剃除鬓发胡须）。全国人头税减税四十钱。

【柏杨曰】

人头税本为一百二十钱，本次减税四十钱之后，还有八十钱。刘邦时代是三十三钱，史书不断记载历代皇帝减税，结果越减越多。（华杉注：大概加税的时候没写。）

2 闰正月，在渭城延陵亭开始修建皇帝陵墓。

3 三月十四日，皇上第一次在北郊祭祀后土。

4 三月十九日，立皇后许氏。皇后是车骑将军许嘉之女。当初，元帝哀伤生母许平君在位时间很短，就惨遭霍氏毒手，所以选配许嘉的女儿给太子。

5 皇上做太子的时候，就以好色闻名，即位之后，皇太后又下诏采选良家女子充实后宫。大将军武库令杜钦对王凤说："古代礼制，君王一娶就是九个妻子，这是为了多生儿子，才对得起祖先。但是，九个之后，就不再娶了，就算其中有人死亡，也不再补充，这一方面是为了养生长寿，另一方面也是避免争端。所以，后妃如果品行贞淑，后代就有贤圣之君；制度如果有威仪节制，人君就有长寿之福。如果废弃了这个古礼，就好色没有节制；好色没有节制，就不能健康长寿。男人到了五十岁，情欲还很旺盛，而女人到了四十岁，就已经没有青春美貌了。以衰退的容貌，去侍奉情欲旺盛的君王，如果没有礼制约束，必然发生变化。变化的结果就是，皇后失宠而不能自安，而年轻的嫔妃和儿子们就有夺嫡之心。晋献公听信谗言，让太子申生无罪而死，就是这种情况。如今皇上还年轻，没有嫡子，还在求学的年纪，没有亲自去处理娶后纳妃的事。将军作为辅政大臣，应该抓住这建政之初的机会，设立九位妻子的制度，仔细选择有品行节义的人家，挑选有德的淑女，不一定要美貌，也不要有什么歌舞才艺，这才是万世之法。少年时代，关键就是戒色。《诗经·小卞》讽刺周幽王废申后而立褒姒，废太子宜咎而立伯服，这些事令人寒心，希望将军能以这些事为忧为戒！"

王凤把这一番话拿去向太后汇报。太后认为之前并没有皇上后宫只有九个妻子的先例。王凤自己并没有魄力设立法度，只是因循守旧而已，这事就过去了。不过，王凤历来敬重杜钦，将杜钦安排在自己幕府，国家大事，都和他商议。杜钦也多次推荐名士，补正政治阙失，当世的善政，很多都是杜钦的规划。

【华杉讲透】

杜钦所言"少戒之在色"，出自《论语》。孔子曰："君子有三戒：少之时，血气未定，戒之在色；及其壮也，血气方刚，戒之在斗；及其老也，血气既衰，戒之在得。"少年戒色，不要纵欲过度。壮年戒斗，不要跟人争斗。老年戒贪，不要贪婪，老是想给自己弄点养老钱，或是为儿孙做安排，以至于晚节不保，出现"五十九岁现象"。

6 夏，大旱。

7 匈奴呼韩邪单于宠爱左伊秩訾哥哥的两个女儿，长女为颛渠阏氏，生了两个儿子，长子叫且莫车，次子叫囊知牙斯；小女儿为大阏氏，生了四个儿子，长子叫雕陶莫皋，次子叫且糜胥，都比且莫车年长。还有两个小儿子，一个叫咸，一个叫乐，这两个又都比囊知牙斯年纪小。另外，还有其他阏氏所生的儿子十余人。颛渠阏氏是正宫，身份贵重，且莫车也很受宠爱，呼韩邪单于重病将死，想要立且莫车为单于。颛渠阏氏说："匈奴乱了十几年，像头发一样脆弱，勉强维持，幸得汉朝相助，才得以安定。平定的时间还很短，人民都畏惧战乱，且莫车年少，百姓还未依附他，恐怕又生危乱。我和大阏氏本是亲姊妹，不如立雕陶莫皋。"大阏氏说："且莫车年纪虽小，大臣们可以辅佐他，共持国事，如今舍贵立贱，后世必乱。"

单于于是听从了颛渠阏氏的意见，立雕陶莫皋，但约令他死后传位给弟弟且莫车。

呼韩邪单于死后，雕陶莫皋即位，为复株累若鞮单于。复株累若鞮单于以且麋胥为左贤王，且莫车为左谷蠡王，囊知牙斯为右贤王。复株累若鞮单于又娶了王昭君为妻，生了两个女儿，长女嫁匈奴贵族须卜氏，次女嫁匈奴贵族当于氏。

建始三年（辛卯，公元前30年）

1 春，赦免天下罪犯。

2 秋，关内大雨连绵四十余日，京师人民惊恐，说有大洪水要来，百姓奔走踩踏，老弱号呼，长安城中大乱。天子亲自到前殿，召集公卿们商议。大将军王凤认为："太后与皇上及后宫嫔妃可以上御船，然后让百姓登上长安城墙躲避。"群臣都赞成王凤意见，只有左将军王商反对，王商说："自古无道之国，大水也没淹没过城郭，如今政治和平，也没有兵革之灾，上下相安，哪里会有大水一天之内就要淹没城墙？一定是以讹传讹，不要让百姓上城墙，更加惊扰百姓。"皇上于是作罢。过了不久，长安城中安定下来，经查问，果然是谣言。皇上于是认为王商镇定固守，数次赞叹不已。而王凤大为羞惭，自恨失言。

3 皇上想要把朝政完全委任给王凤，于是罢免了许嘉的车骑将军之职，让他以"特进侯"身份参加御前朝会。（汉制，留在京师的侯爵，参加朝会时，位置在三公之下。如今许嘉是"特进侯"，位置虽然在三公之下，但是在其他所有侯爵之上。）

4 御史大夫张谭，因为选举人才不真实，被免职。
冬，十月，擢升光禄大夫尹忠为御史大夫。

5 十二月初一，日食。当晚，未央宫殿中地震。皇上下诏要求举荐贤良方正能直言进谏之士。杜钦及太常丞谷永上对，都说是因为后宫女宠太盛，受宠之人相互妒忌，都想获得专宠，并且将要有害于皇上后嗣，引起天变。

6 越嶲郡山崩。

7 十二月三十日，丞相匡衡被指控在他的采邑中，多侵占了四百顷土地，又被控他管辖下的主管，盗取公款十金以上，被撤职免爵，贬为庶人。

建始四年（壬辰，公元前29年）

1 春，正月二十六日，陨石坠落于毫邑四颗，坠落于肥累两颗。

2 撤销中书宦官，设置尚书五人。

【胡三省曰】
五名尚书分工，分五个曹（科室）：常侍曹，主管丞相、御史事务；二千石曹，主管刺史、二千石官员事务；户曹尚书，主管庶人上书事务；主客曹，主管外国事务；三公曹尚书，主管断狱事务。

3 三月初八，以左将军、乐昌侯王商为丞相。

4 夏，皇上召集之前所举荐的贤良方正及直言能谏之士，在未央宫白虎殿对策。当时，皇上委政于王凤，遭到很多反对意见。谷永知道王凤当权，私下里希望能投靠王凤，于是上奏说：

"方今四夷宾服，皆为臣属，北无荤粥、冒顿之患，南无赵佗、吕嘉之难，三面边境，晏然平安，没有兵革之警。国内诸侯国，大的不过数县，朝廷官吏，足以制服诸侯王的权柄，让他们不能有所作为，没有当年吴、楚、梁那样的势力。百官相互牵制，亲疏交错，骨肉大臣有申伯之忠，敬肃专谨，小心畏忌，没有马通、上官桀、霍禹那样的乱臣。三个方面，外国、诸侯、朝臣，都毫无事故，可见王凤秉政没有什么不对，不应该把天灾的责任推给他。我深恐陛下舍去了其他明显的过失不提，忽视了天地所垂示的明显警戒，而把过错归咎于无辜的王凤，改变托付重任的决定，反而失去了天心，这是大大的不可！

"陛下诚能深切地体察愚臣之言，能解脱沉溺已久的心意，解开专心于一位美女的爱情，奋起男人阳刚的神威，平均天子所施的恩宠，让所有的姬妾，人人都能得以进身，应该广纳生育能力强的女子，不管她的美丑，也不要管她是不是嫁过人，也不要管她的年纪大小。总而言之，陛下如果能让身份微贱的女子生下继嗣男孩，反而是一种福气，因为主要的目的，是生下继承人，而不在乎母亲的贵贱。所以，陛下也请留意不在嫔妃之列的，后宫的女奴、女仆，有合意的，也不妨广求于微贱之间，以迎接上天的助佑，一旦生下男孩，也可以慰藉皇太后的忧虑，解除上帝的谴怒，则后嗣繁多，灾异平息！"

杜钦所奏的意见，和谷永相同。

皇上把谷永的奏书给后宫公开传阅，擢升谷永为光禄大夫。

【柏杨曰】

谷永建议皇上不要专宠一人，因为当时许皇后正得宠，这一句是针对许氏家族而发。"不要管她是否嫁过人"，是为王凤开脱，因为王凤把他小妾的已经结过婚的妹妹，送进皇上后宫，正受到抨击。

【华杉讲透】

《孟子》说，奸臣有两种——长君之恶与逢君之恶。

> 长君之恶其罪小，逢君之恶其罪大。今之大夫，皆逢君之

恶，故曰：今之大夫，今之诸侯之罪人也。

长君之恶，是助长国君的恶性，所谓助纣为虐。不过，孟子说，长君之恶，那还算是小罪，因为他只是不敢违抗君主，或不舍得因违拗而失去权位，听命行事嘛。逢君之恶，那才是大罪。朱熹说："君之恶未萌，而先意导之者，逢君之恶也。"什么是逢君之恶呢？那国君本来没想到要去干的坏事，他引诱国君去干。或者国君想干，但是还不敢干，不好意思干，因为毕竟良知未泯，知道那样不应该。而这时候，有奸恶之臣加以逢迎，给国君找出理论依据，帮助他自欺欺人，让他无所忌惮、理直气壮地干。这才是最坏的家伙。

孟子说，今天各国的大夫，都是逢君之恶的家伙。所以说，今天的大夫们，都是诸侯的罪人。

这谷永——"贤良方正直言能谏"的谷永，就是一个逢君之恶的大坏蛋了。把皇上想干的坏事、王凤干的坏事，全都给粉饰得天衣无缝，这又应了那句古话，叫"智足以拒谏，言足以饰非"。他知道皇上好色，并且为群臣所诟病，他就给他粉饰成"为国好色"，后面专门有一句不要只在嫔妃中找，卑贱的女奴也要留意，前人没有注解，我推测皇上可能也有这方面"事迹"，谷永也给他送上一个冠冕堂皇的理由，难怪皇上大为兴奋，把他的奏书给后宫传阅，并且马上给他升官了。

5 夏，四月，雨雪。

6 秋，桃树、李树开花结果。

7 大雨下了十几天，黄河在东郡金堤决堤。

之前，清河都尉冯逡上奏说："清河郡在黄河下游，土壤疏松，容易崩坏，之所以一直没有遭到什么大害，是因为屯氏河分出两条河道，分流了黄河水。如今屯氏河淤塞，灵县鸣犊口又越来越不畅通，只有一条河道来承受过去几条河的水量，就算增高堤防，也不能及时泄流。如果有大雨，持续超过十天，河水一定会漫溢。大禹治水时，分了九条河道疏通，那九河故道，如今很难找寻了。而屯氏河断绝时间还不长，容易疏浚，屯氏河口所处地势也比较高，便于分流水力，建议重新疏浚屯氏河，为黄河分流，分泄洪水，以备非常。如果不预先修治，到时候北岸决堤，将有四五个郡受灾；南岸决堤，将有十几个郡受灾，那时候再来操心洪水，悔之晚矣！"

冯逡的奏章被交给丞相、御史审议，两人建议天子派博士许商去巡视。许商考察回来汇报说："如今国家财政困难，暂且不必去安排疏浚屯氏河的事。"

三年后，黄河果然在馆陶及东郡金堤决堤，河水泛滥兖州、豫州以及平原、千乘、济南，一共四个郡，三十二个县受灾，淹没十五余万顷土地，最深的地方达到三丈深，败坏官亭及民房将近四万所。

冬，十一月，御史大夫尹忠因为对策方略疏忽大意，皇上痛切地责备他玩忽职守，尹忠自杀。皇上派大司农非调去调配平价粮食，赈济受灾郡县。又派谒者二人，征发河南以东船只五百艘，迁徙人民到丘陵高处避难，一共转移了九万七千多人。

8 二十日，任命少府张忠为御史大夫。

【华杉讲透】

这又是一个决策故事，背后是人性的三个毛病：一是拖延症，不能及时行动，更不能提前行动；二是侥幸心理，不管问题有多严重，他都能自欺欺人认为一时半会儿出不了事儿；三是自用自专，总想推翻别人的意见，按我的意见办！

许商犯的是第三个毛病，他不懂治理黄河，但是他无知者无畏，就要推翻冯逡的意见，你认为该疏通屯氏河，我偏认为不需要，最后皇上采纳我的意见，我为国家省预算！

许商所提的不疏通屯氏河的理由，根本就和黄河无关，因为他的结论，不是黄河没事，而是国家没钱。疏通河道花钱多，还是水灾来了赈灾花钱多呢？赈灾之后，还得把黄河收拾回去，那要花百倍千倍的钱！这个误区我们之前说过，所有的决策都有理由，但是很多决策都没逻辑。但是，从御史、丞相到皇上，都抛弃了有逻辑的冯逡，听从了没逻辑的许商。因为许商给了他们决策理由，又正符合了他们的人性弱点——拖延症和侥幸心理。

<u>事实摆在那里，但决策者往往会选择视而不见，这就是人性的弱点。国家大事，也不过如此。</u>

9 南山（秦岭山脉）盗贼首领傰宗等数百人为害一方，皇上下诏发兵千人抓捕，过了一年多还抓不到。有人对大将军王凤说："盗贼不过数百人，就在天子脚下猖獗，征讨还抓不到，西方蛮夷会怎么看？必须选拔贤能的京兆尹才行！"于是王凤举荐前任高陵县令王尊（之前因弹劾匡衡被贬为高陵县令那位司隶校尉王尊，现在称前任，大概县令之职又被免了），征召为谏大夫、京辅都尉，代理京兆尹职权。一个月时间，盗贼肃清，正式拜王尊为京兆尹。

10 皇上即位之初，丞相匡衡再次上奏弹劾陈汤："射声校尉陈汤，以二千石的级别出使西域，在蛮夷中专擅独行，不能以身作则，盗取在康居所缴获的财物，还对属下官吏说：'远在域外之事，没人追究。'这件事虽然在大赦之前，但是陈汤不宜再居于高位。"于是陈汤因此被免职。

后来陈汤又上书举报，说康居王派到长安的人质不是他的王子。调查结果，是真王子。陈汤下狱当死。太中大夫谷永上书为陈汤辩护说："我听说当年楚国有大夫得臣，晋文公为之坐不安席（晋楚交战，楚军败，晋文公仍有忧色，说：'得臣还在，让我心忧。'后来楚王杀得臣，晋文公才转忧为喜）；赵国有廉颇、马服，秦国不敢进犯井陉；汉朝当年有郅都、魏尚，匈奴不敢靠近雁门；由此可见，战胜之将，是国之爪牙，不能不重视。君子闻战鼓之声，则思将帅之臣。关内侯陈汤，之前斩杀郅支单于，威震百蛮，武畅西海，自从汉朝建国以来，还没有人有这样大的功勋！如今陈汤因为举报不实，被长期关押，久久没有判决，而执法的官吏，竟然想治他大辟之刑。当初白起为秦将，南拔郢都，北坑赵括，就因为一点小过失，被赐死在杜邮。秦国人民怜悯他，无不涕泣。如今陈汤亲执斧钺，席卷西域，喋血于万里之外，荐功祖庙，禀告上天，全军将士，无不向慕其义。而因为一句话说得不对，并不是什么大罪大恶。《周书》说：'记人之功，忘人之过，宜为君者也。'那一条狗、一匹马，对人有辛劳，还要爱惜它，死了都不忍心抛弃，要好好安葬，更何况是国家的功臣！我担心陛下忘记了那战鼓声声，没有留心《周书》的深意，而忘记了埋狗埋马之义，拿对待一个庸臣的态度去对待陈汤，听从了那些官吏的死刑建议，那就让人民有当年秦民之恨，这不是勉励以死报国的忠臣的做法！"

谷永的奏书递上去，皇上释放陈汤出狱，但是，剥夺了他的关内侯爵位，贬为普通士兵。

这时，正赶上西域都护段会宗被乌孙兵包围，驿马送来求援信，希望征发西域各国部队与敦煌边防部队前去救援。丞相王商、大将军王凤与百官商议数日，议而不决。王凤说："陈汤谋略过人，又熟悉外国事务，可以问他。"皇上在宣室召见陈汤。陈汤当初攻打郅支单于时受了寒气，两臂不能屈伸，陈汤入见，皇上下诏不必跪拜，把段会宗的求援信给他看。陈汤说："臣认为这不需要担忧。"皇上问："为什么呢？"陈汤说："胡兵五个，才能对付汉兵一个。因为他们的武器落后，刀枪不锋利，弓弩不强劲，如今听说他们也学了不少汉朝的技术，但也最多三个能打我们一个。兵法说：'进攻的兵力是防守兵力的两倍，才能相当。'如今包围段会宗的乌孙兵力，不足以战胜段会宗，陛下不必担忧！况且行军速度，如果轻兵急进，一天行军五十里；带着辎重，一天行军三十里，如今段会宗请求征发西域各国和敦煌军队救援，需要很长的时间才能到达。如果段会宗真顶不住，也来不及救，去了也不是救急的兵，而是报仇的兵。"皇上问："那怎么办？他自己一定能解决吗？多长时间能解围？"陈汤知道乌孙兵是乌合之众，攻势不能持久，根据以往的经验，不过坚持数日，占不到便宜，自己就撤了，于是说："现在已经解围了！"又掰指头数数日子，说："不出五天，就有好消息送来。"果然，第四天，军报到，说已经解围。大将军王凤上奏，让陈汤任大将军府从事中郎（参谋，俸禄六百石），军事上的事，都由陈汤决策。

【华杉讲透】

"记人之功，忘人之过，宜为君者也。"我们要记得别人的功劳，忘记别人的过错；要多看别人的优点，不要看他的缺点。他的缺点又对你没什么用，你看他干吗？只有把每个人的优点都发挥出来，才是领导力。如果因为陈汤的毛病把他斩了，后来的军事疑难问谁呢？

但是人性的弱点，总是倾向于对自己正面评价，对别人负面评价。往往是记得我对别人的恩情，他怎么不知道感激？总是记得别人对我的过错，他怎么对我这样？这正是最需要戒除的毛病。

河平元年（癸巳，公元前28年）

【胡三省曰】

因为黄河决堤，堵塞上之后平定，所以改元"河平"。

1 春，杜钦向王凤举荐犍为人王延世，派他去堵塞黄河缺口。王凤任命王延世为河堤使者。王延世用长达四丈的竹笼，大概九个人合抱那么大，装上小石子，用两条船夹载着沉下去。三十六天，河堤建成。三月，下诏任命王延世为光禄大夫，级别中二千石，赐爵关内侯，赏黄金一百斤。

2 夏，四月三十日，日食。下诏公卿百官上书陈述政事过失，不要避讳，并大赦天下。

光禄大夫刘向上书说："在四月、五月相交的时候发生日食，从月份来说，和孝惠帝时发生日食的月份相同，从日期来说，和孝昭帝时发生日食的日期相同，日食的警告，是有人危害后嗣。"当时许皇后专宠，其他后宫美人很难得到皇上临幸，朝廷内外都忧心皇上没有后嗣，所以杜钦、谷永、刘向等人的奏对，都涉及这件事。

【胡三省曰】

孝惠帝时，公元前188年五月二十九日发生日食，如今是四月三十日，接近五月。孝昭帝时，公元前80年七月三十日日食。而孝惠帝、孝昭帝二人，都没有后嗣。

皇上于是削减皇后宫椒房（椒房殿是皇后所居宫殿，以花椒和泥涂墙壁，温暖芳香）及掖庭（嫔妃所居）的开支，包括衣服、车马、轿舆等，由各官府制造配置给皇后家族和后宫嫔妃的，都恢复到汉元帝时期的规格。

皇后上书自述说："时代不同，制度就不同，取长补短，相辅相成，只要不逾越汉制就可以，细微之间，未必一定要和前朝一样，如果一定要和元帝或宣帝时一样，元帝和宣帝本身就不一样，咱们以谁为标准呢？后宫官吏自己也不清楚，只是接到这样的诏书，让我什么也弄不成。比如，我想在某处设一个屏风，他们就说：'以前没有！'我就弄不成。这诏书把我束缚死了。这样一定不可行！希望陛下省察！按以前的规矩，我的祖父是用特牛祭祀的，后来，戴侯和敬侯都蒙恩可以用太牢祭祀。如果都要恢复以前的规矩，那又只能用特牛了，希望陛下哀怜他们！后宫官吏刚刚接到诏书，就直接告诉我，不能再像以前那样，把后宫当自己私家府邸那样想要什么就要什么了，这才刚刚开始，就如此凶狠，以后恐怕对我的制约，更加有失人理！希望陛下仔细考虑！"

【胡三省曰】

许皇后父亲许嘉，是敬侯许延寿的儿子，后来过继给戴侯许广汉，继承了许广汉的爵位。所以，许广汉和许延寿，都是许皇后的祖父。

特牛，是只用牛祭祀。太牢，是用猪牛羊三牲祭祀。

皇上于是将谷永、刘向所言灾异应验在后宫的意思告诉皇后，并说："官吏们依法办事，有什么过错？至于矫枉过直，矫正弯曲，一定要让他反转弯曲，才能变直，这是古今同理，他们做得过了，也是正常。况且这后宫节省，皇后祖父祭祀只用特牛，也是彰显皇后的美德，让你得到更大的赞叹。如果不从根本上铲除灾祸，灾变接二连三地来，就算皇家祖宗的祭祀，也得不到保障，哪里还有戴侯的祭祀呢？《论语》不是说：'以约失之者鲜。'（因为勤俭节约而过失的事，那是很少吧！）难道皇后希望过奢侈的生活吗？如果皇后要奢侈，那我也要学习孝武皇帝了，我如果向汉武帝学习，那甘泉宫、建章宫都要马上再复兴起来！孝文皇帝，才是我的老师，也是皇太后、皇后的效法对象。假如皇太后（王政君）当皇后时，并没有那么奢侈，而今天的皇后却可以随心所欲，那不是就逾越了太后的制度了吗？希望皇后节制自己的心志，秉守道德，做一个谦让节俭的表率，让其他嫔妃，有个好榜样！"

3 给事中（给事宫禁中，常侍皇帝左右）平陵人平当上书说："太上皇（刘邦的父亲刘执嘉）是汉朝始祖，废除了他的陵寝庙园，不妥！"皇上正忧虑自己没有生儿子，就采纳了平当的意见。秋，九月，恢复太上皇陵寝庙园。

4 皇上下诏说："如今，光是大辟死刑的条文，就有一千多条，律令繁多，一百多万字！还经常有'奇请''他比'（奇请，是没有犯法，但是办案官员申请临时增设一项罪名来给他治罪；他比，也是没有犯法，但是办案官员要比照另外某条法律给他治罪）的申请递上来，就是专门研究法律的人，也弄不清楚，却想让天下人知晓，岂不是太难？用这样的法网去罗织天下百姓，让他们陷于死刑之灾，岂不哀哉！请各部门讨论如何减少死刑，废除不合时宜的法令，让法律条文简明易懂，然后汇报给我！"

但是，有司官员不能广泛地宣传执行皇上的旨意，只是在一些细枝末节上，举一些毫毛小事，草草地搪塞皇上而已。

5 匈奴单于派遣右皋林王伊邪莫演等人前来朝贡，定于明年正月入朝。

河平二年（甲午，公元前27年）

1 春，伊邪莫演入朝之后，将要回国了，突然要投降汉朝，说："如果汉朝不接纳我，我就自杀，反正也不敢回去了。"汉朝派去礼送的使者汇报上来，皇上让公卿们商议，有人说："应该按过去的惯例，接受他的投降。"光禄大夫谷永、议郎（郎官的一种，与中郎相同，高于侍郎、郎中。议郎职为顾问应对，无须轮流当值）杜钦认为："汉兴以来，匈奴数为边害，所以设金爵之赏以待降者。如今单于屈礼称臣，列为北藩，遣使朝贺，无有二心。那么汉朝对匈奴的态度，应该与以往不同。如今既然接受了单于朝贡的贺礼，又收留他的叛臣，这是贪图一个人，却失去了一个国家；接纳了一个有罪的臣僚，却绝交了一个慕义的君王。假如他是假意试探我们呢？假如这新单于刚刚即位，想要委身于汉朝，但是不知到汉朝的态度有没有改变，于是让伊邪莫演诈降来试探吉凶呢？如果我们接受了他的投降，那我们和单于之间的恩德就亏损了，单于对我们的恩德也沮丧了，于是单于对我们开始疏远，不亲近我们的边境官吏。又或者，伊邪莫演根本就是一出反间计，想要借此制造事端，我们接受了，正好中计，让他们可以理直气壮地来责备我们的罪过。这正是边境安危的源头，军事动静的契机，不能不特别慎重！不如不接受他的投降，以昭明我们像太阳、月亮一样光明正大的信义，阻绝他们阴险狡诈的邪谋，安抚他们亲附汉朝的信心，这才是正道！"

天子接受了谷永、杜钦的意见，派中郎将王舜去询问调查，伊邪莫演改口说："我生病发狂，妄言而已。"于是遣送他回去。伊邪莫演回到匈奴，官位如故，只是不让他再见汉朝使节。

【华杉讲透】

这又是一个决策故事。思考决策，要始终服务于最终目的。我们的目的是什么？我们的目的是两国和平，边境安定，一切决策都服务于这个目的，而不是悬在半空中思考，表面上有"决策依据"，实际上是一种目的不明的盲目。

所谓按过去的惯例而接受他的投降，却没有思考，前提已经变了。过去是敌国，当然要招降他的叛臣，他的人投降了，则敌我双方力量对比他消我涨。现在是藩国，藩国之王，本身就是天子之臣，哪有接受臣子的臣子投降的呢？这根本在逻辑上就不成立。接受了一个人的投降，就破坏了两国和平。

但是，皇上还让公卿们商议，可见西汉君臣内心，还是把匈奴当敌国，而这种情绪压倒了逻辑，感情压倒了理性，险些把匈奴再推到敌国位置上去。幸得谷永、杜钦有见识，挽回了这一错误倾向。

2 夏，四月，楚国下冰雹，大的有釜（锅）那么大！

3 改封山阳王刘康为定陶王。

4 六月，皇上将五位舅舅全部封侯：王谭为平阿侯，王商为成都侯，王立为红阳侯，王根为曲阳侯，王逢时为高平侯。这五人是同一天受封，世人称为"五侯"。太后王政君的母亲李氏，改嫁给河内人苟宾为妻，生了一个儿子苟参，太后想参照田蚡的先例（田蚡与汉武帝的母后也是同母异父姐弟），给苟参也封侯。皇上说："田蚡本身就不应该封侯！"于是任命苟参为侍中、水衡都尉。

【华杉讲透】

王氏五人同日封侯，刘邦当年"非有功不能封侯"的制度被完全摧毁，王氏家族势力大涨，最终带来了王莽篡汉。

5 御史大夫张忠上奏弹劾京兆尹王尊暴虐倨傲，王尊因此被免职，官吏人民大多称赞王尊，为他感到痛惜。湖县三老公乘兴（公乘为姓，名兴）等人上书为王尊辩护说：

"王尊治理京师，在纷乱艰难的环境中，拨剧整乱，诛暴禁邪，他的工作成绩，是历史上少有的，各郡国的都尉，都赶不上他。他上任时是代理京兆尹，后来因为他的政绩，虽然给他转正为正式的京兆尹，但是，他并没有得到任何褒奖和赏赐。如今御史大夫弹劾说王尊伤害阴阳和气，给国家带来忧患，说他没有按皇上诏书的意思办事，还引用《尧典》的话'靖言庸违，象恭滔天'，说他表面上说话很善良，实际却和所作所为相违背；说他表面上相貌恭谨，实际上罪恶滔天。这些恶毒的攻击，究其缘由，是御史丞杨辅一向与王尊有私人恩怨，假公济私，罗织出这篇弹劾的奏章，增益事端，加以诬陷。臣等非常痛心！王尊修身自洁，砥砺前行，大公无私，刺讥不惮将相，诛恶不避豪强，讨平巨贼，解国家之忧，功勋卓著，职事修明，维护了朝廷的威信，这正是国家爪牙之吏，折冲之臣，如今在一朝之间，无辜被制于仇人之手，伤于诬陷之文，既不能以功抵罪，也没有为自己辩护的机会，就因为一个仇家的一面之词，就蒙受到《尧典》里指控共工的罪名，还不能为自己陈述冤情。王尊当初，是因为京师废乱，群盗并兴，然后选贤征用，才得以起家为卿。如今贼乱既除，豪猾伏法，他却反而因为奸佞之人的诬陷而被废黜。同样是一个王尊，在三年之间，怎么就从贤德变成了奸佞呢？岂不是太奇怪了吗？孔子说：'爱之欲其生，恶之欲其死，是惑也。'喜欢他的时候，想要他好好地活着；厌恶他的时候，就恨不得置他于死地，这就是迷惑了。又说：'浸润之谮言不行焉，可谓明矣。'如果那像水一样渗透的谗言也不能影响你的判断，那才是明君。希望陛下能让公卿、大夫、博士、议郎都来一起讨论评定王尊的品行，如果真的是'伤害阴阳'，那是死罪，如果真的是'靖言庸违'，那也要判死刑，如果王尊真像御史弹劾指控的那样，那就算是不诛杀他，至少也要把他流放到无人区去，不能仅仅是免职就算了。而且，当初是谁举荐王尊的，也不能逃脱制裁，按汉律，选举而其人不称职者，举荐者与之同罪。反过来，如果那弹劾奏章说得不对，是诬陷无辜，那也要诛杀那上奏章的人，以堵塞谗贼之口，断绝欺诈之路。希望明主仔细参详，使黑白分明！"

公乘兴的奏书递上去。天子任命王尊为徐州刺史。

【华杉讲透】
皇上和了稀泥，公乘兴让他黑白分明，他没法黑白分明。京兆尹这个官不好干，皇上用他，一要维护朝廷威信，让国家最高统治阶层的官吏们都能服从皇上；二要维护京师秩序，不让这些人巧取豪夺，欺男霸女，搞得太不像话。所以，他必须"刺讥不惮将相，诛恶不避豪强"，别说御史，丞相府也敢进去抓人。但这样干，总会得罪的人越来越多，就觉得他"伤害阴阳和气"了，只能换一个人再来。

还记得当年的京兆尹赵广汉吗？他喜欢任用官家子弟中的新进少年，这些人年轻气盛，雷厉风行，无所回避，做事十分果敢，不在乎什么权贵，也没有人敢阻拦他们。京兆尹主要要对付的，就是京师权贵，而赵广汉，最终也因为跟权贵的恩怨冲突，被处以腰斩之刑。

王尊能外放地方官，已经是平安降落的幸运，酷吏没有好结局，就是这个道理。

6 夜郎王兴、钩町王禹、漏卧侯俞举兵互相攻击，牂柯太守请求发兵诛灭他们，朝中大臣商议，认为道路太远，不可行，于是派遣太中大夫、蜀郡人张匡持节前往和解。兴等不从命，还刻了一个汉朝官吏的木像，立在路旁，用箭射击。

杜钦向大将军王凤建议说："蛮夷王侯轻视汉使，不惮国威，恐怕朝中大臣胆怯软弱，继续坚持和解政策，等到事态进一步恶化，牂柯太守又再汇报上来，那几个月又过去了，蛮夷王侯得以集结各自的部众，坚定各自的谋略，党羽众多，相互又不胜其愤，必定互相残杀。尔后自知犯了大罪，更加狂悖，甚至发展到杀死当地郡县守尉，再远避到烟瘴毒草之地，到那时候，就算是有孙子、吴起那样的将领，孟贲、夏育那样的士兵，也像投入水火中一样，被烧焦或淹没，智勇都无法施展；而如果屯田长期驻守呢，费用又不可胜计。

"所以，应该趁其罪恶未成，还没有疑心朝廷会诛杀他们之时，就秘密下令郡守尉训练兵马，大司农预先调集粮草储备在要害处，选拔新太守前往就职，在秋凉时进兵突袭，诛杀蛮夷中特别狂暴的酋长。如果认为那是不毛之地，无用之民，不值得中原圣王劳师动众，那就撤销牂柯郡，断绝和蛮夷王侯的交通来往，让他们自生自灭。如果认为先帝平定西南夷的累世之功不可堕废，那就要在事态的萌芽状态早做决断。如果等到不可收拾，再兴兵讨伐，那百姓就要受苦受难了。"

于是，王凤举荐金城司马、临邛人陈立为牂柯太守。

陈立到了牂柯，立即告谕夜郎王兴，兴不从命，陈立请示诛杀他，请示还未批复回来。陈立与随从数十人出巡各县，到了夜郎国且同亭，召兴来。兴带了数千人前往且同亭，手下数十位邑君（相当于村长）跟他一起觐见。陈立数落责备兴，当场斩下他的人头。邑君们都说："将军诛杀不法之徒，为民除害，我们愿意出去晓谕士众！"于是把兴的人头带出去向大家展示，数千人都放下兵器投降。钩町王禹、漏卧侯俞震恐，进献粟米一千斛，以及牛、羊，慰劳吏士。陈立还归本郡。

兴的岳父翁指与他的儿子邪务收集余兵，胁迫周边二十二个村庄反叛。陈立上奏，招募各蛮夷部落士兵，陈立与都尉、长史分别率军攻打翁指等。翁指据守险要山寨，陈立派奇兵断绝他的粮道，又派出间谍，离间他的部众。都尉万年说："如果不能速战速决，军费供不上。"于是引兵独进，结果败退而回，逃奔陈立营垒。陈立大怒，下令麾下将万年打出去！万年回师再战，陈立引兵在后增援。当时天大旱，陈立阻断了翁指的水源。蛮夷村长们一起斩了翁指，拿着他的人头出来投降，西南于是平定。

河平三年（乙未，公元前26年）

1 春，正月，楚王刘嚣来朝。二月十六日，下诏说，刘嚣一向品行纯良，因此特别加以褒扬，封他的儿子刘勋为广戚侯。

2 二月二十七日，犍为郡地震，山崩，泥石淤塞长江，以致江水逆流。

3 秋，八月三十日，日食。

4 皇上因为宫中所藏图书散失不少，派谒者陈农向全国征集失传的书籍。下诏令光禄大夫刘向校订经传、诸子、诗赋，步兵校尉任宏校订兵书，太史令尹咸校订占卜之书，侍医李柱国校订医药之书。每完成一部书，刘向就编辑其篇章目录，写出内容摘要，奏报给皇上。

5 刘向认为王氏家族权位太盛，而皇上正热衷于《诗经》《尚书》等古文，于是就根据《尚书·洪范》（洪是大，范是法，洪范就是治理国家的大法），收集自上古以来，经春秋战国到秦汉时期的祥瑞、灾异的记载，指出其中的含义，突出朝政得失，大臣忠奸与天象祥瑞及灾异的对应应验关系，分门别类，各有条目，一共编辑十一篇，命名为《洪范五行传论》，上奏天子。

天子心里明白刘向的意图和忠心，是针对王凤兄弟，特意编写这本书，但始终不能褫夺王氏兄弟的权力。

【张居正曰】

刘向，就是刘更生，后来改名刘向。《洪范》是周书中的一篇，箕子以天道告武王的话。成帝本是聪明的人，又多读古书，知道刘向是为王氏兄弟专权，特起此论。但内制于太后，外制于诸舅，终不能夺王氏之权。其后王立、王商、王根相继执政。至于王莽，遂篡汉室，而刘向之书，就成为空谈了。

6 黄河再次在平原郡决堤，洪水流入济南、千乘，灾情相当于建始四年那次决堤的一半严重。朝廷再次派遣王延世与丞相史杨焉、将作大匠许商、谏大夫乘马延年（乘马，复姓）共同负责筑堤，历时六个月完工。再赏赐王延世黄金一百斤。参加治河的士卒，没有领工资的，折合抵消其他差役六个月。

河平四年（丙申，公元前25年）

1 春，正月，匈奴单于来朝。

2 赦免天下徒刑犯。

3 三月初一，日食。

4 琅玡太守杨肜与王凤联姻，琅玡郡有灾害，丞相王商向杨肜问责。王凤替杨肜求情，王商不听，仍然上奏弹劾，要求将杨肜免职。奏书上去，果然被压下来，没有批复。王凤由此怨恨王商，秘密调查他的隐私，指使频阳人耿定上书，说："王商与他父亲的近侍婢女私通。王商的妹妹也淫乱，奴仆将她的奸夫刺死，可能是王商指使。"天子认为这种没有证据的暧昧过失，不足以伤害大臣。王凤坚持要调查，就把这件事交给司隶校尉（监督京师和地方的监察官）处理。太中大夫张匡，一向奸巧，也上书极力诋毁王商。有司奏请召王商到诏狱。皇上看重王商，也知道张匡的话一向阴险，下诏说："不要再调查了！"王凤还是坚持。夏，四月二十日，皇上下诏收缴王商丞相印绶。王商免职三天之后，发病，呕血而亡，谥号为戾侯。而王商的子弟亲属担任驸马都尉、侍中、中常侍、大夫、郎吏等职者，都被下放为外官，没有一个能留在皇上身边做给事、宿卫的。有司还继续奏请撤除王商的侯爵和封邑。皇上下诏说:"王商长子王安继承乐昌侯爵位。"

【华杉讲透】

成帝性格的软弱和意志力的薄弱,由此可见一斑。权力就是意志力,关键看执行谁的意志。王凤意志坚决,一定要把王商搞倒。成帝对王凤公报私仇心知肚明,却既不能说破,也不能坚持自己的意志,王凤一坚持,他就退让,最终害死了王商。其他官员呢,也洞若观火,都投靠王凤,向皇上逼宫。王凤就成了帝国的实际统治者。

明明拥有权力,却没有行使权力的意志力,这是可悲的,也是典型的。王凤最后要把王商家族的爵位也剥夺,成帝坚决拒绝了,这也是典型反应。软弱的人,都有一个"忍无可忍"的底线。欺负他的人,也知道避免"触底反弹",逼到这一步,也就不往下逼了。

逼迫你的人,他是一定要逼到你忍无可忍才停止的,而且一定会得寸进尺,争取突破,进一步拉低你的底线,为什么不在第一步就制止他呢?底线会被不断突破,而每一次退让,都是削弱自己,最终就发展到王莽篡汉。

5 皇上做太子的时候,曾跟莲勺人张禹学习《论语》,即位之后,赐爵关内侯,拜为诸吏、光禄大夫,俸禄级别为中二千石,并兼任给事中,领尚书事(主管宫廷机要)。张禹与王凤一起领尚书事,心中不能自安,数次称病请辞,想要回避王凤。皇上不批准,对他更加亲厚。六月初五,任命张禹为丞相,封安昌侯。

6 六月二十九日,楚孝王刘嚣薨逝。

7 当初,汉武帝通西域,罽宾国(柏杨注:位于今印度和巴基斯坦之间,距西安航空距离三千公里)自以为道路绝远,汉朝军队不可能打过来,所以不归顺汉朝,数次劫杀汉使。后来,汉使文忠与罽宾国容屈部落王子阴末赴合谋，攻杀罽宾国王，立阴末赴为罽宾王。再后来，军候赵德出使罽宾，和阴末赴意见不合，阴末赴将赵德锁起来，杀死他的副使以下七十余人，派使者到长安道歉。汉元帝因为罽宾远在域外，难以惩处，也不接受他的道歉，把他的使者放逐到县度，断绝来往。（柏杨注：县度是山的名字，因为山道险恶，需要"悬绳而度"，所以叫县度。山在今新疆塔什库尔干塔吉克自治县西南四百里。）

到了成帝即位，罽宾王又遣使谢罪。汉朝准备派使者答报，并且护送他的使者回去。杜钦对王凤说："以前罽宾王阴末赴，本来是汉朝所立，后来却叛逆。对人最大的恩德，莫过于立他为王；对一个国家最大的罪行，莫过于杀死他的使者。罽宾王之所以不报恩，也不惧怕诛杀，是因为知道道路绝远，我们的军队去不了。他有求于我们的时候，就卑辞来求；无求于我们的时候，就骄傲怠慢，始终不可能臣服于我们。汉朝之所以与蛮夷交通往来，并且厚待他们，满足他们的欲求，是因为我们和他们接壤，不要他们来边境骚扰劫掠。如今我们和罽宾国之间隔着县度山，他的军队也翻不过那山，不能来汉朝边境劫掠；而就算他臣服于我们呢，对西域的安定与否也无关大局。之前罽宾王亲自冒犯汉使，恶名传遍西域，所以我们和他断绝关系。如今他悔过而来，派来的使者也不是他的亲属、贵族，无非是一些行商贱民，想要通商贸易，而以朝贡为名。如果我们把这样的人，也护送到县度，恐怕是被他们欺骗。遣使送客，是为了保护他们，防止寇盗，过了皮山之南，要经过不臣属于汉朝的国家四五个，斥候兵士百余人，入夜后分为五个班次，敲打刁斗警戒，还经常被盗贼袭击。驴马载负粮草不多，还需要沿途各国供应饮食，才能自足。如果遇到贫穷小国供应不上，或者桀骜不驯不肯给，那我们的人，就是拿着强汉的符节，忍饥挨饿于山谷之间，连乞讨都见不到人，只需要一二十天，那就人畜都饿死在旷野之中，回不来了。沿途还要经过大头痛山、小头痛山、赤土阪、身热阪，让人暑热失色，头痛呕吐，驴马也受不了！又有三池盘、石阪道，最狭窄的山径只有一尺六七寸宽，而长达三十里。下面就是万丈深渊，行者和马匹互相扶持，绳索相连，走两千多里，才到县度。牲畜如果失足坠下，还没跌到谷底,已经粉身碎骨;人如果坠下去呢,那是收尸都收不了!这一路的险阻危害,不可胜言。当初圣王将中原分为九州,制定五服,目的在于国内安定繁荣,而不在于对外扩张。如今遣使者带着天子的诏命,去护送蛮夷的商贾;劳中原士众,涉危难之路。疲敝我们的人民,去做那没用的事,这不是长久之计。如今使者已经派了,也不能收回,建议就送到皮山为止!"

王凤听从了杜钦的意见。

罽宾国贪图汉朝的赏赐和贸易,隔几年就派使者来一回。

【柏杨曰】

关于九州和五服:夏朝建国时,将全国划分为九个州:冀州、兖州、豫州、青州、徐州、荆州、扬州、梁州、雍州。五服,是以首都为中心,五百里以内称甸服,一千里以内称侯服,一千五百里以内称绥服,两千里以内称要服,两千里以外称荒服。

阳朔元年(丁酉,公元前24年)

1 春,二月三十日,日食。

2 三月,赦免天下徒刑犯。

3 冬,京兆尹、泰山人王章被关进监狱,死在狱中。

当时大将军王凤专权用事,皇上谦让,遇事都不能按自己心意处理。左右近臣向他推荐刘向的小儿子刘歆,博学通达,有奇才。皇上召见刘歆,刘歆诵读诗赋,皇上非常喜欢他,想要任命他为中常侍(加官,可以出入禁中),官服衣帽都拿来了,就要正式任命,左右都劝说:"还没有让大将军知道!"皇上说:"这种小事,哪需要大将军知道!"左右叩头坚持,皇上于是向王凤报告。王凤认为不可!于是作罢。

王凤的子弟，都是卿、大夫、诸曹，分别盘踞有实权的官职，满布朝廷。杜钦见王凤专权太盛，劝诫他说："希望将军您学习周公的谦逊戒惧，减少魏冉的威风，放下田蚡的欲望，不要被范雎之流抓到把柄，离间君臣！"（魏冉在秦国专权，被范雎弹劾而罢免。）

王凤不听。

当时皇上没有后嗣，身体也多病，定陶恭王刘康来朝，太后与皇上，承继先帝对刘康的偏爱，对他非常亲厚，赏赐十倍于其他亲王，并不因为当初先帝曾经想用他换掉太子而记恨，把他留在京师，不要他回去。皇上对刘康说："我还没有儿子，人命无常，一旦有什么变故，咱们俩就不能再相见了，你就留在京师，和我作伴吧！"之后天子身体转安，刘康就留在京师的藩国宾馆，朝夕侍奉皇上，皇上对他非常亲近看重。

大将军王凤不希望刘康留在京师，正赶上日食，王凤就对皇上说："日食，是阴盛之象，定陶王虽亲，在礼制上应该在藩国守职，如今留在京师，违背正理，所以天象警告，应该把定陶王遣返藩国！"皇上被王凤逼迫，不得已批准了他的意见。刘康辞别，皇上与他相对涕泣而别。

王章素来刚直敢言，虽然是王凤举荐了他，但是他对王凤专权，很看不惯，并不亲附王凤，于是上亲启密奏说："日食之咎，都是王凤专权引起的。"

皇上召见王章，请他解释。王章说："天道聪明，保佑善的，惩戒恶的，用天变作为见证。如今陛下没有继嗣，亲近定陶王，是为了承宗庙，重社稷，上顺天心，下安百姓，这是正议善事，应该有祥瑞，怎么会有灾异呢？灾异之发，是因为大臣专政所致。听说大将军将日食之变归咎于定陶王，建议将他遣返归国，这是要让天子孤立于上，而满足他专擅朝政的私心，不是忠臣！况且日食，是阴侵犯阳，正是大臣侵夺君王权力之咎。如今政事大小都由王凤决定，天子都插不上手，王凤不检讨自己，反而归咎于善人，把定陶王推走。

"况且王凤的诬罔不忠，也不是一件两件事了。之前乐昌侯王商，本来是宣帝舅舅王武之子，品行笃正，有威望，位历将相，是国家柱石之臣，其人操守正直，不肯屈节依附王凤，就被王凤用闺门隐私之事罢免，忧郁而死，大家都怜悯他。还有，王凤明知自己侍妾的妹妹张美人已经嫁过人，从礼制上说不能再配给君王，他却假说她能生子，献给皇上，实际上是他自己的私心。那张美人，如今也没有生子啊！况且羌人和胡人，还要杀掉妇人所生的第一个儿子，叫作洗肠（嫁过人的妇人新来，第一个儿子可能是之前别人的），以保证血统的纯正，更何况是天子娶了已经嫁过人的女子呢？这三件，都是大事，是陛下亲眼所见，也就可以推知其他您没有见到的了。不能让王凤再专政了，应该将他罢退回家，另选忠贤以代之！"

自从王凤罢免王商，又逼走了定陶王，皇上心中一直愤愤不平，听了王章的话，天子感悟接受，对王章说："不是京兆尹直言，我都听不到社稷大计！唯有贤者，能知道贤者，请您给我推荐一位可以辅佐我的大臣吧！"于是王章又上亲启密奏，推荐信都王刘兴的舅舅、琅玡太守冯野王，忠信质直，智谋有余。皇上还在做太子的时候，就经常听说冯野王的大名，于是想用他替换王凤。王章每次被召见，皇上都屏退左右，和他密谈。当时太后的堂弟、侍中王音，就躲在一旁偷听，王章的话他全听到了，转告王凤。王凤听到消息，十分忧惧。杜钦让王凤出宫回家，上书请求退休，辞职信写得十分哀怜。太后听说后，哭泣绝食。皇上从小就依恋王凤，不忍心将他罢废，于是优诏挽留王凤，强迫他回来上班。王凤于是起而视事。

皇上指使尚书弹劾王章，说："明明知道冯野王是亲王舅父，不宜身居九卿之位，才被外放为地方官，却以自己的私意，举荐冯野王，想让他在朝中掌权，这是阿附诸侯王！又，明知张美人侍奉天子，却妄称什么羌人、胡人要杀掉妇人所生的第一个儿子来洗肠，这不是该说的话！"于是将王章逮捕下狱，交给有司审讯。廷尉将王章判了大逆罪，判决书说："将君上比作夷狄，想要让天子绝嗣，这是背逆天子，私心是为定陶王。"王章竟死狱中，妻子儿女流放到合浦。

从此公卿们见到王凤，都侧目而视。

冯野王恐惧，不能自安，以致生起病来，病了三个月，皇上准许了带职养病，与妻子归杜陵就医。大将军王凤指使御史中丞弹劾："冯野王获准带职养病,却私行方便,将虎符带出郡境回家,这是奉诏不敬。"杜钦对王凤说:"二千石级别的官员,报告后被批准回家养病,这是有先例的,说养病不能离开郡境回家,这却没有相关法令。《传》说'赏疑从予',对赏赐有怀疑时,就应该赏赐,这是为了广施恩德,劝勉立功,又说'罚疑从去',对处罚有怀疑,就不要处罚,这是为了谨慎用刑,以免造成冤情。如今不遵循有先例的故事,而处以没有法律规定的罪名,这就违背了'罚疑从去'的精神。就算是因为二千石官员驻守千里之地,有军事职责,责任重大,不宜离开本郡,那也应该是现在定规矩,管以后的事,那冯野王的罪就在立法之前了。刑赏是国家信用,不可不慎!"

王凤不听,竟然将冯野王免职。

当时百姓多觉得王章冤枉,而讥议朝廷。杜钦希望能补救其过,又对王凤说:"京兆尹王章,处理得机密,京师的人都不知道他到底犯了什么罪,更何况全国其他地方。恐怕天下人不知道王章确实有罪,而误以为他因为直言进谏而被杀,那就堵塞了谏争之原,损害了皇上宽厚英明之德。我认为应该就王章的事,举用敢直言极谏的人,加上现任的郎和从官,让他们畅所欲言,比以前更加宽松,以明示四方,让天下人都知道主上圣明,不会因言获罪。如此,则流言自然平息,疑惑自然消释。"王凤向皇上汇报,执行杜钦的策略。

【胡三省曰】

杜钦之罪,甚于谷永,因为他替王凤文饰过失。

【华杉讲透】

成帝的悲剧,是一个心理学故事,他就是一个被母亲控制的孩子,一生都没有成年。王章一上奏,王凤就恐惧请辞,可见王凤并没有力量对抗皇上。从王凤处理政事来看,他也是个没见识没主意的人,没有什么雄才大略。但是,太后一哭泣绝食,皇上就投降了。然后王凤就开始肆意报复,而皇上呢,也彻底投靠王凤,指使尚书弹劾,处死王章,甚至都不用王凤动嘴，而是皇上迅速给舅舅交上的投名状！

如果当时有心理医生，他会去分析成帝的童年，分析他的原生家庭。可是啊！天子哪有什么原生家庭，每一个皇上，都成长在残缺的家庭，都有不幸的童年，要皇上心理健康，那是小概率事件。

成帝身体不好，又一直没有子嗣，他可能也有很强的自卑心理。这自卑啊，也是一种心理疾患，并不因为他是天子，他就不自卑。掌握大权而后自卑的人，可能表现为加倍凶残，也可能表现为软弱，成帝是后者。

太后王政君呢？她控制皇上，一心要让自己娘家的势力最大化，这是她保护自己权位的本能。但是，她的不幸，是她活得太长，亲眼看见自己断送了自己子孙的江山，落入王莽之手。那时候，她才知道后来武则天知道的简单道理——儿子比外甥亲啊！

4 这一年，陈留太守薛宣任左冯翊（三辅之一，汉时将京兆尹、左冯翊、右扶风称三辅，即把京师附近地区归三个地方官分别管理，相当于郡守）。薛宣为郡守，一向有声誉，他的儿子薛惠做彭城县令，薛宣曾经经过彭城，知道儿子没有工作能力，所以根本不问他行政工作方面的事。有人问薛宣："你为什么不教教他呢？"薛宣笑道："为官之道，以法令为师，这一问就可以知道。至于有没有才能，那是天资，怎么能学得到呢？"众人传诵称道他的话，认为是至理名言。

【胡三省曰】

当时的人都认为薛宣说得对，实际上未必对！

【华杉讲透】

薛宣这一手，故弄玄虚，他为什么不问儿子政事，或许是不想让他当众出丑，却搞出一套所谓才能是天资，学不来的说法。群众为什么认为他说的是至理名言呢？这就是典型的毛病："舍其易者而不行，究其难者以为学。"容易做的事，他不做；专找那难的，拿来当学问。众人传诵他的故弄玄虚，也是跟着故弄玄虚，说他"高"，显示自己懂得他的"高",也跟着"高"了。这就跟喝酒喝高了差不多,是一种"自嗨"。

任何工作都需要学习,都需要训练,都需要经验。问几件主要的、经常遇到的事,做一个案例分析,案例学习,教教他怎么做,为什么不呢?

史书上对这种故弄玄虚的做派,有四个字经常出现,叫"以惑下愚",就是愚弄群众。

阳朔二年(戊戌,公元前23年)

1 春,三月,大赦天下。

2 御史大夫张忠卒。

3 夏,四月二十七日,以侍中、太仆王音为御史大夫。于是王氏家族,权势更加鼎盛,郡守、封国丞相、刺史,都出自王氏门下,王氏五侯的兄弟们,争相奢侈,金银财宝从四面八方涌进王家大门。王家的人,都世事洞明,人情练达,好士养贤,倾其财力施予他人,结交朋友,所以宾客满门,竞相传播他们的美好声誉。刘向对陈汤说:"如今灾异频现,而外戚日益兴盛,一定会危及刘氏社稷,我幸得为刘氏家族成员,累世蒙汉室厚恩,身为宗室遗老,前后侍奉三位皇帝。皇上因为我是先帝旧臣,每次觐见,对我也优礼有加。如果我不站出来说话,哪还有说话的人呢!"

于是刘向上亲启密奏,极力进谏说:

"臣听说,没有一个君王不盼望安定,但是却经常处于动荡之中;没有一个君王不想国家长存,却常常灭亡;为什么呢?都是因为没有统御臣下之术。如果大臣掌控权柄,操持国政,没有不危害国家的。所以《周书》说:'臣之有作威作福,害于而家,凶于而国。'(臣子作威作福，就会给家族造成灾难，给国家带来凶险。）孔子说：'禄去公室，政逮大夫。'（君王不能支配俸禄，政事全由大夫决定。）这就是危亡之兆。如今王氏一门，乘坐朱轮华毂的，有二十三人（朱轮华毂，红色车轮，彩绘轮毂的车子，只有二千石以上官员才有资格乘坐），青、紫、貂、蝉充斥在朝堂（侯爵印信配紫色绶带，二千石官员印信配青色绶带，凡是能亲近皇上的官员，如侍中、中常侍等，帽子上以貂尾为标识，还绣上蝉的图案），像鱼鳞一样密密麻麻地罗列在皇上左右。

"大将军王凤，秉事用权，独断专行；五侯骄奢淫逸，僭越显盛，作威作福，恣意妄为。行为污秽自私，却都包装成是为了国家，干尽假公济私、公报私仇之事。依靠着太后的尊位，借助和皇上甥舅之亲，取得巨大的权力，尚书、九卿、州牧、郡守皆出其门，执掌宫廷枢机，朋党满朝。称誉他们的人，就得到升官；忤逆他们的人，就被诛杀治罪。帮闲分子到处替他们游说，实权官吏个个替他们办事，排挤宗室，孤弱皇族，皇族中有智能的人，尤其被他们毁谤非议而得不到进用。远绝隔离刘氏皇族成员，不让他们在宫中和皇帝接近，怕他们分割了自己的权力。数次跟皇上讲说以前燕王和盖主谋反的事，让皇上防备刘氏宗室，但是，从来不讲吕氏、霍氏的故事。

"在他们的内心，和周朝时的管叔、蔡叔一样，叛逆之心已经萌芽，却把自己包装成周公那样的忠臣。以他们兄弟的权势，其宗族在朝廷的盘根错节，从上古到秦汉，外戚僭越尊位之盛，还从来没有达到王氏这种程度的！

"权势太盛，一定会有非常之变，出现各种征兆。孝昭帝时，泰山上的大石头自动起立，上林苑枯倒的柳树复苏重生，而后孝宣皇帝即位。如今王氏先祖在济南的坟墓，梁柱上忽然生出枝叶，甚至伸出户外，再往下垂，深入地面，长成树根。就算是当年的立石起柳，也没有如此明显。事势不两大，王氏与刘氏也不能并立，如果王氏有泰山之安，刘氏就有累卵之危，陛下为人子孙，守持宗庙，而令国祚移于外戚，使自己降为卑贱之人，就算您不为自己，您又怎么对得起宗庙呢！

"妇人应该亲近丈夫家的人，疏远娘家的人，皇太后却反着来，这不是她的福气啊！当初，孝宣皇帝不让他的舅舅、平昌侯王无故掌权，就是为了保全他。明智之人，起福于无形，消患于未然。我建议，皇上应该发明诏，起德音，援近宗室，亲近接纳他们，黜远外戚，不要再授给他们权柄，这样，效法先帝的行为，让外戚得到厚待和平安，保全他们的宗族，这也应该是皇太后的本意和外家的福气吧！王氏永存，保其爵禄；刘氏长安，不失社稷；这才是刘、王两家和睦，子子孙孙享受无疆的大计。如果不行此策，那当年田氏篡齐，六卿分晋之事，将重现于今，为后嗣带来忧患，这事态已经再明显不过了，望陛下深留圣思！"

奏书递上去，天子召见刘向，叹息悲伤，同意他的看法，说："你不用再说了，我会好好考虑。"然而，终究不能有所行动。

【华杉讲透】

刘向这份亲启密奏，递上去的时候，他就应该知道不会有任何结果吧！皇上性格软弱，没有意志力，没有行动力，被母亲控制，并且有严重的拖延症，他能给你的最大支持，就是陪着你一起流一会儿眼泪，这已经很明显了。

有时候忠臣看起来为国负责，实际上没负责。这种奏书，并没有经过深思熟虑，只是把问题摆出来，责任再推给皇上而已。回去再哀叹："没有办法啊！"实际上是自己没有用心，没有殚精竭虑去想办法。

要想办法，有两条路，一是想太后的办法，你有没有办法让太后警醒，就像触龙说赵太后一样，把太后说明白。太后醒悟了，她自己就知道控制，皇上就能得到她的支持。没有太后的支持，皇上啥也干不成。

第二条路，是要给皇上具体行动方案和路线图，你明知道他干不了，还是空谈说你一定要干，不知道是白说吗？一定是你自己有具体方案，慢慢渗透，扔石头，掺沙子，埋伏笔，一小步一小步地帮皇上干，这需要刘向自己的雄才大略，下级要有领导上级的领导力，如果没有这个本事，也就只能悲愤了。

4 秋，函谷关以东发生洪灾。

5 八月初十，定陶恭王刘康薨。

6 这一年，改封信都王刘兴为中山王。

卷第三十一　汉纪二十三

（公元前22年—公元前14年，共9年）

主要历史事件

王凤临终前举荐王音　157
成帝微服出行　159
王音借野鸡事件谏言成帝　160
王氏五侯奢侈攀比，成帝发怒　163
赵飞燕姐妹入宫受宠　164
赵飞燕诬告许皇后、班婕妤　165
黄河泛滥成灾，成帝下令停止填堵　165
赵飞燕被立为皇后，刘辅反对被逮捕　167
王莽博取名声，笼络人心　169
皇后赵飞燕与人私通，却始终无子　170
成帝废弃修了五年的昌陵　172
谷永直谏成帝过失，成帝大怒　174
成帝无奈遣回男宠张放　178
陈汤、解万年被流放敦煌　180
梅福上书建议削弱外戚，成帝不听　183

主要学习点

"克己复礼"就是仁　162
利益会让人丧失基本逻辑能力　166
王莽的本事在于"什么都不要"　170
领导者要懂得爱惜民力　177
举荐人才，要"不市恩"　179
祭祀是为了崇德报恩，不是为了求福避祸　183
领导者成就所有人，没有心腹之人　186

孝成皇帝上之下

阳朔三年（己亥，公元前22年）

1 春，二月二十七日（柏杨注：原文误为三月，根据《汉书·五行志》改），东郡降下八块陨石。

2 夏，六月，颍川铁官（冶炼铸造铁器的机构，利用刑徒劳动）刑徒申屠圣等一百八十人杀死长吏（地位较高的县级官吏），攻破军械库，盗取兵器，自称将军，骚扰了九个郡。朝廷派遣丞相长史、御史中丞追捕，皆以军法从事，征用物资。申屠圣等全体伏诛。

3 秋，王凤病重，天子多次亲临慰问，拉着他的手涕泣说："将军病重，如果有不测之事，平阿侯王谭接替您的位置！"王凤顿首涕泣说："王谭虽然是臣的至亲弟弟，但是行为奢侈僭越，不能做百姓表率，不如御史大夫王音，端正谨慎，臣敢以死保举他！"等到王凤临终之时，再次上书感谢皇上，并且坚持推荐王音接替自己，说王谭等五侯必不可用。天子同意他的意见。

王谭倨傲，不肯事奉王凤。而王音尊敬王凤，像儿子一样谦卑恭敬，所以王凤推荐他。

八月二十四日，王凤薨逝。

九月初二，任命王音为大司马、车骑将军，而王谭也擢升为特进（特进位在三公之下，为列侯中有特殊地位的人）、领城门兵（掌管长安城门兵马）。安定太守谷永认为王谭失去了他该得的职位，劝他辞让，不接受领城门兵的职务。由此王谭、王音结下怨恨。

【华杉讲透】

王凤的小肚鸡肠，睚眦必报，可见一斑，如果弟弟们不懂事，他可以教育他们，警告他们。但是，他不说话，在临死时对弟弟们进行终极报复，不仅推翻了皇上对王谭的任命，而且说五侯都不可用，把权力传给了对他驯服的堂兄弟王音，执行他"顺我者昌，逆我者亡"的坚决意志。

王谭呢？我们又要重提那句老话："没有什么是理所应当，一切都是难能可贵。"他就认为自己是理所应当的，可能还觉得哥哥早就该分权给他，恨哥哥一定要等到临死才交权。没想到哥哥的报复是："我死也不交给你！"

一切都是难能可贵，需要不断地努力获取，这就叫：逆水行舟，不进则退。

4 冬季，十一月初六，擢升光禄勋于永为御史大夫。于永，是于定国之子。

阳朔四年（庚子，公元前21年）

1 春，二月，赦天下。

2 夏，四月，雨雪。

3 秋，九月十六日，东平思王刘宇薨逝（刘宇是汉宣帝的儿子）。

4 任命少府王骏为京兆尹。王骏是王吉的儿子。当年，京兆尹有赵广汉、张敞、王尊、王章，再到王骏，都以才能闻名，所以京师百姓称赞说："前有赵、张，后有三王。"

5 闰九月初七，御史大夫于永卒。

6 乌孙国小昆弥乌就屠去世，他的儿子拊离即位，拊离又被弟弟日贰杀死。汉朝遣使者立拊离的儿子安日为小昆弥。日贰逃亡到康居。安日派贵族姑莫匿等三人假装背叛，也逃亡到康居，刺杀了日贰。于是西域诸国上书，希望派遣前任西域都护段会宗再回来治理。皇上听从。西域诸国听说后，都欣然亲附。

7 谷永上奏说："圣明的君王选拔人才，不仅看名誉，更要看实效，御史大夫之职，责任重大，少府薛宣，处理政事十分练达，希望陛下留神考察！"皇上同意他的话。

鸿嘉元年（辛丑，公元前20年）

1 春，正月初九，任命薛宣为御史大夫。

2 二月二十八日，皇上行幸初陵（正在修建的皇帝陵墓），赦免了在那里做工的囚犯，将陵墓所在新丰的戏乡改名为昌陵县，用来供奉初陵。

3 皇上开始喜欢微行（出入市井，不设警戒，就像微贱之人出行，所以叫微行），跟着十几个期门郎官或私家奴才，或乘坐小马车，或都骑马，出入市井郊野，远至京师旁边的郡县，如甘泉、长杨、五柞、斗鸡、赛马，皇上常常自称富平侯家人。富平侯，是张安世的四世孙张放。张放的父亲张临，尚敬武公主，生下张放。张放为侍中、中郎将，娶了许皇后的妹妹，当时宠幸无比，所以皇上假称是他家的人。

4 三月二十七日，丞相张禹因年老多病解除了职位，但仍以列侯身份参加每月初一、十五的朝会觐见，加位为"特进"，觐见时礼仪规格与丞相相同，赏赐前后数千万。

5 夏，四月二十七日，薛宣为丞相，封高阳侯。京兆尹王骏为御史大夫。

6 王音因为自己是皇上的堂舅父，超越了五侯这些亲舅父而执掌大权，十分小心谨慎。皇上因为王音从御史大夫入朝为将军，跳过了丞相这一关，没有封侯，六月十七日（柏杨注：原文为乙巳，根据《汉书·外戚恩泽侯表》修改），封王音为安阳侯。

7 冬，真定出现黄龙。

8 这一年，匈奴复株累若鞮单于死，弟弟且糜胥即位，为搜谐若鞮单于，派遣儿子左祝都韩王朐留斯侯入朝为质，以且莫车为左贤王。

鸿嘉二年（壬寅，公元前19年）

1 春，皇上行幸云阳、甘泉（甘泉宫在今云阳县）。

2 三月，博士行大射礼（射箭比赛），有一群野鸡飞到庭院中，顺着台阶，一级一级登上大堂，昂首鸣叫。后来，野鸡又飞到太常府、宗正府、丞相府、御史大夫府、车骑将军府，又集聚在未央宫承明殿屋顶上。车骑将军王音、待诏宠（名宠，姓不详）等上言："天地之气，分门别类，互相呼应，警告人君，虽然细微，却很显著。野鸡是很敏锐的动物，能先听到雷声，所以《礼记·月令》用野鸡来分别节气（"季冬之月，雉雏鸡乳。"雏，鸣叫。大寒第一候是"鸡乳"，母鸡开始孵育小鸡。就是说到大寒节气便可以孵小鸡了）。《尚书》记载，殷商高宗武丁祭祀成汤的时候，野鸡飞到大鼎的耳柄上鸣叫，就是劝勉他要改过自新，才能转祸为福。如今野鸡在博士行大射礼之日，历阶升堂，万众仰目而视，惊怪连日，又历经三公之府，太常、宗正等掌管宗庙及皇族骨肉之官署，然后入宫，留宿不走，这是上天告晓人的良苦用心，意义非凡，就算用人事来警戒，也没有比这更完备深切的了！"

后来，皇帝派中常侍晁闳问王音："听说有人抓到了野鸡，羽毛被人摧折过，是不是有人故意把它们抓来，制造这种假象呢？"

王音回复说："陛下怎么能说出这种亡国之语！不知道谁还敢干出这种事，诬乱圣德！陛下左右，阿谀奉承的人太多，不需要再增加我这一个。公卿以下，个个都只想保住自己的权位，不说真话（还会有人故意制造灾异吗）。如果陛下因上天的警戒而觉悟，惧怕大祸将至，而问责于臣下，绳之以法，那第一个该诛杀的就是我！我有什么办法解救自己呢（那也不可能是我抓来的野鸡吧！谁会去制造这假象）？如今陛下即位已经十五年，还没有继嗣，日日驾车出去游玩，各种不正经的行为，流布天下，海内传闻，比京师还传得厉害。陛下外有微行之害，内有疾病之忧，上天多次以灾异警告，希望陛下改正，但陛下始终不改！上天尚且不能感动陛下，臣子们还能指望吗？唯有不惧诛杀，极力进谏，命在朝夕而已！如果国家一天天坏下去，自己的老母也不能安养，还能侍奉皇太后吗？高祖的天下，也不知道归谁所有了！陛下应该和贤智之人商议，克己复礼，以求天意，则继嗣可立，灾异消失。"

【华杉讲透】

"克己复礼"出自《论语》：

> 颜渊问仁。子曰："克己复礼为仁。一日克己复礼，天下归仁焉。为仁由己，而由人乎哉？"

颜回问老师，什么是仁。孔子说，"克己复礼"就是仁。

《左传》记载，在评论楚灵王因不能约束自己而招祸身亡时，孔子说："古也有志：'克己复礼，仁也。'信善哉！"可见"克己复礼"是古成语，孔子引用的。

克己，就是克制自己，约束自己。扬雄《法言》说："胜己之私之谓克。"克己，就是要胜过自己的私心。就这两个字，难了！

复礼，并不是恢复古礼。复，是反，反己之身的反，反求诸己的反，就是在自己身上践行礼，遵循礼，就是知行合一。

3 当初，元帝勤俭节约，修建他的陵墓渭陵时，没有强迫迁移居民去建立城邑。成帝修建初陵，数年之后，又觉得霸陵曲亭南的地势更好，就在那里开始营建昌陵。将作大匠解万年，通过陈汤上奏，建议向陵墓所在地移民建立城邑，希望以此立功，得重赏。陈汤又自告奋勇把他家先搬过去，其实是私心希望先占上良田美宅。皇上听从了他们的建议，果然建起昌陵邑。

这年夏天，迁徙郡国豪强、资产五百万以上者五千家于昌陵。

【胡三省曰】

这后来成为解万年、陈汤的罪状。

4 五月初六，三颗陨石坠落于杜邮。

5 六月，立中山宪王之孙刘云客为广德王。

6 这一年，城阳哀王刘云薨，无子，封国撤除。

鸿嘉三年（癸卯，公元前18年）

1 夏，四月，赦天下。

2 大旱。

3 王氏五侯争相奢侈攀比，成都侯王商生病，向皇上借光明宫给他避暑。后来又凿穿长安城墙，修建水渠，把沣水河（渭河支流）的水引入他家院子里的人工湖，用以泛舟取乐，用羽毛制成船篷，四周张绸缎为帷帐，船工高唱越地民歌。皇上曾经到王商家，见到竟然穿凿城墙来给自己家引水，非常痛恨，但是没有发作。后来皇上微服出行，经过曲阳侯王根家，又看见园中土山、渐台，完全模仿未央宫白虎殿，于是皇上大怒，向车骑将军王音问责。王商、王根兄弟说，要自己在脸上刺字，割去鼻子，向太后谢罪。皇上听说后，大怒，派尚书责问司隶校尉（主管监察）、京兆尹（长安市长），说他们明知王商等奢侈僭越，却替他们掩护，藏匿奸猾，不能依法举报弹劾。两人于是一起到宫门外下跪磕头请罪。皇上又给车骑将军王音下诏说："外家为什么如此自取灭亡！而王商、王根竟然要给自己行黥刑、劓刑，在太后面前自辱，伤慈母之心，以危乱国家！外家宗族，太过强横，皇上一身孤立，积弱太久，如今我要一并惩罚他们！你去召集五侯，让他们在家里等着！"这一年，又让尚书上奏当年汉文帝诛杀薄昭的事。车骑将军王音坐在草垫上请罪（斩首时铺草垫，以免血流满地）。王商、王根、王立都背着斧头和木砧来请罪（也是表示接受斩首的意思），过了好久，皇上的愤怒才平息。

皇上只是吓吓他们而已，并没有诛杀他们的意思。

【华杉讲透】

成帝这一怒，还不如不怒，因为他的愤怒太廉价了，甚至根本没有要价。他这一吓唬，那是彻底把王家班吓大了，再也不用怕了。居然借皇上的行宫来避暑，居然能把全国最重要的军事设施，首都防御工事的城墙都穿个洞给他家花园引水，这已经荒唐到什么程度了？王商、王根假称要给自己动黥刑、劓刑以自罚，成帝竟然骂他们这是要让太后伤心，那他们不管干了多大的坏事，都只能好好地活着了，因为他们掉一根毛，太后都要伤心啊！

王夫之说："亡西汉者，元后之罪通于天也。"把西汉之亡国，归罪于王政君。西汉亡于王莽，实际上是亡于王政君；亡于王政君，实际上还是亡于汉成帝。

4 秋，八月十五日，孝景帝祭庙北门失火。

5 当初，许皇后和班婕妤皆有宠于上，皇上曾经在后宫游乐，想要与班婕妤同车而坐，班婕妤推辞说："我看古代图册，贤圣之君，都是名臣在侧，三代最末一个亡国之君，才是爱妾在旁边随侍，如今陛下要我同车，不是和他们相近吗？"皇上觉得她说得好，打消了与她同车的念头。太后听说后，高兴地说："古有樊姬，今有班婕妤！"（楚庄王沉迷于打猎，樊姬坚决不吃他猎获的野味，终于迫使楚庄王放弃游猎之乐。）班婕妤把自己的侍女李平进献给皇上，也得到皇上宠幸，封婕妤，赐姓卫。

后来，皇上微服出行，过阿阳公主家，非常喜欢她家的歌舞女赵飞燕，召入宫中，大为宠幸。赵飞燕妹妹赵合德，也召进宫中。赵合德的姿色性情，浓艳精粹（原文是"姿性尤醲粹"，醲，是味道浓烈的酒，古同"浓"，粹，是精粹无瑕，可以想象她有多美），左右见了，都啧啧赞叹。有一位宣帝时期就在宫中做披香（后宫披香殿）博士的女官淖方成，在皇上身后唾骂说："这是祸水，一定会把火（汉朝的图腾是火）扑灭！"赵氏姐妹都为婕妤，贵倾后宫。许皇后、班婕妤都失宠。于是赵飞燕诬告许皇后、班婕妤,说她们行巫蛊,用妖术诅咒后宫嫔妃,甚至还骂皇上。

冬,十一月十六日,许皇后被废,移居上林苑昭台宫,皇后的姐姐许谒等被诛杀,亲属遣返故乡。又审讯班婕妤,班婕妤说:"臣听说'死生有命,富贵在天'。修养正道的人,尚且不能得到福报,那邪恶纵欲的又能指望什么呢?如果鬼神有知,就不会接受这种犯上作乱的巫蛊,如果鬼神无知,巫术又有什么用呢?所以我不会做这种事。"皇上很赞赏她的回答,赦免她,赐给黄金一百斤。赵氏姐妹骄纵妒嫉,班婕妤担心时间长了还是要被陷害,于是请求到长信宫奉养太后。皇上批准。

【华杉讲透】

亚里士多德在《修辞术》中说:"修辞术是有用的,正义和真理总比它们的对立面强些,所以,如果判决不当,当事人应当对自己的失败负责。"这段话正可送给班婕妤。用演说来保护自己,这是班婕妤的修辞艺术才华。

6 广汉郡男子郑躬等六十余人攻击官署,裹挟狱中囚犯,盗取军械库兵器,自称山君。

鸿嘉四年(甲辰,公元前17年)

1 秋,勃海、清河、信都黄河泛滥成灾,淹没三十一个县、邑,毁坏官署、民宅四万余所。平陵人李寻上奏说:"以前黄河每次泛滥,参与商议的人都说要是找到九河故道,再疏通它们就好了。如今黄河决堤,不如先不去堵塞它,让河水自己泛滥,我们观察它的水势,看它往哪儿流,慢慢地它自己会形成新的河流,沙土也露出来,然后就顺应天心,顺着这些痕迹治河,必有成功,而且花费财力不多!"

于是皇上下令停止堵塞河堤。朝臣数次上奏说灾区人民可怜,皇上就派使者去安抚赈济。

【华杉讲透】

"九河"故道，是指大禹治水所开辟的九条河流，距此时已经两千年了，早已淹没，无法追寻，而且这只是传说！不是有具体证据的历史。让黄河水自由泛滥，去找寻那传说中的九河，这逻辑完全不成立，李寻异想天开，而皇上居然同意，为什么呢？一来他俩都是外行，外行出方案，外行决策，专家的话没人听，这是历史上反反复复发生的事，因为专家的话难听。而李寻就一句话："花费财力不多！"就打动了皇上。

人们倾向于一厢情愿，就会选择预算低的方案，一说这样花钱不多，他就相信事情能办到，实际上是自己骗自己，却意识不到。

决策总是情绪大于逻辑，即便有逻辑，也需要情绪的参与，才能完成决策，而执行动员，也是动员大家的情绪。情绪怎么来的呢，就是看到了一个他期望的理由，一个利益，他就被吸引过去了，智商立刻降到零，最基本的逻辑思维能力也没了。"花费财力不多"就是这样一个理由。

投入不够，往往是事情办不成的主要原因，而情绪总是会驱使人们选择投入最小的方案。一说"多快好省"，个个都开心，却忘记了这又多，又快，又好，还省钱，在逻辑上是不能并存的。

2 广汉郑躬的党羽越来越多，先后侵犯四个县，有一万多人，州郡无法控制。这年冬天，以河东都尉赵护为广汉太守，征发广汉及蜀郡三万兵力讨伐，并且让叛军相互捕斩，获胜者赦免其罪，过了一个月，全部平定。擢升赵护为执金吾（执掌京师治安，秩中二千石，不在九卿之内，而地位相等），赐黄金一百斤。

3 这一年，平阿侯王谭薨。皇上对王谭到死都没能做上辅政大臣，感到遗憾和后悔，于是就提拔成都侯王商，位居"特进"，领城门兵，并且像将军一样可以设置幕府，举荐官吏。

【华杉讲透】

看来成帝对母后及舅舅家真是"真爱",爱与控制,爱与伤害,都在这故事里了。

魏郡人杜邺当时担任郎官,一向与车骑将军王音友善,他看见王音之前和王商有矛盾,对王音说:"亲戚骨肉的关系,却没有得到亲戚骨肉的待遇,谁能没有怨恨呢?当年秦景公有千乘之国,却容不下他一母所生的弟弟公子鍼,《春秋》也对他颇有微词。周公、召公则不然,忠以相辅,义以相匡,让对方和自己一样亲近天子,享有一样的尊荣,不因为自己的圣德而独兼国宠,也不因为地位较高而独揽大权,他们分享权力,以陕为界(陕以东周公负责,陕以西召公负责)。两人同为天子重臣,所以内无怨恨之隙,外无侵侮之羞,都得到上天的保佑,都得到美好的声名,就是这个缘故。我私底下看见成都侯王商以特进领城门兵,又有诏书下来,他可以像五府(丞相府、御史大夫府、车骑将军府、左将军府、右将军府)一样有权举荐官吏,这是皇上明诏,一定会宠信他了。将军应该承顺圣意,对他格外重视,每件事情要商议的时候,一定带上他。这样发自内心的至诚,谁能不高兴呢!"

王音很赞赏他的看法,于是与王商亲密,二人也都敬重杜邺。

永始元年(乙巳,公元前16年)

1 春,正月二十二日,太官凌室(藏冰之室)失火。二十七日,戾后(戾太子刘据的姬妾史良娣)墓园南门失火。

2 皇上想要立赵飞燕为皇后,皇太后嫌她出身微贱,不同意。太后姐姐的儿子淳于长为侍中,多次往来皇宫和东宫之间联系传话,过了一年多,才得到太后旨意,同意了。

夏,四月十五日,皇上先封赵飞燕的父亲赵临为成阳侯(这样她的出身就不微贱了）。谏大夫、河间人刘辅上书说："当年周武王、周公，承顺天地，得到鱼、鸟的祥瑞（白鱼跳到武王所乘的舟中，王宫失火，火苗变成一只鸟），但是，君臣二人还是保持戒慎恐惧，相互劝勉。何况现在，皇上甚至得不到子嗣的福报，还经常被天威天怒以灾异警告，就算是夙夜自责，改过易行，畏天命，念祖业，选择德貌双全的女子，来承继宗庙，以顺应神明之心，满足天下人的期望，如此，想要有生下儿子的福分，恐怕还要很长一段时间！而陛下却触情纵欲，倾心于卑贱的女子，要让她母仪天下。陛下这样不畏于天，不愧于人，陛下实在是迷惑到极点了！俗话说：ّ腐木不可以为柱，人婢不可以为主。'上天和人民都拒绝的人，一定是有祸而无福，这是市井百姓都知道的道理，朝廷大臣却没有一个人肯站出来说话。臣私下为此伤心，不敢不冒死劝谏！"

奏书递上去，皇上派侍御史（官职在御史大夫之下，接受公卿奏事，举劾非法，有时受命执行办案）将刘辅逮捕，关进掖庭的秘密监狱。群臣都不知道是什么缘故。于是左将军辛庆忌、右将军廉褒、光禄勋琅玡人师丹、太中大夫谷永等都上书说："之前见刘辅以县令身份上书言得失，召见后擢升为谏大夫，他的进言，一定是卓越尖锐、恳切恰当，能够打动圣心的，所以才能被提拔到这个位置。而仅仅过了一个月，就被关进秘狱。臣等推测，刘辅幸为皇亲国戚，又位在谏臣之列，新从地方上来，不晓得朝廷的规矩，触犯了禁忌，也不算什么大错。如果是小罪，皇上隐忍一下就算了。如果是大恶，那就要公开审理，让大家都看到。如今上天之心，还未愉悦，灾异频繁，水灾旱灾，相继而来，正是应该宽大为怀，广开谏争之门，褒奖敢于直言极谏之臣。如果反而以惨痛急切的诛杀来对待谏争之臣，震惊群下，那就失去了大家的忠直之心。假如刘辅之罪，不是因为直言，而是因为说得不对，那大家都应该知道他说了什么。刘辅是皇上家族的同姓近臣，本来就是因为敢于直言才得到显贵的，从亲近亲人，善待忠臣的意义上讲，也不应该关在掖庭秘狱里。公卿以下官员，看见陛下进用刘辅，而转眼之间又加之以折伤之暴，都心怀恐惧，锐气顿失，没有一个人再敢尽节正言，这样就不能昭示陛下有像舜那样善于倾听的圣德，也不能在天下推广美德的风尚。臣等为此深为痛心！望陛下留神省察！"

皇上于是把刘辅转移到共工狱（少府所属监狱），减死罪一等，判处苦役三年。

3 当初，太后兄弟八人，唯独弟弟王曼早死，没有封侯，太后很怜悯他。王曼的寡妻渠（姓不详）就搬到东宫，与太后同住。儿子王莽自幼丧父，所享受的荣华富贵就没法跟他那些堂兄弟比了。堂兄弟们都是将军、五侯的儿子，十分奢靡，车马声色，相互攀比。王莽则谦逊恭俭，勤奋博学，穿的衣服，就跟一般儒生一样，侍奉母亲和寡嫂，抚养亡兄的儿子（王莽的哥哥王永也早死，留下一个儿子王光），都尽心尽力。又对外结交俊杰之士，对内侍奉伯父叔父们，都礼数周到。大将军王凤生病，王莽侍疾，亲自尝药，数月不解衣带，弄得蓬头垢面。王凤临死，将王莽托付给太后和皇帝，拜为黄门郎（皇帝近侍之臣，可传达诏令），后来又升任射声校尉（八校尉之一，掌待诏射声，秩二千石。所属有丞及司马，领兵七百人。射声意为善射，虽在冥冥之中，闻声即能射中。待诏意为有诏命方能发射）。

过了一阵，叔父成都侯王商上书，愿意把他的封地分一部分封给王莽。长乐少府戴崇、侍中金涉、中郎陈汤等当世名士，都说王莽好！皇上于是看重王莽，太后又多次替他说话。五月初六，封王莽为新都侯，升任骑都尉、光禄大夫、侍中。王莽宿卫宫中，十分严谨，爵位越尊贵，节操越谦逊，车马、衣裘，他都散财送给宾客，家中没有余财。又赡养名士，大量结交将、相、卿、大夫等高官。所以当权的人个个都推荐他，而清谈之士也都替他游说。王莽虚名鼎盛，超过了他的叔父们。他又敢于做出一些出人意表的怪事，而且毫无愧色。他曾经偷偷买了一个侍婢，被堂兄弟们知道了，王莽就说："后将军朱子元无子，我听说这个姑娘生育能力很强！"即日把侍婢给朱子元送去。他藏匿真情以博取名声的做派，都类乎于此。

【华杉讲透】

王莽的本事，一是谦卑恭敬地对待每一个人，无论自己和对方地位高低，所以他让人人都觉得舒服；二是无微不至地关心照顾人，他的雷达随时都在扫描周围的人的需求，送上及时雨；三是散财，这一点是根本，他不要钱，钱财都散给大家，则个个都得了他好处。好不容易偷偷买了一个侍婢，被人知道原来王先生也要养小妾，他马上说是给朱子元买的，而且立即就送过去。王莽真是"不粘锅"，他什么都不要，只为别人，不为自己！谁能想到，他要的是谁都不敢想的东西——皇帝之位。白居易有诗为证：

周公恐惧流言日，王莽谦恭未篡时。
向使当初身便死，一身真伪复谁知？

4 六月初七，立赵飞燕为皇后，大赦天下。

赵飞燕立为皇后之后，得到的宠爱稍微衰退。她的妹妹赵合德却得到空前的宠幸，被封为昭仪（在婕妤之上，皇后之下），住在昭阳舍，庭中全用朱红，寝殿漆成黑色，门槛用铜包裹，涂上黄金。台阶用白玉，墙壁上露出的横木，用黄金环饰，再镶嵌以蓝田玉、明珠、翡翠。自从有后宫以来，从来没有这么豪华奢侈。

赵飞燕另居别馆，日日与侍郎及宫中奴仆私通，希望能怀孕。赵合德对皇上说："我的姐姐性情刚烈，如果被人诬陷，那赵家就灭族了。"然后凄恻地流下眼泪。皇帝相信她的话，之后有人来举报皇后奸情，皇上就诛杀他。由此皇后公开宣淫，也没人敢说，但是始终生不出儿子。

光禄大夫刘向，认为圣王教化，是由内及外，由近及远，应该从最亲近的人开始，于是采取《诗经》《尚书》所记载的贤淑妃子、贞洁妇人让国家兴亡、家族显贵的事迹，以及因宠爱妇人而国乱家亡的故事，按次序编辑为《列女传》，一共八篇。又收集古籍上有关治乱盛衰的故事，编成《新序》《说苑》，一共五十篇，上奏给皇上。刘向多次上书言政治得失，陈述可以取法或警戒的历史案例，前后数十次，以帮助皇上观览备忘，补救缺失。皇上虽然不能都采纳，但是内心很认同刘向的话，常常感叹不已。

5 昌陵的规格，十分侈靡，很久都不能建成。刘向上书说：

"臣听说，王者必须精通三统（夏、商、周三代之继统，了解改朝换代的道理），明白天命所归，并没有一定的对象，不是只照顾一家一姓。从古到今，没有不亡之国。孝文皇帝曾经赞叹石椁的坚固。张释之说：'如果其中有盗贼想要的东西，就算是固若南山，也有缝隙。'死者埋在地下没有终了的时候，而王朝却又兴废更替，所以说，张释之的话，才是万世无穷之大计。文帝醒悟，于是薄葬。

"棺椁的使用，是从黄帝开始，从黄帝到尧、舜、禹、汤、文、武、周公，坟墓都很小，葬具也简单，他们的贤臣孝子，承顺他们的心愿和命令，薄葬他们，这就是奉安君父的忠孝之道。孔子葬母于防，坟墓仅四尺高。延陵季子埋葬他的儿子，墓的高度，低矮得几乎看不出（仅仅超过人的手肘）。孔子是孝子，延陵季子是慈父，舜、禹是忠臣，周公是武王的好弟弟，他们对君、亲、骨肉，都是薄葬，不是他们节俭，而是为了合情合理。

"秦始皇葬于骊山之间，下面堵塞了三眼泉水，地上堆起高大的山坟，用水银灌成江、海，用黄金雕成野鸭、飞雁，珍宝之藏，机械之变，棺椁之丽，宫馆之盛，不可胜计。天下苦其役而反之，骊山的工程还未完成，而周章的百万大军已经抵达。项羽焚烧他的宫室，牧童拿着火把找寻丢失的羊只，又失火烧掉了他的棺椁。从古到今，葬仪没有超过秦始皇的，而数年之间，外被项羽之灾，内遭牧童之祸，岂不哀哉！所以，德越厚，葬越薄，智越高，墓越低。无德寡智，其葬越厚。坟墓越高，宫室越壮丽，被人发掘越迅速。由此观之，孰明孰暗，孰吉孰凶，昭然可见矣！陛下刚即位的时候，躬亲节俭，刚开始营建初陵，规制也不大，天下人无不称赞您的贤明。但是，后来迁址营建昌陵，填土增高，堆土为山，拆迁百姓的坟墓，数以万计！建起城邑房屋，限期完工，耗费百亿之巨。死者恨于地下，生者愁于地上，臣对此非常忧虑。

假如死者有知，咱们挖他的坟，那害处就太大了。假如死者无知，您又要那么大坟来做什么呢？这样的事，与贤智之人说，他们会不高兴；对百姓呢，全是愁苦和劳役；只是让那些愚昧淫侈的人喜欢；这算什么呢？希望陛下上览明君圣主之行为法则，下以亡秦之祸为警戒，初陵的规模，应该听从公卿大臣们的建议，以安抚民心。"

皇上对刘向的话十分感动。

当初，解万年说昌陵三年可以建成，结果竟不能完工，群臣纷纷指责，皇上交付有司研究，都说："昌陵地势低下，填土工程的土方量非常大，填了那么久，墓园中便房的地势，也仅仅在地平线上而已。把别的地方的土运来做坟，不能保佑地下亡灵的平安。新土堆积，还需要沉降，也不坚固。参与工程的士兵和劳役犯，数以万计，白天劳动，晚上还点起火把赶工，从东山运土过来，土价已经与粮食相等。工程持续了数年，天下都被拖累。之前选址的延陵，地势较高，只需要用原地泥土，而且也接近祖先的墓园，先前又已经有十年工程基础，应该还是回到原方案，恢复延陵，不再强迫移民，才是上策。"

秋，七月，皇上下诏说："朕执守道德，不够坚决，决策大事，又没有充分听取群臣意见，错误地听信了将作大匠解万年'昌陵三年可成'的话，如今工程已经持续了五年，陵中的寝殿和司马门都还不能开工，天下虚耗，百姓疲劳，而外面运来的新土，又疏松疲软，终究不能建成。朕见到工程的艰难，惊骇而伤心，孔子说：'过而不改，是谓过矣。'现在，撤销昌陵，重建延陵，而且不再强迫移民，使天下人心安定！"

6 当初，酇侯萧何的子孙继承爵位的，要么是没有儿子，要么是犯罪，封国因此被撤销五次，吕后、文帝、景帝、武帝、宣帝思念萧何的功劳，每次都让他的庶子或旁支继承。这一年，萧何的七世孙、现任酇侯萧获，被控主使他的奴仆杀人，萧获被免除死刑，判处城旦（四年苦役，送去修长城）。

之前，皇上下诏让有司访求汉初功臣后裔，很长时间也没有结果。

杜业对皇上说："尧舜以及夏商周三代，都分封诸侯，以成就太平盛世之美，所以，燕国、齐国的香火祭祀，也和周朝一样，要么是儿子继承，要么是兄终弟及，始终代代相传。当时诸侯的子孙，难道没有犯罪受刑的吗？但是君王思念他们祖先的功勋，仍然让他们的庶子或旁支继承。汉初的功臣，也剖符受封，世代继承，立下山河之誓。（刘邦封爵誓言：'就算黄河细得像一条衣带，泰山小得像一块石子，你的封国永远存在，传给你的后代。'）可是百余年间，能够继承的爵位，几乎全部撤销了。开国功臣的枯骨，孤独于坟墓；他们的子孙，流浪于道路，生为低贱的奴隶，死后无力埋葬，横尸于沟壑。这些事和古代相比，让人悲伤！圣主怜悯他们，下诏访求，四方欢欣鼓舞，无不归心。而几年过去了，却一个也没找到。恐怕是负责的官员，不思大义，而让圣主的诚意，成了空话。大张旗鼓地说要找到他们来封爵，然后找不到也不问，让天下人知道了，恐怕不是宣示教化，劝勉后人的办法！虽然难以将功臣后代全部找到封爵，至少应该找到功劳大的，先行发布。"

皇上采纳了他的建议，七月十五日，封萧何六世孙、南䜌县长萧喜为酂侯。

7 立城阳哀王弟弟刘俚为王。

8 八月十九日，太皇太后王氏崩（宣帝王皇后）。

9 九月，东莱县出现黑龙。

10 九月三十日，日食。

11 这一年，任命南阳太守陈咸为少府，侍中淳于长为水衡都尉。

永始二年（丙午，公元前15年）

1 春，正月初三，安阳敬侯王音薨。王氏兄弟，只有王音一人有修为，并且数次进谏规正皇上，有忠直的节操。

2 二月二十七日，流星雨，光芒闪耀，未到地面而灭。

3 二月二十八日，日食。

4 三月十二日，以成都侯王商为大司马、卫将军（总领京城各军）。红阳侯王立加位"特进"，领城门兵。

5 擢升京兆尹翟方进为御史大夫。

6 谷永为凉州刺史，到京师奏事完毕，准备回去。皇上派尚书问谷永，有没有什么进言。谷永说：

"臣听说，王天下、有国家者，祸患在于有危亡之事，而拯救危亡之言却不能上达。如果拯救危亡之言能够上达，那商朝就不会灭亡，周朝不会兴起，历法正朔也不会三次改变了。夏、商将亡的时候，路人皆知，当时的天子，却晏然以为自己就像天上的太阳一样，没有人能危及他的地位。（夏桀当时的话：'天上有太阳，就像我统治万民。太阳会亡吗？如果哪一天太阳亡了，我才会亡。'）所以，他的恶行广布而不自知，大命将倾而不醒悟。《易经》说：'危者有其安者也，亡者保其存者也。'（危机出现，有安定它的方法；灭亡的征兆显示，也有使它保全的方法。）陛下如果能放宽言论尺度，倾听群臣的意见，让群臣不用害怕因言获罪，让那些像草木一样卑贱的臣子，也能毫无顾忌地向您陈述，那就是臣子们最大的心愿，也是社稷长久的福气了。

"去年九月，出现黑龙，九月三十日，又发生日食。今年二月二十七日，流星下坠。二十八日，又发生日食。六个月之间，重大的天象变异，就发生了四次，而且集中在两个月份。夏、商、周三代的末世和春秋的乱世，都没有出现过这种情况。

"臣听说，夏、商、周三代之所以灭亡，都是因为妇人与群恶沉湎于酒，秦朝之所以只历二世，十六年而亡，是皇帝活着的时候太奢侈，丧葬的时候又太丰厚了。而这两个毛病，陛下兼而有之，请听臣陈述一下它的后果：

"建始、河平年间，许氏、班氏家族显贵，权倾朝野，显耀四方，女宠至极，可以说是已经无以复加了。而今天后起之人（指赵氏姐妹和李平），更是十倍于当年。废弃先帝法度，听用她们的言论，任意任命官员，或释放王法当诛的罪犯，让她们的亲属越来越骄横，授以他们威权，纵横乱政。负责治安和纠举的官员，也不敢管他们。又利用掖庭监狱，大肆陷害忠良，所施行的刑罚，比纣王的炮烙之刑还残酷。其灭绝人性，只不过是为赵氏、李氏快意恩仇。那罪证确凿的，反而被赦免；清白官吏，却被治罪。监狱中关押的，大都是无辜之人，却在严刑之下，招供认罪。赵、李两家甚至替人放债，分享利息，接受财物报谢。被他们关进监狱的人，活着进去，尸首出来的，不可胜数。所以日食一再出现，以昭示他们的罪行。

"王者一定是先弃绝了自己，然后上天才会弃绝他。如今陛下放弃万乘之君至高无上的尊贵，却喜好去做那市井人家私蓄田产、蓄养女婢财物的贱事。厌弃皇帝的尊号，微服出行，给自己取一个匹夫的名字。尊崇一些轻佻无义的小人为自己的私客，数次离开皇宫，不分昼夜，群小相随，乌集杂会，醉饱于吏民之家，乱服共坐，沉湎戏狎，混杂无别，游宴无度。皇上昼夜都在外面游荡，而典门户，奉宿卫之臣，却手执干戈，守着没有皇帝的空宫，公卿百官，都不知道皇帝在哪里。这种情况，已经好多年了。

"王者以民为基，民以财为本，钱财枯竭，就要反叛，人民反叛，君上就要灭亡。所以明君圣主，爱养基本，爱民养财，不敢奢靡穷极，驱使人民，就像祭祀一样谨慎敬畏。如今陛下轻易就夺取人民的财富，毫不爱惜地驱使民力，听信谗臣之言，放弃地势高而宽敞的初陵，改作昌陵，劳役之苦好比乾溪，费用之大堪比骊山（楚灵王驱使人民在乾溪修建宫殿，百姓不堪其苦反叛，楚灵王自缢而死。骊山是秦始皇的陵墓），靡敝天下，五年不成，才放弃又回归延陵。百姓的愁苦愤恨，上冲云霄，饥馑频仍，四散逃荒，饿死在道路上的，以百万人计！官府粮仓，没有一年的存粮，百姓家里的存粮，十天半月都支撑不了，上下都匮乏，要赈济也没粮食。《诗经》说：'殷鉴不远，在夏后之世。'（商朝的鉴戒，不用看太远，就看夏朝末世是怎么灭亡的就是了。）我盼望陛下追观夏、商、周、秦那些亡国之君，看他们是怎么失去天下的，作为镜鉴，来考察自己的行为，如果发现陛下不是和他们一样，那就是我妄言，我愿意伏诛以谢罪！

"汉朝兴起，至今已经传了九世（柏杨注：一世刘邦，二世刘盈、刘恒，三世刘恭、刘弘、刘启，四世刘彻，五世刘弗陵，六世刘贺，七世刘病已，八世刘奭，九世刘骜），一百九十多年了，而以嫡子继承父皇帝位的，只有七位，他们都能承天顺道，遵守祖先法度，有的成为中兴之主，有的也能治国安邦，而到了陛下，违道纵欲，轻身妄行，正当盛年，却没有生子之福，而有危亡之忧，各种有失君道、不合天意的行为，也太多了！为人后嗣，守人功业，到这个地步，岂不是太辜负先祖了吗？方今社稷、宗庙祸福安危之机，全在陛下。陛下如果能昭然醒悟，专心返回正道，以前的过错全部改正，新的德行能够彰明，则天象灾异可以消失，天命去就还可恢复，社稷宗庙还可保全，希望陛下再三留神，深思我的话。"

皇上性情宽厚，喜好文辞，但是沉溺于宴乐，这是太后和诸位舅舅日夜忧虑的事，但是至亲之间，又不好明说，就推谷永出头，用天变灾异来警告他，他们再去劝皇上采纳谷永的言论。谷永知道有内应，就畅所欲言，无所顾忌，每次上书言事，皇上都对他很礼敬。但这一回奏书递上去，皇上大怒。卫将军王商秘密通知谷永快跑！皇上派御史去逮捕谷永，临行交代说："如果他已经过了交道厩（离长安六十里，靠近延陵），就放过他，不要再追了。"御史没有追到谷永，回来了。皇上的怒气也消了，自己后悔不该派御史去抓谷永。

【华杉讲透】

谷永这份奏书，差不多把皇上骂得狗血淋头，但是他也没事。可见成帝确实是一个宽厚的君王。但是，他那么宽厚，为什么却搞得道路饿殍百万，皇宫内的掖庭成了黑监狱呢？因为他性格软弱，意志薄弱，既不会屠戮谏诤之臣，也管不住皇亲国戚，也管不住自己的欲望，甚至也管不住坏人，所以对人对己对国家，都放任自流，全国人民就要为他的放任自流买单了。

谷永奏书中有一句"使民如承大祭"，出自《论语》：

仲弓问仁。子曰："出门如见大宾，使民如承大祭。己所不欲，勿施于人。在邦无怨，在家无怨。"

冉雍问孔子，什么是仁。孔子回答说，出门就像要见重要宾客一样，对遇到的每一个人，都保持恭敬。驱使人民呢，就像举行祭祀一样，谨慎敬畏，爱惜民力。己所不欲，勿施于人。为国家任职做事，没有怨言；在家里对上下妻儿老小、宗族亲戚，也没有怨言，这就是仁。

使民如承大祭，是每一个领导者需要注意的，要号召大家艰苦奋斗，也要懂得爱惜民力。

7 皇上曾经和张放以及赵、李家族中的一些担任侍中的人一起在宫中宴饮，都把酒杯倒满了，一饮而尽，大声谈笑。皇上座位旁边有一个屏风，画的是纣王醉卧在妲己身上，做长夜之乐。侍中、光禄大夫班伯久病初愈，皇上指着那屏风问班伯："纣王的无道，真的是这个样子吗？"班伯说："《尚书》上只是说他'听信妇人之言'，并没有在宫中这么放肆。纣王倒台了，大家就把所有的坏事都堆在他身上，实际上他并没有这么过分。"皇上问："既然他并不至于如此，画这个图是为了劝诫什么呢？"班伯说："这是说他沉湎于酒，所以微子就避去了。《诗经·大雅》说他'式号式呼'，喝醉了大喊大叫，那诗人也嗟叹而涕泣。这张画画的是淫乱之戒，其原因在于酒！"

皇上于是叹息说："好久没有见到班生，今天又听到你的善言！"

张放等人不悦，过一会儿起来上厕所，然后溜走了。

当时长信宫（太后宫）的一位女官，正好奉派前来，看见了这一场对话，回去向太后汇报。太后涕泣说："皇帝最近脸色瘦黑，班侍中本来是大将军王凤所推举的，应该特别宠信他，并且多找一些像他这样的人，来辅助圣德！富平侯张放应该遣送回他的封国去！"

皇上说："诺！"

皇上的诸位舅舅听说了，便示意丞相、御史等找寻张放的过失。御史丞相薛宣、御史大夫翟方进弹劾说："张放骄纵恣肆，奢侈淫逸，毫无节制，拒闭使者（侍御史修奉命到张放家搜捕盗贼，张放家奴紧闭大门，张设弓弩，不许使者进去），伤害无辜（张放知道李游君要把女儿献进宫中，他却想得到那个姑娘，李游君不给他，他就派家奴上门抢夺，闯入李家，杀伤三人），他的随从奴仆都乘着他的权势，做尽暴虐之事，请将张放遣送回他的封国！"

皇上不得已，将张放调任北地都尉。

以后几年，一直有灾变，所以张放久久也不能回京。然而皇上的玺书慰问源源不绝。张放的母亲敬武公主生病，皇上下诏让张放回来探视。过了几个月，他母亲病好了，又将张放外放为河东都尉。皇上虽然亲爱张放，但是上迫于太后的压力，下迫于大臣的反对，所以经常流着泪把他送走。

8 邛成太后（成帝的祖母，宣帝的皇后，因为她的父亲封邛成侯，所以称她为邛成太后，以和成帝的母亲，当朝太后王政君区分）去世的时候，丧事办得仓促，官吏们敷衍，草草了事。皇上听说后，归罪于丞相、御史。冬，十月初八（原文误为十一月己丑，十一月无己丑日，柏杨查证后修改），下诏将丞相薛宣免为庶人，御史大夫翟方进调任执金吾。丞相之位空缺了二十多天，群臣都推举翟方进，皇上也器重他的才能，十一月初二，任命翟方进为丞相，封高陵侯，以诸吏、散骑、光禄勋孔光为御史大夫。

翟方进是以儒家经术而得到进用的，他做官，运用法令刻薄深密，喜好制造情势，为自己立威。遇到他厌恶的人，就用严刑峻法整治，伤害了好多人。有人举报说他公报私仇，行事不公平。皇上却认为他所做的，都有法律依据，不认为他做得不对。

孔光是褒成君孔霸的幼子，领尚书、典枢机十余年，遵守法度，依循成例，皇上每次有什么事问他，他都依据经典和法律，以内心认为正确的来答复皇上，从不揣摩天子的意思，苟且逢迎。如果皇上不听他的，他也不敢强迫谏争，所以他为官很久，始终安然。偶尔有所进言，则将草稿改了又改，认为其中有彰显主上的过错，博取自己忠直的美名，那是人臣之大罪。如果向皇上举荐某人呢，唯恐被举荐的人知道是他举荐的。假日回家休息，与兄弟妻子闲坐聊天，从来不谈朝中政事。有人问他："长乐宫温室殿都种些什么树木啊？"孔光就不做声，把话题岔开，用其他话来回应。孔光不泄露公事，就是这个做派。

【华杉讲透】

前面我们已经读到过泄露朝廷谈话被诛杀的故事。孔光的谨慎，就值得学习！不仅不泄露皇上的谈话，连宫中有什么样的树木这样的八卦，也不说一个字。一般人能进到皇宫大内，都愿意炫耀。那来问宫中有什么树的人，一是好奇，二也是为了炫耀。今天他从孔光那里问到了，明天他就会出去吹嘘他知道温室殿有什么树，是孔光告诉他的。今天问有什么树，明天就要问有几间屋子，什么陈设，什么人说了什么话……所以孔光一言不发，从源头上彻底隔绝。

举荐人才，但是不让举荐的人知道是自己举荐的，这也是美德，叫作"不市恩"。因为一个人被提拔，那是谁的恩德呢？是皇上的恩德。他该感谢谁呢？感谢皇上。他该报答谁呢？报答皇上。如果你要他知道是你举荐的，那就是你把皇上的恩德卖了，要他记你的恩，感谢你，报答你，这就是罪。因为你举荐他，也不是为了他，是为了国家，为了皇上。大家都是国家的人，皇上的人，如果谁举荐的就是谁的人，那就形成小圈子，利益集团了。

9 皇上行幸雍县，祭祀五色帝庙。

10 卫将军王商厌恶陈汤，上奏说："陈汤妄言昌陵还会恢复营建，并移民建邑。（当初，陈汤建议营建昌陵，并设置县邑，然后自己先去占了良田美宅。后来昌陵废除，丞相、御史上书建议将已经建设的房屋拆除。皇上还未批复，有人问陈汤，陈汤说：'不拆，皇上听信臣的话，暂时废除昌陵而已，以后还会恢复的。'）又说冬天出现黑龙，是皇上微服出宫游逛带来的天变。"廷尉上奏说："陈汤说的不是他该说的话，大不敬。"皇上下诏：念及陈汤以前的功勋，免为庶人，流放到边疆。

皇上因为要立赵飞燕为皇后时，淳于长出了大力，所以想要报答他，于是追显当初他建议废除昌陵的功劳，让公卿们商议，要给他封侯。光禄勋平当认为："淳于长虽然有善言，但是还达不到封侯的标准。"皇上将平当贬为巨鹿太守。接着下诏说：中常侍王闳、卫尉淳于长，首先提出罢去昌陵的善策，皆赐爵关内侯（准侯爵，没有封国）。

将作大匠解万年以佞安不忠，流毒百姓，与陈汤一起被流放到敦煌。

当初，少府陈咸，卫尉逢信，官职都在翟方进之上。翟方进本是后起之辈，为京兆尹，与陈咸交厚。等到御史大夫出缺，三人都是部长级官员中最有名的，都在选拔之列，而翟方进胜出。后来，丞相薛宣获罪（因为邛成太后葬礼草率的事），事情牵连到翟方进，皇上派五位二千石官员共同调查丞相、御史。陈咸对翟方进百般刁难，穷追细查，希望找到他的把柄，翟方进怀恨在心。陈汤一向以才能得到王凤、王音的赏识，而陈咸、逢信都和陈汤交好，陈汤多次在王凤、王音跟前称道二人，所以二人得以位列九卿。等到王商罢黜陈汤，翟方进乘机上奏说："陈咸、逢信都是阿谀攀附陈汤而得到他的举荐，苟且无耻。"于是二人都被罢官（陈咸、逢信免官都在次年稍后，因为和陈汤事情相连，所以记载在这里）。

11 这一年，琅玡太守朱博调任左冯翊。朱博治郡，常常下令各县任用当地豪强为官吏，无论文武，都各依他们的才能任用。县里出现了盗贼或其他事变，朱博就写信去责备他们，如果他们尽力办事并且有成效，就加以厚赏。如果行事诡诈而不称职，就加以诛罚。所以豪强们都震慑畏服，没有什么事办不成的。

永始三年（丁未，公元前14年）

1 春，正月三十日，日食。

2 当初，皇上接受匡衡的建议，撤除了甘泉泰畤（天神祭坛），当天，大风就摧毁了甘泉竹宫，吹断或拔起了祭坛周围十围以上的树木一百多棵。皇上很诧异，问刘向。刘向说："百姓人家，尚且不会废弃他们的家祠，更何况国家的祭坛旧庙呢！甘泉、汾阴以及雍县的五色帝庙，都是因为当时有神灵感应，然后才在那里兴建的，不是轻率的决定。武帝、宣帝的时候，供奉这三处神仙，礼敬完备，因此神光也特别显著。祖宗所立的神祇旧位，不应该移动。之前因为宣帝采纳了贡禹的意见，后人因循，多有变动。《易经大传》说：'诬神者殃及三世。'恐怕这罪过报应不只是落在贡禹等人身上！"

皇上听了刘向的话，非常悔恨，又因为自己总是没有生儿子，当年冬天，十一月初五，皇上向太后汇报，下诏有司恢复甘泉泰畤（祭天）、汾阴后土（祭地）如故。雍县五色帝庙、陈宝祠、长安以及郡国有名的神庙及祭坛，全部恢复。

当时，皇上因为没有后嗣，非常喜好鬼神、方术，民间上书谈论祭祀方术而得以被任命为待诏的人很多，祭祀的费用也非常庞大。谷永上书说："臣听说，如果明白天地之性，就不会为神怪所迷惑；如果知晓万物之情，就不会被妖言欺罔。那些背弃仁义正道，不遵守五经的法言，而盛称奇怪鬼神，广崇祭祀之方，求报无福之祠，以及号称世上有仙人，服用不死之药，要升天为仙，或炼石成金的，都是奸人惑众的旁门左道，心怀诈伪，欺君罔上。听他们说话，洋洋洒洒，都能见到真神；

真去找呢，全是捕风捉影，终究是什么也没有。所以，明王拒而不听，圣人闭口不语。当初秦始皇派徐福征发男女，入海求神采药，结果徐福逃而不还，天下怨恨。汉朝建立以来，新垣平、齐人少翁、公孙卿、栾大等，都以巫术欺诈君主而得富贵，最终都被诛杀。希望陛下拒绝这些丑类，不要让奸人有机会窥视朝廷！"

皇上认为他的话很有道理。

【华杉讲透】

圣人绝而不语，是指《论语》："子不语怪力乱神。"孔子只讲日用常行，不讲怪异神迹。只讲人事，不讲神话。儒家并不否定神，但也不肯定神，因为谁也没见过神。儒家不是有神论，也不是无神论，相当于是"如有神论"。祭神，如神在。头顶三尺有神明，假如他有，假如他在，按有神监督来要求自己，但是不谈论神，因为搞不清楚，所谓"知之为知之，不知为不知，是知也"。儒家完全不迷信，官方也从来不迷信，所有祭天祭地祭祖宗，都是政治活动，不是迷信活动。不合礼制的祭祀，称为淫祀。《礼记·曲礼》谓："非其所祭而祭之，名曰淫祀。淫祀无福。"没有什么福报，你不要祭。之前贡禹建议把陈宝祠之类的淫祀撤除，就是这个理念。

《论语》里还有一句，子曰："非其鬼而祭之，谄也。"不是你的鬼，你却去祭，这是谄媚。鬼，古代人死了都称鬼。这里的鬼，狭义上指自己的先祖，广义上指自己分内的祭祀，张居正说，比如天子要祭天地，诸侯要祭山川，大夫要祭五祀，庶人要祭祖先，都是本分。

祭祀，是为了崇德报恩，不是为了求福避祸。

崇德报恩而祭，是礼，是本分；求福避祸而祭，就是谄媚。

比如你拜佛，那你必是信佛，按佛的话去做，按佛的价值观去行，那佛便是你的鬼，你的神，你当祭当拜。你若对佛的思想并不了解，也不感兴趣，拜下去那尊佛，什么来历，什么故事，什么象征，都不知道，只觉得拜他一拜，他或许会保佑你，那就是谄媚。你都没在他的价值观道路上，他怎么够得着保佑你呢？

今天我们若要祭孔，也要问问孔子是不是我们的鬼，是不是我们的神。若他并不是你的鬼神，你去祭他，那也是一种谄媚。可能是谄媚游客搞旅游，也可能是其他，孔子听到那些驴唇不对马嘴的祭文，他老人家恐怕也很不自在。

祭祀是最大的庄严和诚意。今天民间有的葬礼，弄来一些不知真假的道士，设计的种种礼仪，都是讨吉利，为子孙祈福，要逝去的亲人保佑子孙。似乎那人死了，成了鬼神，他就有了魔力。葬礼上种种节目，哪里是崇德报恩，缅怀亲人？倒像是演小品，种种奇怪的动作，牵强地象征祖宗保佑，求福避祸。把自己分内当祭的，也弄成了谄媚。

成帝因为生不出儿子，全国到处拜神，这就是求福避祸的淫祀。

3 十一月，尉氏县男子樊并等十三人谋反，杀陈留太守，裹挟官吏人民，自称将军。手下党徒李谭、称忠、钟祖、訾顺等人一起杀了樊并。事情汇报上来，四人都封侯。

4 十二月，山阳铁官刑徒苏令等二百二十八人攻杀长吏，盗取军械库兵器，自称将军，纵横十九个郡国，杀死东郡太守及汝南都尉。汝南太守严䜣捕斩苏令。擢升严䜣为大司农（掌租税、钱谷、盐铁和国家的财政收支，为九卿之一）。

5 前任南昌县尉、九江人梅福上书说：

"当年高祖接纳善言，经常都怕来不及，听从劝谏，就像转个圈那么容易。听取人的进言，只问意见对不对，不问说话的人有没有才干；奖赏人的功劳，只问他有没有立功，不问他过去的经历品行。陈平起于亡命之徒，而成为高祖的谋士；韩信起于行伍之间，而拜为上将。所以，天下之士，云集而归汉，争相进献他们的奇思妙想，智者竭其策，愚者尽其虑，勇者极其气节，怯夫也勉励自己效死。合天下之智，并天下之威，所以举起秦朝，就像举起一根羽毛，攻取楚国，就像拾起丢在路上的东西。这是高祖无敌于天下的原因。

"孝武皇帝好忠谏，悦至言，封爵不一定只给孝廉茂才，赏赐也不一定要有明显的军功（只要谏争合意，就能得到封赏），所以，天下布衣无不励志竭精以赴阙庭，毛遂自荐的不可胜数，汉家得贤，在武帝时期为盛。假如孝武皇帝真的能听他们的建议，则升平可至。可惜孝武皇帝要快心于征服胡、越，以至于弄得积尸暴骨，所以淮南王刘安乘机谋叛。刘安之所以计虑不成而阴谋泄露，那是因为众贤集聚于朝廷，他的臣僚，就势单力薄，不敢跟从他谋反。

"而如今呢，一介小民，都敢窥视国家的间隙，乘机而起，蜀郡发生的事就是这样。至于山阳亡徒苏令，蹂躏名都、大郡，求党羽，索徒从，毫无逃匿之意，这就是轻视大臣，无所畏忌，国家没有威信，匹夫也敢跟皇上抗衡了！

"士者，国之重器，得士则重，失士则轻。《诗经》说：'济济多士，文王以宁。'（文王的朝廷，人才济济一堂，所以国家得以安宁。）庙堂上的国家大事，不是在野的草民所能讨论的，（我在从南昌回寿春的路上）担心自己死在野草之中，尸体和士兵们一起埋葬，所以数次上书求见，都没有得到批准。我听说齐桓公的时候，有人要呈献九九乘法表，这样的小事，齐桓公也马上接见，就是希望能鼓励进言，得到更有价值的建议。如今我要说的，比九九乘法表更加重要，而陛下已经拒绝了我三次，这是天下之士不能来的原因。当年秦武王喜爱武勇大力士，任鄙就到宫门自荐。秦缪公要称霸天下，由余就从西戎来投奔。如今皇上要征求天下之士，那么，草民有上书求见者，就应该让尚书去听取他的话，其言可以采用的，就给他一点俸禄，赏赐他一点绸缎布匹，如此，则天下之士都会疏解怨愤，一吐忠言，好的建议能够被皇上听取，则天下事务条理分明，朝廷内外灿然可观了。

"以四海之广，士民之多，能言善道的人，一定为数不少！但是，能出口成章，切中时政，又不违背祖宗之法和圣人教训的俊杰之才就不多了。所以，那些能得到爵禄束帛的，都是天下的磨刀石，高祖用他们来砥砺世人，磨炼英才。

"孔子说：'工欲善其事，必先利其器。'到了秦朝则不然，张着

'诽谤之网'，一言不合，就是诽谤朝廷之罪，这就把汉朝夺取政权道路上的障碍，全部清除了；又好比手持太阿宝剑，但是却自己拿着剑刃，把剑柄递给西楚霸王项羽。如果他能拿着剑柄，就算天下反叛，也不敢触碰他的剑锋，这正是汉武帝之所以开疆辟土，还能庙号为'世宗'的缘故。

"如今陛下既不能采纳天下之言，还对直言者加以诛戮。那猫头鹰被杀了，鸾凤就会远走高飞；愚蠢鲁莽的人被杀了，智慧的人就会退避。之前很多无知小民，上书皇帝，触犯的都不是什么很紧急的法令，但是被下廷尉监狱而被治死者甚众。自从阳朔年间以来，天下人都不敢说话，朝中大臣，更是噤若寒蝉，群臣都顺着皇上的意思说，没有一个能匡正皇上的。何以见得呢？比如咱们在百姓上书中，取一条皇上觉得说得不错的，交给廷尉，廷尉一定会说：'这不是小民该说的话，大不敬！'从这一件事，就可见其余了。以前的京兆尹王章，资质忠直，敢于在皇上跟前当面谏争，孝元皇帝擢升他，以砥砺那些无用的官员，矫正扭曲的朝廷；而到了陛下您这里呢，王章不仅自己被诛戮，妻子儿女也被流放到蛮荒之地。就算王章有罪，罪也只在他一身。他并不是犯了反叛的重罪，要牵连到他的妻子。摧残正直之士的气节，封堵谏争之臣的口舌。群臣都知道这是错的，但是没有人敢出言相争。天下人都以言为戒，这正是国家之大患！

"希望陛下能遵循高祖的轨迹，杜绝亡秦的道路，废除不急的刑罚，下一道谏言无须避讳的诏书，博览兼听，让疏远低贱的人，也能上达天听，让那些深藏不露的人，也觉得自己无须隐瞒；远方的人，也能言路畅通；这就是《尚书》形容的'辟四门，明四目'，四面的大门都打开，八方的消息都看尽。过去的已经过去了，但是未来的还可补救。如今外戚侵犯君命，夺去主威，外戚之权，一天比一天隆盛，陛下如果还看不出来，可以看看天象的显现！建始年间以来，日食、地震、总体来说，三倍于春秋之时，而水灾更加频繁，已经没法和当年相比，阴盛阳衰，金铁都自己飞到天上去（柏杨注：《汉书·五行志》载，前二十七年，沛郡铁官铸铁时，铁化成流星飞去，这是高官当权的象征），这是什么情景啊！汉朝兴起以来，社稷三次面临危机，吕氏、霍氏、上官氏，全是母后娘家。对于皇亲最好的照顾，就是保全他们的家族，应该给他们配置贤良之师，教之以忠孝之道。而如今呢，尊宠其位，授以权柄，让他们骄傲忤逆，以至于夷灭，这是反而失去了亲亲之道啊！以霍光之贤，尚且不能保全他的子孙，所以权臣一到换代的时候，家族就有危亡之忧。《尚书》说：'毋若火，始庸庸。'要想不遭大火，就要在它还是小火苗的时候把它扑灭。等到权臣的势力已经凌驾于君王之上，权柄超过了皇上，那时候就来不及了！"

皇上没有采纳他的话。

【华杉讲透】

天下为公，天子无私，所有人都一样，没有自家人，也没有心腹之人。自家人会祸起萧墙，心腹会成为心腹之患。为什么呢？就像一个企业，你如果信不过"外人"，权柄都交给自家亲戚，结果最肆无忌惮贪污的就是自家亲戚，你以为反正肉烂在锅里，而最后会发现是锅烂了，或者是他把锅端走了，把你给一锅端了。

如果有一些人是你的心腹呢，那就是区别对待了另一些人，在防备另一些人，这就不是一个正大光明的组织。

作为一个领导者，我心光明，让所有人能够得到发挥，能够成就自己，带领大家去创造美好的未来，这才是大家的事业，伟大的事业。

成帝无法理解这些，他只是软弱加懒惰，一心享乐，国家的麻烦事交给舅舅们去处理就好了。虽然也读书，晓得些道理，但始终自己不能振作，没有行动的意志力。最后，国家就被舅舅家篡夺了。

卷第三十二　汉纪二十四

（公元前13年—公元前8年，共6年）

主要历史事件

梁王刘立荒淫凶暴，谷永为其辩护　190
谷永建议减免赋税　191
刘向因天变上书谏言　192
张禹怕被报复，讨好王氏集团　194
段会宗平定乌孙内乱　197
成帝观赏胡人与猛兽搏斗　200
刘康之子刘欣被立为太子　202
成帝向单于要地未果　203
许皇后贿赂淳于长，被王莽告发　205
淳于长死在狱中，党羽被清洗　206
王莽任大司马辅政　207

主要学习点

领导者要有能力分辨下属的话　194
一切的关键在于志向　196
治国的九大纲领　199
想"立功"的人往往给组织带来损失　204
给自己建立"不粘锅"形象　207

孝成皇帝中

永始四年（戊申，公元前13年）

1 春，正月，皇上行幸甘泉，祭祀天神，大赦天下。三月，行幸河东，祭祀后土。

2 夏，大旱。

3 四月十一日，长乐宫临华殿、未央宫东司马门都发生火灾。六月二十三日，霸陵墓园大门火灾。

4 七月三十日，日食。

5 冬，十一月二十一日，卫将军王商因病免职。

6 梁王刘立骄恣无度,以至于一天之中,犯法十一次!封国丞相禹(姓不详)上奏说:"刘立对太后家族有怨恨,口出恶言。"有司派人调查,查出他与姑母刘园子通奸,上奏:"刘立有禽兽之行,请诛。"太中大夫谷永上书说:"臣听说,依照礼制,天子当在大门内建一道屏风,就是不要让外面的人看到内宅。所以帝王之意,不窥探别人闺门内的隐私,也不去探听别人卧室里的谈话。《春秋》之义,也要为亲人保护他们的隐私。如今梁王年少,又有狂病,之前被举报说他对外家有恶言,调查之后又没有事实证据,结果又揭发出他的闺门隐私,这不是朝廷本来要去调查的事。梁王的供词,又并不承认,如果根据弹劾,强迫治罪,罪名又是私房难明之事,只采用片面之词,就加以判决,无益于治道,却让宗室名声污秽,以乱伦之恶,宣扬于天下,这也不是为公族隐晦隐私,增加朝廷荣华,昭明圣德风化的正道。臣愚以为,梁王年幼,姑妈又是他的长辈,年龄相差那么大。而以梁国之富,什么样的妖丽美女找不来呢?那身为姑妈的,也有羞耻之心,怎么会发生这种事呢?朝廷派去调查的官员,是调查他有没有对外家口出恶言,他怎么突然承认乱伦?从这三方面推断,都不合人之常情。我怀疑是审讯时严词逼供,他惊恐失言,而审问官抓住一句话不放,刻意去追查他们的隐私。当初在此事萌芽之时,皇上加恩,不要治罪,那是上策。现在既然已经进入法律程序,梁王不服,可以下诏由廷尉选择有德而通情达理的官吏来主审,证明事情没有凭据,是前面的失误,再把结论交给有司,以广布公族亲附之德,为宗室洗刷羞耻之辱,这才是治理亲族的正道。"

天子于是将讼案搁置不治。

【柏杨曰】

刘立靠着谷永强有力的辩护逃过这一关,但是,他的荒淫凶暴则是事实。他的姑妈刘园子,嫁给他的舅父任宝。而任宝的侄女任昭,嫁给刘立为王后。刘立常到任宝家欢宴,有一日突然对任宝说:"我爱上了翁主(刘园子)。"任宝大惊说:"她是你的姑妈,又是你的舅母,这乱伦可是重罪!"刘立说:"法律怎管得了我!"于是发生奸情。

7 这一年，司隶校尉、蜀郡人何武为京兆尹。何武为吏，奉公守职，进善退恶，他在职的时候，往往并没有赫赫的声名；但是他离职之后，给人民留下了长久的念想。

元延元年（己酉，公元前12年）

1 春，正月初一，日食。

2 正月二十四日，王商重新出任大司马、卫将军（之前因病免职）。

3 三月，皇上行幸雍县，祭祀五色帝庙。

4 夏，四月初一，天上无云，却突然打雷（刘向说：雷依托于云，就像臣依托于君，这才是阴阳相合。人君不体恤天下，万民有怨恨反叛之心，所以无云而雷）。有流星从太阳下向东南方向飘落，四面闪耀，好像下雨，从下午四点左右，一直到天黑才停止。

5 赦天下。

6 秋，七月，孛星出现在东井星旁。
皇上因为灾变，询问群臣的意见。北地太守谷永说：
"王者躬行道德，承顺天地，则五种征候（雨、风、太阳、寒、热），依时发生，百姓都能活到高龄，各种祥瑞，同时出现。相反，如果失道暴行，违逆天意，暴殄天物，则五种征候，都有显著的异常，怪异祸乱之事接连发生，饥荒跟着降临。如果还不醒悟改过，则恶行普遍，灾变丛生，上天不再警告，而另行授天命于有德的新主了。这是天地运行的常道，历代君王遭遇的都是这样的情形。

"功德有厚薄，天资有高低，世代有先后，天道有盛衰。陛下承继八世之功业，正是在阳数'九'的末季，如今又是三七二百一十年的劫数，正是《易经》上'无妄'卦的卦运，遭遇'百六'的灾难。这三七、阳九、百六，三种灾难叠加，建始元年以来，二十年间，群灾大变，交错蜂起，比《春秋》所记载的还多。内则深宫后庭，将有骄臣悍妾、醉酒狂悖卒起之败，而北宫园囿街巷之中，臣妾之家幽深之处，也将出现徵舒、崔杼之乱（陈灵公与夏姬私通，经常到她家和她幽会。夏姬之子夏徵舒对此不满，在马厩将陈灵公射杀。齐庄公与崔杼的妻子私通，经常到崔家，被崔杼埋伏甲士刺杀）。至于宫廷之外，国土之上，则有樊并、苏令、陈胜、项梁奋臂作乱之祸。现在，国家正处在安危的分界线上，宗庙有重大的忧患，这正是臣之所以破胆寒心，多年来屡屡发出预言的原因。

"下有其萌芽，然后灾变见于上，不可不谨慎！祸起于细微，奸生于疏忽，希望陛下正君臣之义，不要再和群小狎玩宴饮，君臣、父子、夫妇三纲严整，修后宫之政，疏远那些骄纵妒忌的女子，尊崇温婉柔顺的品行。准备好朝觐法驾之后才出宫，陈兵清道而后行，不要再微服出行，饮食于臣妾之家。这三件事改正了，内乱之路就堵塞了。而民间的举兵反叛呢，萌芽在于人民饥馑，而官吏不加体恤。百姓生活困难，但是赋税沉重。下面怨声载道，而在上位者懵然不知。《易传》说：'饥而不损，兹谓泰，厥咎亡。'（不去消灭饥馑，还声称天下太平，就一定会灭亡。）近年以来，郡国遭遇水灾，庄稼歉收，正当减税之时，有司却奏请加税，违背经义，打击民心，这是招取怨恨，趋向祸败之道。臣希望陛下不要批准加税的申请，而削减奢侈享乐的开支，广泛地施加恩德，赈济困乏的民众，劝勉农桑，以安抚百姓人心，则各地的民变，才可平息。"

中垒校尉（北军八校尉之一，秩二千石，戍卫京师，兼任征伐）刘向上书说："臣听说帝舜劝诫伯禹说：'不要像丹朱（尧的儿子）一样骄傲。'周公劝诫周成王说：'不要像纣王那样荒淫。'可见圣帝明王，都常常以败乱来警戒自己，并不讳言兴废之事。所以臣斗胆陈述我的愚见，希望陛下留神考察！

"《春秋》二百四十二年，日食一共发生了三十六次，而如今一连三年都发生日食，从建始元年到现在，二十年间，发生八次日食，平均下来，每隔两年六个月就发生一次，古今罕见。天象异变，有大小疏密，占卜也有缓有急，观察当初汉朝如何替代了秦朝，惠帝、昭帝为什么没有后嗣（柏杨注：惠帝刘盈并非没有后嗣，他的所有亲生儿子都被政变集团所杀），昌邑王为什么被罢黜，孝宣皇帝如何从平民中崛起，在汉朝史书上都有相应的天变记载。上天的舍弃和俯就，不是昭然若揭吗？臣幸得为汉家皇室最疏远的一员，诚知陛下有宽厚英明之德，希望能消除灾异，再兴殷商高宗、周成王那样的声名（高宗、成王在位时，也有天变灾异，但二位能反省检讨，改过向善，而后有福报），以尊崇刘氏的功业，因此屡次冒死进言！天文难以知晓，臣虽然绘制了图画，但是还需要当面向您解说，然后才能明白。希望陛下空闲的时候，能召我来向您讲解！"

皇上召见了刘向，但始终没有接纳他的建议。

7 红阳侯王立举荐陈咸为方正，对策之后，拜为光禄大夫、给事中。丞相翟方进上奏说："陈咸之前就位列九卿，因为贪污奸邪被免，不应该再被举荐为方正，成为内朝大臣。"并弹劾："红阳侯故作不实的举荐。"皇上下诏，将陈咸免职。但是并不弹劾王立。

8 十二月初二，王商为大将军。十二月十八日，王商薨逝。王商的弟弟王立按次序应该接掌大将军之位，但是之前王立派他的门客，南郡太守李尚开垦了几百顷荒田，其中有的是原来已经由当地百姓开垦的，王立全部占为己有，然后上书说这些田是他新开垦出来的，高价卖给官府，套取比市价贵一亿万钱的补偿金。丞相司直（丞相属官，官秩比二千石，辅佐丞相纠举不法）孙宝揭发此事，皇上于是废弃王立不用，用他的弟弟、光禄勋、曲阳侯王根。十二月二十七日，任命王根为大司马、骠骑将军。

9 特进、安昌侯张禹请求把平陵（汉昭帝墓园）附近肥牛亭一带的土地赏赐给他，曲阳侯王根力争不可！因为这块地靠近汉昭帝寝庙，游衣冠时，必须经过这里，应该换别的地赐给张禹。皇上不听，还是把肥牛亭的土地赐给张禹。王根由此嫉妒张禹受宠，多次说他坏话。皇上呢，却愈加敬重厚待张禹，每次张禹生病，皇上都亲自问候他的饮食起居，又到他家里去，一直到他的病床前探视。张禹则顿首谢恩。张禹有个小儿子还没有做官，张禹就数次拿眼色去看那小儿子。皇上于是就在张禹病床前拜那小儿子为黄门郎、给事中。张禹虽然病卧家中，但因为他是特进、天子老师，国家每有大政，皇上都一定会问他意见。

当时吏民都上书言灾异之应，说是王氏专政所致，皇上也同意这种看法，但是还没有明确确认，于是驾车到张禹府邸，辟退左右，亲自问张禹天变的原因，并将吏民所言王氏之事问张禹。张禹见自己年老，而子孙幼弱，又和曲阳侯王根有矛盾，害怕被他们怨恨报复，就对皇上说："《春秋》所记载的日食、地震，或者是因为诸侯之间相互攻杀，或者是因为夷狄侵略中原。灾变之意，深远难见，所以圣人孔子，也很少谈论天命，也不语怪力乱神。天命与天道，就是子贡也搞不清楚，没机会听老师讲，何况今天那些见识肤浅的鄙儒。陛下只须自己勤修政事，以善行回应上天的警诫，与臣下同享福祥，这才是经义所在。不要听那些才疏学浅的新学小生，乱讲天道，误惑他人。皇上不要信他们的话，自己按经术正道去做！"

皇上一贯信任敬爱张禹，由此不再怀疑王氏。

后来曲阳侯王根以及诸王氏子弟听说了张禹的话，都非常喜悦，于是都跟张禹亲近。

【华杉讲透】

张禹一番话，欺骗了自己的学生——始终信任敬爱他、对他持弟子礼的皇帝。他给王根交上这一张投名状，出卖了皇帝，张家安全了。刘家就更危险了。

作为领导者，总是需要下属的意见的，而下属的意见，有两种立场：一种是始终站在老板的立场，以老板的利弊为标准的；一种是始终站在自己的立场，以自己的权力利禄安全和最大化为标准的。领导者必须有能力分辨出这两种人。张禹虽然是皇帝最敬重的老师，但是从他索要肥牛亭的土地以及暗示皇上给他的小儿子封官来看，他是一个以利益为导向的贪婪之徒，这样的人德高望重，正是国之巨贼啊！

前任槐里县令朱云，上书求见，当着满朝公卿，朱云说："如今的朝廷大臣，上不能匡正君主，下无以有益于人民，都是尸位素餐，正是孔子说的：'鄙夫不可与事君，苟患失之，无所不至。'臣愿得赐尚方斩马剑，斩下一个佞臣的头，以警告其他人！"皇上问："你要斩谁的头？"朱云说："安昌侯张禹！"皇上大怒："小臣居下讪上，当庭侮辱皇帝师傅，罪死不赦！"御史将朱云拖下去，朱云手拽着栏杆，把栏杆都拽断了，大喊大叫："臣得以到九泉之下，从游于龙逄、比干，心愿已足！只是不知道当今圣朝，残杀忠臣，结局如何！"御史将朱云拖出。左将军辛庆忌脱下官帽，解下印绶，在殿下叩头说："朱云这个人，一向以狂直闻名。假如他说得对，不可诛杀；假如他说得不对，也应该包容，臣敢以死相争，请求赦免朱云！"庆忌叩头流血，皇上的情绪也慢慢平复了，于是赦免了朱云。之后要更换拉坏的栏杆。皇上说："不要换，就把原来的修理一下即可，我要留着表彰敢于直言的谏臣！"

【华杉讲透】

朱云所引用的孔子的话："鄙夫不可与事君，苟患失之，无所不至。"出自《论语》：

子曰："鄙夫！可与事君也与哉？其未得之也，患得之。既得之，患失之。苟患失之，无所不至矣。"

郑玄注解说，无所不至，就是邪媚无所不为，没有他干不出来的。
孔子说："那种鄙夫，你难道能跟他一起事奉君王吗？当他没有得到的时候，生怕得不着。挖空心思得到了，又怕失去。一旦怕失去，那就什么都干得出来了。"

刘宝楠讲解说，没得到的时候，想方设法要得到，竭尽攀缘干进之术。得到了之后呢，就想固其禄位，而不敢正言直谏，以取媚人主，招权纳贿，以深病民。

荀子说："小人者，其未得也，则忧不得。既已得之，又恐失之，是以有终身之忧，无一日之乐也。"所以患得患失，一定会得抑郁症。

宋儒靳裁之说："士之品大概有三：志于道德者，功名不足以累其心；志于功名者，富贵不足以累其心；志于富贵而已者，则亦无所不至矣。"

<u>志向，一切的关键在于志向！</u>有志于道德，比如王阳明，年轻时就立志做圣人，所以当他第一次科举落第的时候，他说："我不以不得第为耻，我以不得第而动心为耻。"没考上，他不动心，为什么不动心？因为只是功名受点挫折，没影响他的志向啊，下回再来就是，所以没什么好动心伤心的。

有志于功名的人呢，他就想干成某件事，实现某种抱负，一时挣不挣钱，他不动心，这样的人，专注于自己的事业，不会随波逐流，天天跟人"谈项目"，找什么地方回报高。你跟他讲什么"机会"，他都不爱听，因为"机会"跟他没关系，他有自己的事要干，全部时间投进去都不够，哪管其他什么"机会"！

最后是所谓有志于富贵的人，什么来钱就干什么，这就是鄙夫了。

张禹之志，志在富贵，老而靡贪，更要保子孙的富贵，他就成了超级鄙夫，无所不至，没有什么他干不出来的，没有什么人是他不能出卖的，朱云引用《论语》这段话，就把他的人格钉死了。

10 匈奴搜谐若鞮单于将要进京朝见，还未入塞，病死。弟弟且莫车即位，为车牙若鞮单于，以囊知牙斯为左贤王。

11 北地都尉张放到任数月，又被征召回宫做侍中。太后给皇上送去一封信说："之前让你办的事你没有办（指让他重用班伯），如今又把富平侯张放召回来，我能不说话吗？"皇上道歉说："现在就办！"于是又将张放外放为天水属国都尉，任命少府许商、光禄勋师丹为光禄大夫，班伯为水衡都尉，兼任侍中，俸禄都为中二千石，每次到东宫朝见太后，都带着他们。国家大政，都由他们向公卿们传达皇上的旨意。皇上渐渐对游宴之事也厌倦了，又开始研读经书，太后很高兴。

12 这一年，左将军辛庆忌卒。辛庆忌为国家爪牙之虎臣，又赶上和平年代，匈奴、西域都亲附汉朝，敬畏他的威信。

元延二年（庚戌，公元前11年）

1 春，正月，皇上行幸甘泉，郊祀天神。三月，行幸河东，祭祀后土。祭祀完毕，行游龙门，登历观，又登华山，然后返回京师。

2 夏，四月，立广陵孝王刘霸之子刘守为王。

3 当初，乌孙小昆弥安日被降民所杀，各翎侯（乌孙官职）大乱。皇上下诏，征召前任金城太守段会宗为左曹、中郎将、光禄大夫，派他去乌孙恢复秩序，立安日的弟弟末振将为小昆弥，平定局势，然后返还。

当时大昆弥雌栗靡勇健，末振将担心被他吞并，于是派手下贵族乌日领诈降，刺杀了雌栗靡。汉朝想要讨伐末振将，却无力派兵，于是再派遣中郎将段会宗出使，立公主刘解忧的孙子伊秩靡为大昆弥。过了很久，大昆弥伊秩靡和他手下翎侯难栖杀了末振将。安日的儿子安犁靡代为小昆弥。汉朝廷觉得自己不能诛杀末振将，却被大昆弥诛杀，面上无光，于是派遣中郎将段会宗征发戊己校尉的屯垦兵团和西域诸国兵马，要诛杀末振将的太子番丘。段会宗担心大军进入乌孙，惊动番丘，如果他逃亡，就抓不到了。于是将大军留在垫娄，亲自挑选精干的弓箭手三十人，直奔昆弥所在，召番丘，责之以末振将之罪，当场用剑斩杀。番丘手下惊恐，飞马逃去。小昆弥安犁靡勒兵数千骑将段会宗包围，段会宗向他陈述了奉天子之命来诛杀番丘之意，说："如今你如果包围杀了我，不过取了汉朝牛身上的一根毛而已。但是，宛王、郅支单于的人头悬挂在槀街的事，想必乌孙人也知道吧！"昆弥和部下都屈服了，说："末振将背叛汉朝，诛杀他的儿子是可以的，但是为什么不事先告诉我，让我们可以为他饯行呢？"段会宗说："预先通知昆弥，怕你把番丘放跑了，那就犯了大罪。而如果你为他饯行，然后又由你把他交给我处决，那也伤害你们之间的骨肉亲情。所以不告诉你。"昆弥和部下听后号啕大哭，随后撤兵而去。段会宗回到京师，汇报了前后情况。天子赐段会宗爵位关内侯、赐黄金一百斤。段会宗又上奏，因为难栖能杀末振将，拜难栖为坚守都尉。又问责大禄、大监，因为雌栗靡被杀，夺去金印、紫绶，换给他们系黑色绶带的铜印。末振将的弟弟卑爰疐当初本来就参与了谋杀大昆弥，如今他将众八万，向北依附康居，想要向康居借兵，兼并大小两昆弥。汉朝又再派遣段会宗与都护孙建并立防备。

　　自从乌孙分裂为两个昆弥，汉朝忧劳不已，没有一年是消停的。当时康居又派遣王子来入朝侍奉，呈上贡品。都护郭舜上书说："当初匈奴强盛时，并不是因为有乌孙、康居两国的支持；后来匈奴向汉朝称臣，也不是因为失去了乌孙、康居。汉朝虽然接受他们送来儿子做人质，但他们三国之间，交通往来如故，也相互窥视，一有机会，就发动攻击。合作则不能相互亲信，分离又谁也征服不了谁。从汉朝来说呢，和乌孙结亲，没有任何收益，反而为我们生事。不过，既然我们已经与乌孙结亲，而且匈奴也已经向我们称臣，从道义上，我们不能弃绝他们。而康居国骄傲狡黠，至今不肯向汉使下拜。都护官吏到康居国，座位被安排在乌孙等国使者之下。吃饭的时候，康居王及贵人们先吃完了，才给都护官吏吃，这是故意轻视汉朝，以向他国夸耀。由此看来，他怎么会派儿子入朝为质呢（元帝时，乌孙遣子入侍，陈汤就上书说那王子是假的）？他是想要和我们做生意，说一些好话来欺骗我们罢了。匈奴作为百蛮之中的大国，如今事奉汉朝，礼仪完备，而听说康居王见了汉使居然不下拜,单于也后悔自己把自己搞卑微了。所以,应该遣返康居送来的王子,和他们断绝通使,以示汉家不通无礼之国!"

汉朝廷认为,康居是第一次来使,很看重这"柔远人"的声名,所以照常接待,并不断绝。

【华杉讲透】

这里的"柔远人",是中国历朝历代的价值观,出自《中庸》:

> 凡为天下国家有九经,曰:修身也,尊贤也,亲亲也,敬大臣也,体群臣也,子庶民也,来百工也,柔远人也,怀诸侯也。修身则道立,尊贤则不惑,亲亲则诸父昆弟不怨,敬大臣则不眩,体群臣则士之报礼重,子庶民则百姓劝,来百工则财用足,柔远人则四方归之,怀诸侯则天下畏之。

这是治国的"九经",就是九大纲领。

一、首先是修身,天下之本在于自身,所以修身也是九经之本。修身则道立,自己做天下人的表率,立下一个示范的标准。

二、尊贤则不惑,靠良师益友的熏陶教导。

三、亲亲则诸父昆弟不怨,亲爱父母兄弟,家里就没有怨气。

四、敬大臣则不眩,礼敬大臣,奸臣太监之类就不敢讲大臣坏话,君王就不会迷惑。

五、体群臣则士之报礼重,体恤小臣,则大家感激振奋,都能竭心尽力。

六、子庶民则百姓劝,爱民如子,爱惜民力,则百姓更加自己勉励自己,为国效力。

七、来百工则财用足,各方面的工商和技术人才都纷至沓来,则农工商相资为用,财用充足。

八、柔远人则四方归之,要怀柔远方来的客人,加以款待,则四面八方的蛮夷,都心向我国。柔远人是中华传统,待客总是很大方,给予超国民待遇。今天我们时常看到报道说老外手机丢了，警察也能帮他找到，这就是"柔远人"的文化。

九、怀诸侯则天下畏之，怀福四方诸侯，德之所施者博，威之所制者广，则天下畏服。

这九条纲领，就是天子的考核指标，也就是KPI。所以，郭舜说的虽然有道理，但是，朝廷还是很看重康居国第一次来使，不管他是真情还是假意，他毕竟是派了王子来入朝为质，符合"柔远人"和"怀诸侯"的标准，我们没依据，也没必要说人家的王子是假的，把他拒之门外。所以，照常接待。

元延三年（辛亥，公元前10年）

1 春，正月初十，蜀郡岷山山崩，阻塞长江水流达三天之久，下游江水枯竭。刘向对此大为厌恶心惊，说："当年岐山山崩，泾水、渭水、洛水三条江都断流，而后周幽王被犬戎所杀。岐山是周朝兴起的地方。而汉家本起于蜀、汉，如今本朝兴起之处，山崩川竭，孛星又扫过摄提、大角两星，从参星一直到辰星，国家要亡了！"

2 二月二十日，封淳于长为定陵侯。

3 三月，皇上行幸雍县，祭祀五色帝。

4 皇上为了向胡人炫耀中原有很多禽兽，这年秋天，命令右扶风征发百姓入南山，西自褒谷、斜谷，东到弘农，南到汉中，张设捕兽大网，捕捉熊罴禽兽，用槛车装载，运到长杨宫射熊馆，再用网围成一个围栏，把禽兽放进去，命胡人勇士赤手空拳跟猛兽搏斗，擒获就归他所有。皇上亲临观赏。

元延四年（壬子，公元前9年）

1 春，正月，皇上行幸甘泉，祭祀天神。

2 中山王刘兴（刘骜幼弟）、定陶王刘欣（刘骜大弟刘康之子）都来京师入朝。刘兴只带了太傅来，刘欣则把太傅、国相、中尉都带来了。皇上觉得奇怪，问刘欣。刘欣回答说："依据法令，诸侯王入朝，可以带上国中二千石以上官员，傅、相、中尉都是二千石，所以都带来了。"皇上让刘欣朗诵《诗经》，刘欣不仅能背诵，而且能解析。

另一天，皇上问刘兴："你只带了太傅来，是根据什么法令呢？"刘兴答不上来。让他背诵《尚书》，刘兴又背不下去。等到御前赐宴，皇上吃完了，他还在吃，最后一个吃饱。吃完起身走下台阶，袜带松了也不知道。

皇上由此觉得刘兴无能，而认为刘欣很有贤德，数次称赞他有才。当时诸侯王中，唯有这两位和皇上血缘关系最亲。刘欣的祖母傅太后也跟着入朝，私下贿赂赵皇后、赵昭仪和骠骑将军王根。那三人见皇上没有儿子，也都在给自己找后路，为长久之计，也跟着称赞刘欣，劝皇上以刘欣为后嗣。皇上自己也觉得刘欣一表人才，为他加元服，亲自主持加冠成人礼，然后送他回去。这一年，刘欣十七岁。

3 三月，皇上行幸河东，祭祀后土。

4 关东坠下两颗陨石（《汉书·五行志》记载坠落地点为都关）。

5 王根举荐谷永，征召谷永入朝，任命为大司农。谷永前后上书四十余次，内容大致相同，专攻皇上及后宫之事而已。谷永与王氏一党，皇上也知道，所以不怎么亲信他。谷永就职大司农一年多，生了病，病假三个月期满后，皇上不再批准延长假期，谷永当下被免职，又过了数月，便死了。

绥和元年（癸丑，公元前8年）

1 春，正月，大赦天下。

2 皇上召丞相翟方进、御史大夫孔光、右将军廉褒、后将军朱博入禁中，商议"中山王、定陶王谁宜为嗣"。翟方进、王根、廉褒、朱博都认为："定陶王刘欣，是皇上弟弟的儿子，《礼》上面说：'兄弟的儿子，就如同自己的儿子，以他为继承人，就是自己的儿子了。'定陶王应该立为后嗣。"孔光唯独认为："根据《礼》，立后嗣要看血缘关系亲疏，以《尚书·盘庚》所记载殷朝的先例，都是兄终弟及，中山王刘兴，是先帝之子，皇上的亲弟弟，应该立为后嗣。"皇上认为："中山王不成才，而且根据礼制，兄弟不得相继入祀祖庙。"不听孔光的意见。

二月初九，皇上下诏立定陶王刘欣为皇太子，封中山王刘兴的舅舅、谏大夫冯参为宜乡侯，又给中山国增加三万户封地，以安抚刘兴。派执金吾任宏代理大鸿胪（掌管诸侯及藩属国事务），持节前往定陶征召刘欣。刘欣推辞说："臣才质不足以假充太子之宫，臣愿意就住在定陶国宾馆，每日能早晚请安，侍奉皇上起居。等到皇上有了后嗣，我再回到定陶，镇守藩国。"奏书递上去，皇上批复说："知道了（没有批准他的申请）。"

二月十四日，孔光因为在立嗣问题上意见不合皇上心意，调任廷尉。何武为御史大夫。

3 当初，皇上下诏访求殷商王室后代，已经分散为十几个姓氏（宋、孔、华、戴、桓、向、乐等），要想在其中分辨出谁是嫡系，已不可能。匡衡、梅福都认为应该封孔子的世系为商汤之后，皇上听从，封孔吉为殷绍嘉侯。三月，与继承周朝的周承休侯一起进爵为公爵，封地各有一百里。

4 皇上行幸雍县，祭祀五色帝庙。

5 当初，何武做廷尉的时候，曾谏言："世道衰微，风俗弊坏，政事繁多，而丞相之才，又赶不上古人，而独揽三公事务，所以政事废坏，不能治理，应该再恢复三公体制。"皇上听从。夏，四月，赐给曲阳侯王根大司马印绶，设置官属，撤销骠骑将军职务；以御史大夫何武为大司空，封汜乡侯；两人都增加俸禄，和丞相一样。如此三公齐备了。

6 秋，八月初九，中山孝王刘兴薨。

7 匈奴车牙单于死，弟弟囊知牙斯即位，为乌珠留若鞮单于。乌珠留若鞮单于任命弟弟乐为左贤王，舆为右贤王。汉朝派遣中郎将夏侯藩、副校尉韩容出使匈奴。

有人对王根说："匈奴有一块土地，像楔子一样揳入汉地，与张掖郡接壤，出产奇异的木材，可以用于制作箭杆，又有大鹏，羽毛可以做箭翎。如果能得到这块土地，能让边塞富饶，国家有广地之实，将军显功垂于无穷！"

王根就跟皇上汇报了这块土地的利益，皇上心动了，也想向单于求地，又怕单于不肯给，那就是诏命不行，有损天威，在蛮夷各国丢了面子。王根于是将皇上的意思告诉夏侯藩，让按自己的意思，以个人建议向单于提出。

夏侯藩到了匈奴，说完正事，顺便谈及："我见匈奴有一块土地揳入汉地，直逼张掖郡，汉朝三个都尉的部队驻守在塞上，士卒数百人，寒苦，侯望久劳，单于不如上书，把这块地献给天子，从楔形土地根部拉直边界。这样汉朝边防军可以减少两个都尉、数百人，单于您得以报答天子厚恩，而天子给您的回报，必定更大！"

单于问："这是天子诏命，派您传达给我的吗？"

夏侯藩说："当然是天子诏命，不过我也是替单于着想。"

单于说："这块地是温偶𩯢王所居住的地方，我不了解它的形状和出产，等我调查一下。"

夏侯藩、韩容回国后不久，再次出使匈奴，到了就要地。单于说：

"父兄传了五世，汉朝都没有要求这块地，偏偏到了我做单于，就要我献地，这是为什么呢？我已经问过温偶騊王，匈奴西边的诸侯，制作帐篷和大车，都靠这座山的木材。况且这是先父传下来的土地，不敢在我手里失去。"

夏侯藩回国后，调任太原太守。单于遣使上书，报告夏侯藩要求割地的经过，皇上诏书回报单于说："夏侯藩擅称诏命，要求单于割地，依法当死。但是，从这件事发生到现在，已经有过两次大赦，夏侯藩已经调任济南太守，不让他再与匈奴接触了。"

【华杉讲透】

贪心会降低人的智商，并误判别人的智商，刘骜君臣，这样去哄骗单于割地，怎么可能呢？但是王根贪功，刘骜贪心，夏侯藩也想立功受奖，就君臣上下稀里糊涂地去单于王庭进行拙劣的表演。之后刘骜推说夏侯藩擅称诏命，那既然是死罪，大赦只能免刑，也不能还当官吧！单于又怎么能信呢？堂堂一国天子，干这种偷鸡摸狗的事，可见刘骜的轻佻，而他的威信已经受损了。

这种情况很典型，就是下属想立功，鼓捣老板去占对方便宜。老板本来没想占便宜的，但是人的贪心经不起鼓动，就放手让他们试一试，结果反而把合作关系搞破裂了。比如双方谈判，已经谈妥结束。但甲方一个人想立功，他说他能让乙方再降价。老板本来不需要，但是一来能多占一点便宜也不错，二来不想打击"忠臣"的积极性，就默许他去试一试。那人志在必得，而对方则觉得莫名其妙，义愤填膺，于是双方就闹翻了。

想"立功"的人，往往给组织带来最大损失。

8 冬，十月十四日，王根因病免职。

9 皇上认为，太子刘欣既然继承了"大宗"，就不能再照顾原生家庭。十一月，立楚孝王刘嚣的孙子刘景为定陶王（承嗣刘欣的生父刘康)。太子准备上书叩谢。太子少傅阎崇认为:"继承大宗之后,太子就是皇上的后嗣,不得再照顾生父生母,不应该谢。"太子太傅赵玄却认为:"应该谢。"太子听了太傅的。结果皇上下诏,责问他谢什么。尚书弹劾赵玄,贬为少府,以光禄勋师丹为太傅。

当初,太子幼年时,祖母傅太后亲自抚养,等到继承大宗做了太子,皇上下诏,让傅太后和太子生母丁姬自己住在定陶国宾馆,不得与太子相见。过了些日子,皇太后王政君想要让傅太后、丁姬每十天能去一次太子家。皇帝说:"太子继承正统,应当奉养皇太后,不应该再照顾自己原来的亲人。"皇太后说:"太子小时候是傅太后抱养的,如今傅太后去太子家,不过是以乳母的身份罢了,没有什么妨碍!"于是皇上下令,傅太后可以去太子家,但是丁姬因为没有亲自抚养太子,所以不能去。

10 卫尉、侍中淳于长得到皇上的恩宠,备受信任和重用,贵倾公卿,对外结交诸侯王、州牧、郡守,接受的贿赂馈赠和皇上给他的赏赐累计巨万,又淫于声色。许皇后的姐姐许孊为龙雒思侯夫人,寡居,淳于长与许孊私通,干脆娶进家为小妻(将皇后姐姐、列侯夫人娶进家做小老婆,淳于长相当无所顾忌了)。许皇后当时因为被废,居于长定宫,就通过许孊,贿赂淳于长,希望能恢复为婕妤。淳于长接受许皇后的金钱、乘舆及各种衣服器具,前后价值上千万,欺骗许皇后说,他会跟皇上说,立她为左皇后。许孊每次进长定宫,淳于长就让许孊带书信给许皇后,戏侮许后,轻佻污秽,无所不言,如此交通书信,收受许皇后贿赂,持续好几年。

当时曲阳侯王根辅政,久病,多次申请退休。淳于长以外戚身份居九卿之位(淳于长是太后姐姐的儿子),按次序应该他接替王根。侍中、骑都尉、光禄大夫王莽心里很忌恨淳于长受宠,又掌握了他的隐私。王莽侍奉王根养病,说:"淳于长见大将军生病,非常欢喜,自以为自己将接任,已经开始对人封官许愿了。"然后王莽详细汇报了淳于长的各种罪过。王根怒道:"既然如此,为什么不早点汇报?"王莽说:

"不知道将军的意思，所以不敢说。"王根说："赶紧向太后汇报！"王莽求见太后，详细汇报了淳于长骄奢淫逸，想要接替王根，以及与长定贵人（许皇后）的姐姐私通，还收受其贿赂等。太后也怒，说："此儿竟至于如此！你去告诉皇帝！"王莽向皇上汇报，皇上因为淳于长毕竟是太后姐姐的儿子，仅仅将他免职，没有治罪，遣返他回到自己封国。

当初，红阳侯王立没有得到辅政的权位，怀疑是淳于长诋毁他的缘故，对淳于长恨之入骨，皇上也知道这情况。等到淳于长被贬回国，王立的嫡长子王融，请求淳于长把他的车马送给他（淳于长回封国，这些东西也用不上了），淳于长顺水推舟，又通过王融送了好多珍宝给王立。王立于是上亲启密奏，为淳于长求情说："陛下既然诏书上已经说明是因为皇太后的缘故没有治他的罪，就不应该再遣返他。"皇上于是起了疑心（知道他俩是死敌，怎么突然好起来，必有蹊跷），下令有司调查。官吏先逮捕王融，王立逼王融自杀以灭口。皇上于是更加怀疑有大奸，于是逮捕淳于长，关进洛阳诏狱，严厉审讯。淳于长于是全部招供，包括戏侮许皇后，谋立左皇后，等等，罪至大逆，死在狱中。淳于长妻子儿女应该连坐的，全部流放到合浦，母亲王若（太后王政君的姐姐）遣返故乡。皇上再派廷尉孔光持节赐许皇后毒药，下令她自杀。

丞相翟方进又弹劾说："红阳侯王立，狡猾不道，请下狱。"皇上说："红阳侯是朕的舅舅，不忍心法办他，遣返他回自己封国吧。"于是翟方进再弹劾王立的党羽后将军朱博、巨鹿太守孙闳等，都免官，与前光禄大夫陈咸等，一律遣返故乡。陈咸自知再没有翻身机会，忧郁而死。

宰相翟方进智能有余，通晓法律制度，熟悉行政工作，又能以儒雅修饰，被称为"通明宰相"，天子很器重他。他又善于揣摩把握皇上的意思，奏事无不符合皇上的心意。当淳于长得势时，翟方进和他交好，经常向皇上称誉推荐淳于长。等到淳于长因为大逆罪被诛杀，皇上认为翟方进是大臣，特意保护他，替他隐讳。但是翟方进自己心里羞惭，上书请求退休。皇上回答说："定陵侯已经伏诛，您虽然和他有交通往来，但是古书上也说了：'朝过夕改，君子与之（早上的过错，只要晚上改了，君子都赞扬）。'您还有什么疑虑呢！自己专心休养，不要耽误了吃药，好好保重！"翟方进于是起来重新主持工作，又一条一条上奏淳于长所交厚的京兆尹孙宝、右扶风萧育，以及刺史及二千石以上官员共二十余人，全部免职。函谷都尉、建平侯杜业，一向与翟方进不和，翟方进弹劾说："杜业接受红阳侯王立的书信和请托，不敬。"于是杜业也被免职，遣返他回自己的封国。

【胡三省曰】

函谷都尉负责在函谷关检查出入。杜业是杜延年的孙子，一向不事权贵，和翟方进、淳于长都不和。淳于长被免职遣返回封国的时候，王立写了一封信给杜业，请他不要因为以前的矛盾为难淳于长。淳于长出关之后，罪行败露，被抓到洛阳监狱，丞相史搜得王立的书信，上奏说杜业接受王立的请托，犯了"不敬"之罪。

【华杉讲透】

翟方进当然是个坏人，杜业本来和淳于长是有矛盾的，反而被他打成淳于长一党，被清洗。杜业呢，他"一向不事权贵"，但是又做得不够彻底。彻底的应该怎么做呢？就是完全透明公开，你写信向我请托，我就把你的信公开，或者亲启密奏给皇上送去。我这里只有公事，没有私事。但是，这样能行吗？不会把王立得罪了吗？或许还会被陷害得更惨吗？突然这么干当然不行，但是，如果你一开始就建立的是"不粘锅"形象，人人都知道，就不会有王立请托的信。

如果做不到这一步，那就按游戏规则来，那就是防不胜防，你也只能认赌服输了。

皇上因为是王莽首先揭发了淳于长这个大奸臣，称赞他的忠直，王根于是推荐王莽接替自己。十一月丙寅日（柏杨注：十一月无此日），任命王莽为大司马。王莽时年只有三十八岁。王莽拔出同列，继四位叔父之后辅政，想要让自己的名誉超过前人，于是更加克己不倦，聘请诸位贤良做自己的部属助理，皇上给的赏赐和他自己封地的收入，全部都分给这些士人，而自己更加俭约。母亲生病，公卿列侯派遣夫人们来探望，王莽的妻子出来迎接，衣服的长度都不到地面，外套仅仅遮住膝盖，看到的人都以为是家里的奴婢，一问才知道就是夫人。王莽博取美誉，就是这副做派。

【华杉讲透】

成帝的神经太大条，当初萧何稍微多了一点美誉，就引起刘邦猜忌，以至于萧何要特意安排家人做一点强占民田的不法之事，让刘邦能收到对他的举报信，才得以过关。如今王莽作为臣子，皇上给他的赏赐，他全部分给大家，封地的收入，自己也一分钱不留，也分给大家，那他到底要什么呢？

再往前，王翦带着秦国六十万大军伐楚，为了避免秦王嬴政的猜忌，成天派使者回去找秦王要田要地，以显示自己没有志向。

再往前，田氏替代姜氏，夺取齐国政权，就是全国上下都得他的好处。

历史的经验教训太多太多，成帝号称爱读书，却没有读到关键。王莽已经登峰造极，发展到和皇上"争夺民心"，他还懵然不觉。

11 丞相翟方进、大司空何武上奏说："春秋之义，用贵治贱，不以卑临尊。如今，刺史的地位在大夫之下，却负责督导二千石官员，轻重不匹配，臣等请撤销刺史官职，改设州牧以应古制！"十二月，撤销刺史官职，改设州牧。

【华杉讲透】

翟方进、何武所奏，逻辑不对。刺史和州牧，完全是两个性质，跟贵贱尊卑没关系，或者说，当初汉武帝特意就是要用级别低、有冲劲的年轻官员，去监察级别高的地方官。刺史是中央派出的监察官，"刺"，检核问事之意。刺史巡行郡县，分全国为十三部（州），各部置刺史一人，后通称刺史。而州牧，是地方军事行政的全权长官。所以不存在"改刺史为州牧"，而是撤销了中央的监察，地方权力极大地扩张。到后来，州牧又发展为世袭，所以大家在《三国演义》里看到，一个州牧，差不多比汉初的诸侯王势力还大了。

何武之前上奏，也是以恢复古制的名义，设立三公。丞相是秦制，三公是周制。重新设立三公，是分丞相的权，这个制度一直到东汉末年，曹操才重新集权于丞相。把丞相的权一分为三，皇上当然是乐意的。撤销刺史，设立州牧，皇上为什么同意，就不知道了。

12 犍为郡在水边发现十六枚古磬（古代打击乐器，形状像曲尺，用玉、石制成，可悬挂），大家议论纷纷说这是祥瑞。刘向借此上书说："应该重新建立辟雍（天子之学，相当于中央大学）、庠序（地方上的学校）等各级学校，陈设礼乐，隆兴中正平和的雅颂之声，提倡揖让之礼容，以风化天下。如果把这些事情做了，天下还不能大治的，还从未有过。有人说：'现在的礼教不完备，没有用。'礼以培养教化人为本，如果有什么不完备，也不过是培养教化不完备而已。如果说礼教不完备，那刑罚就完备吗？而刑罚的过错，却足以致人死伤，如今的刑法，也不是皋陶时期的刑法，有司制定法律，也是该减就减，该增就增，都是为了适应这个时代。而一说到礼乐，就说不敢动，那是敢杀人，不敢培养教化人吗？只是因为祭器和乐器的不齐备，就放弃不做，这是舍弃小的不齐备，而去就那大的不齐备，这不是太令人困惑了吗？教化为重，刑法为轻，舍教化而就刑法，就是舍重取轻了。治理国家，首先依靠的是教化，刑法只是协助，不是带来太平的根本。就连京师长安都有悖逆不顺的子孙，以至于陷于死刑，还不能根绝，这都是因为没有仁、义、礼、智、信的五常教化。汉朝上接千年衰微的周朝和残暴的秦朝留下的弊端，人民长期浸淫于恶劣的风俗，贪婪奸险，不懂义理，不给他们教化，而唯独靠刑罚，终究不能改变民风。"

皇帝将刘向的言论发给公卿们商议，丞相、大司空奏请建立辟雍，还在长安确定选址，测量土地，立下标志，但是，还没有动工就不了了之了。

当时，又有人说："当初孔子一介布衣，门徒还有三千人。如今天子太学的生员太少！"于是将生员扩招到三千人，但是过了一年多，又恢复到以前的一千人。

刘向自以为皇上信任他，所以经常上书直接批评宗室，又讥刺王氏及在位大臣，他的话大多很痛切，发于至诚。皇上想用刘向为九卿，但是不被王氏及丞相、御史等当权派接受，所以始终没有得到提拔，在大夫一级停留前后三十余年而卒。

刘向死后十三年，王莽篡汉。

卷第三十三　汉纪二十五

（公元前7年—公元前6年，共2年）

主要历史事件

成帝突然驾崩，赵合德被逼自杀　215
太子刘欣即位，是为汉哀帝　217
王政君让王莽辞职，后又重新让他主持政务　218
哀帝撤销乐府官署　218
刘歆编《七略》　219
师丹建议限制富人资产　220
王莽得罪傅太后，被免职，但仍受到优待　221
贾让提出治河三策　224
刘歆反对撤除汉武帝祭庙　227
师丹建议哀帝三年内勿改先帝政策　227
耿育为陈汤鸣冤，陈汤被召回　230
解光揭露赵合德残杀成帝子嗣　231
师丹被免职，后又被封侯　236
冯太后被诬告自杀　237

主要学习点

乐天知命，顺理而行　215
领导力首先是意志力　223
最笨的方法，往往就是上策　226
名不正则言不顺，言不顺则事不成　236
嫉妒之恨，往往超过血仇　239

孝成皇帝下

绥和二年（甲寅，公元前7年）

1 春，正月，皇上行幸甘泉，祭祀天神。

2 二月十三日，丞相翟方进薨。

当时，火星接近心宿星（根据中国古代的星象学，这是灾难接近天子的天象），丞相府议曹（属吏幕僚，丞相府、公府、州郡都有，职责在于议论咨询）平陵人李寻上奏翟方进说："灾变迫切，上天的斥责一天天增加，怎么能避免被斥逐，甚至更严重而被刑戮的命运？整个丞相府三百余人，唯有君侯您自己决断尽节，才能转移凶险。"翟方进十分忧虑，不知道怎么办。

宫廷郎官贲丽通晓星象，说大臣应该承担责任。皇上就召见翟方进。翟方进见了皇上回来，还没来得及自裁，皇上又赐下册书，责备他政事不治，灾害并发，百姓穷困，说："本想将你免职，又于心不忍，派尚书赐给你上尊酒十石、牛一头，你自行处理吧！"

翟方进即日自杀。

皇上对翟方进的死因秘而不宣，派九卿送上殉葬的印信绶带，赏赐车马与棺材，葬礼一切陈设都由少府供应，柱子和栏杆全部用白布包裹。天子亲临吊唁数次，葬礼规格和赏赐都超过以前的丞相。

【司马光曰】

晏婴说："不怀疑天命，也不试图改变天命。"祸福之至，是能够转移的吗？当年楚昭王、宋景公不忍心把灾祸转移给他们的大臣，说："把腹心之疾，转移到股肱，有什么好处呢？"仁义的君王，对这样的事根本就不忍心去做，更何况那灾祸是根本无法转移给别人的呢？假使翟方进根本就罪不至死，却杀了他，那是欺天；假使翟方进有罪该死，却又隐瞒他被杀的事情，还高规格厚葬，那是欺人。孝成皇帝既要欺天，又要欺人，而又没什么好处，他可以说是不知命的人了。

【华杉讲透】

汉成帝君臣合谋，逼死了翟方进。先是李寻要他"尽节转凶"，这"转凶"，就是把天象显示皇上要遭的灾祸，转移到自己身上，替皇上承担责任。这个建议，翟方进无法拒绝。但是翟方进不想死，所以"不知所出"，不知道该怎么办了。贲丽又补一刀，皇上也着急，要赶紧找个替死鬼去挡灾，就召见翟方进，意思很明确了，翟方进回去，还没来得及自裁，皇上催逼的东西就到了，送来的十石酒、一头牛，根据礼仪，是有天地大变的时候，皇上拿来祭天告罪的，这是明确要翟方进做牺牲上祭坛了。翟方进只能"即日自杀"了。

司马光所举的历史案例，值得讲一讲：

《左传》记载，周哀王时期，有云如一群赤色的鸟，夹日而飞，持续三日。楚昭王问周太史，这是什么征兆？太史说："应验在大王您身上有灾，如果举行祭祀消灾的禜礼，可以把灾转移给令尹、司马。"楚昭王说："移腹心之疾于股肱，何益！"不搞什么禜礼。

《史记》记载，宋景公时，出现和今天一模一样的火星接近心宿星的天象，宋景公很忧虑，星象官子韦说："可以把灾转移给丞相。"宋景公说："丞相，是我的股肱。"星象官说："那也可以转移给人民。"宋景公说："君王全靠人民。"星象官说："可以转移给这一年的庄稼。"宋景公说："闹一年灾荒，人民困苦，我还算什么国君呢？"星象官说："上天虽然高高在上，也能听见卑微的言论，国君您有仁人之言三句，星象应该会有变化。"之后火星果然离开心宿。

君子多识前言往行以畜其德，这是学习历史的意义。司马光所举的案例，当时却没有人说给成帝听，他就做下这欺天欺人、伤天害理的坏事。司马光说他"不知命"，这是一个大题目，《易经》上叫"乐天知命"。《易经》上说："乐天知命，故不忧。"乐天知命，乐于顺从天道的安排，安守命运的分限。

孔子说："不知命，无以为君子也。"

孟子曰："莫非命也，顺受其正。"一切都是命运，只须顺理而行，接受的就是正命。

程颐说："知命者，知有命而信之也，人不知命，则见害必避，见利必趋，何以为君子？"知命者，知道有命，并且相信这命，就按这个命去做。孔子说五十而知天命，我的天命是什么，我就去做什么。如果人不知命，那他一举一动的原则，都是趋利避害。趋利避害，就没有志向和原则，为利欲所牵引，为害怕而躲避，他的未来往哪儿去，他自己都不知道，怎么能成为君子呢？

孔子说："知者不惑，仁者不忧，勇者不惧。"这就是智、勇、仁三达德，成帝既无智，也不仁，也不勇，就全是惑、忧、惧，就有害必避，逼翟方进替他挡灾了。

3 三月，皇上行幸河东，祭祀后土。

4 三月十八日，皇上崩于未央宫。

皇上一向自以为身体很好，也没有什么疾病。当时，楚思王刘衍、梁王刘立正在京师朝见，第二天就要返回封国。皇上住在未央宫白虎殿（准备第二天给他俩饯行），又准备拜左将军孔光为丞相，封侯的印绶和委任状都已准备好。晚上都一切如常，清晨起床的时候，正要穿裤袜，衣服突然滑落下来，已经说不出话，当天早上就崩了。民间喧哗，都归罪于赵昭仪。皇太后下诏，令大司马王莽与御史、丞相、廷尉调查，问皇上起居和发病的情况，赵昭仪自杀。

【班彪赞曰】

我的姑姑曾经在成帝后宫做婕妤（班婕妤），父子、兄弟都在宫中侍奉，他们多次对我说："成帝仪表堂堂，上车端正而立，不回头看，不高声说话，手不到处指来指去（'车中，不内顾，不疾言，不亲指'，这是《论语》里形容孔子的话，班彪用来形容成帝）。临朝的时候，深远静默，尊严如甚，可以说是穆穆天子之容，又博览古今，宽容地接受臣下直言进谏，批复公卿的奏议，都有文采。一生承平之世，上下和睦。但是，沉湎于酒色，赵氏姐妹淫乱于后宫，外家王氏擅权于朝廷，言之令人气结！"从建始以后，王氏掌控了国家大权，哀帝、平帝又都很短命，王莽于是篡位，那是他掌握作威作福的刑赏大权，渐渐积累而来。

5 当天，孔光在大行皇帝（大行是不回来了的意思）灵柩前拜受丞相、博山侯印绶。

6 富平侯张放听说皇帝崩逝，思慕哭泣而死。

【荀悦曰】

张放并非不爱皇上，只是没有忠心，爱而不忠，正是伤害仁德的贼子。

7 皇太后下诏，恢复在长安南、北郊祭祀天地的礼仪。

8 夏,四月初八,太子刘欣(本年十九岁)即皇帝位,谒高庙,尊皇太后为太皇太后,皇后为皇太后。大赦天下。

哀帝初立,躬行俭约,省俭费用,政事都由自己决定,朝廷翕然有望进入治世。

9 四月己卯日(四月无此日),葬孝成皇帝于延陵。

10 太皇太后王政君下令傅太后、丁姬可以每十天到未央宫一次。

皇上下诏问丞相、大司空:"定陶恭王太后(傅太后)应该住在什么地方?"丞相孔光一向听闻傅太后为人凶暴,长于权谋,而且自从皇帝还在襁褓之中时,就由她抚养教导一直到成人,而皇帝当初得以被立为皇太子,也是她出了大力。所以孔光担心傅太后参与政事,不希望她跟皇帝朝夕亲近,于是说:"定陶太后应该另外修筑宫殿居住。"大司空何武说:"可以住在北宫。"皇上听从了何武的意见。

北宫有紫房复道(紫房是太后所居宫室,复道是双层阁道)通往未央宫,傅太后果然从复道朝夕都到皇帝那里去,要求给她称尊号,并贵宠她家亲属,使得皇上不能按规矩办事。

高昌侯董宏,希望能够迎合傅太后的心意,上书说:"秦庄襄王的母亲本来是夏氏,而过继给华阳夫人为子,取得帝位。在他即位后,夏氏和华阳夫人都称太后。应该立定陶恭王后为帝太后。"事情交给有司讨论,大司马王莽,左将军、关内侯、领尚书事师丹弹劾董宏说:"明知道皇太后的尊号,是天下一统,却引用亡秦的先例为比喻,贬低误导圣朝,这不是人臣该说的话,大不道!"皇上新立,谦让,就采纳王莽、师丹的意见,将董宏贬为庶人。傅太后大怒,强迫皇上给她称尊号。皇上于是向太皇太后汇报,太皇太后就让皇上下诏尊定陶恭王为恭皇。

11 五月十九日,立皇后傅氏,是傅太后堂弟傅晏的女儿。

12 诏曰:"《春秋》之义,母以子贵,宜尊定陶太后为恭皇太后,丁姬为恭皇后，各置左右詹事（掌皇后家中之事的总管），食邑待遇分别与长信宫（太皇太后王政君）、中宫（皇太后赵飞燕）相同。"又追尊傅太后的父亲为崇祖侯，丁姬的父亲为褒德侯；封舅舅丁明为阳安侯，舅舅的儿子丁满为平周侯，皇后的父亲傅晏为孔乡侯，皇太后弟弟、侍中、光禄大夫赵钦为新城侯。

太皇太后下诏让王莽辞职回家，让位给皇帝的外家。于是王莽上书请求退休。皇帝派尚书下诏起用王莽，又派遣丞相孔光、大司空何武、左将军师丹、卫尉傅喜一起去找太皇太后说："皇帝听说了太皇太后的诏书，非常悲伤！大司马王莽如果不能留任，皇上不敢听政！"太皇太后于是重新下令让王莽继续主持政务。

13 在汉成帝时期，春秋时郑国那种淫靡的音乐非常流行，宫廷歌手丙强、景武之流富贵显耀于世，贵戚与皇上都相互攀比竞争，看谁的美女歌舞能压倒对方。皇帝还在做定陶王时，就非常厌恶这种风气，性情上也不喜好音乐歌舞，六月，下诏说："孔子不是说了吗？'放郑声，郑声淫。'撤销乐府官署。郊祭的音乐和古代兵法上的武乐，都记载在经书里，不是郑国、卫国那样的音乐，可以划归其他官署。"如此裁撤的人员超过原来的一半。但是，百姓已经在郑卫之声中浸淫日久，又没有制定新的雅乐来推行，所以豪富吏民的音乐歌舞，一如既往，自娱自乐。

14 王莽推荐中垒校尉刘歆，有才能，有品行，担任侍中，稍后擢升为光禄大夫，地位尊贵，并受到皇上宠幸，更名为刘秀。

【柏杨曰】

刘歆是刘向的儿子。刘向原名刘更生，后改名刘向。而刘歆改名为刘秀，是希图应验图谶。《河图赤伏符》上有一句怪话："刘秀发兵捕不道，四夷云集龙斗野，四七之际火为主。"刘歆于是改名为刘秀，希望这个预言应验在他身上。

【华杉讲透】

刘歆在历史上还是以"刘歆"留名，在本书中，下文我们仍称他为"刘歆"，以免和后来的汉光武帝刘秀混淆。

皇上下令刘歆负责典校五经（《诗经》《尚书》《礼记》《易经》《春秋》），继承他父亲未竟的事业。刘歆于是综合群书的精华，编成《七略》上奏，有《辑略》《六艺略》《诸子略》《诗赋略》《兵书略》《术数略》《方技略》，共六部，三十八种，五百九十六家，一万三千二百六十九卷。

刘歆叙述诸子百家，分为九流：儒家、道家、阴阳家、法家、名家、墨家、纵横家、杂家、农家，他认为："九家皆起于王道衰微，诸侯主政，而各国君主好恶不同，所以九家之术锋出并作，各引一端，崇其所善，以此驰说，来取合于诸侯。他们的说法虽然不同，好像水火不容，但又好像水火一样相生（水灭火，长出树木，木又可以生火），就像仁和义，敬与和一样，相反而相成。《易经》说：'天下同归而殊途，一致而百虑。'目标目的都一样，但是思虑繁多，路径不一。除了儒家正统之外，其他各家，分别推崇自己的长处，穷思尽虑，来阐明他们的思想，虽然有弊病不足之处，但是综合他们的要点，也不过都是儒家六经的支派与末流而已，这些学者，如果能遇到明君圣主，对他们的思想加以折中，也都是股肱之才！孔子说：'礼失而求诸野。'如果礼仪教化因为社会动荡而失传了，到了最偏远的地方去找，或许还有保存。如今离圣人的时代已经很久远了，道术缺废，无所求索。那么，在这九家的思想里面去找，不是比'求诸野'强吗？如果能修明儒家六艺，再来参考这九家之言，舍短取长，那就是可以通达万方的经略了。"

15 河间惠王刘良能继承先祖河间献王刘德的高尚品行，在母太后薨逝的时候，服丧完全符合礼仪标准。皇上下诏给河间王增加封邑一万户，以作为宗室表率。

16 当初，董仲舒向汉武帝建议说："秦朝用商鞅之法，废除周朝的井田制，人民可以买卖土地，以至于富者的土地一望无际，而贫者没有立锥之地。就在一个县邑里面，有人像君王一样尊贵，有人像公侯一样豪富，小民怎能不困苦！现在要完全恢复井田制是不可行了，但是也应该稍微接近，限制拥有土地的数量，以弥补那些没有土地的，堵塞兼并的途径。也限制豪强拥有奴婢，并取缔主人可以杀死奴婢的特权。轻徭薄赋，让民力得到休养，然后国家可以得到善治。"

等到哀帝即位，师丹又谏言说："如今累世承平，豪富吏民的资产都有上亿之多，而贫者越来越穷困，应该给富人的资产设个上限。"天子将师丹的建议让公卿们商议。丞相孔光、大司空何武上奏说："自诸侯王、列侯、公主都应限制土地最高数额。关内侯、官吏、人民都可买地，但都不能超过三十顷。奴婢不得超过三十人。执行到位时间以三年为限，三年不达标的，没收入官府。"

【胡三省曰】

诸侯王、列侯可以在他们的封国内购买土地。留在长安的列侯和公主可以在长安购买土地。但也都不能超过三十顷。诸侯王可以畜养奴婢二百人，列侯、公主家里的奴婢限额一百人，关内侯和普通官吏平民，家中奴婢限额三十人。

【华杉讲透】

政策的逻辑，初心是解决贫困，一出手却是解决富人。解决富人的办法又简单粗暴，按爵位高低给每个级别的人设一个资产上限。全都是想当然。这个政策没能实行，也实行不了。不知道如果真的强推，会有什么后果。

当时土地、奴婢都价格低廉，贵戚们都觉得这个政策对自己不利。皇上下诏说："以后再说。"于是就没有推行。

皇上又下诏：设于齐国的皇家织造厂，每年生产的刺绣绫罗绸缎太多,浪费太大,全部停止,不要再向宫中输送。废除"任子令"(二千石以上官员任职满三年,可以保举自己的同母兄弟或儿子进宫为郎官,这种官员全靠血缘关系,不看才能和品德,现在废除),废除"诽谤诋欺法"。掖庭内宫女年三十岁以上的,一律遣送出宫,让她们嫁人。官府奴婢五十岁以上的,恢复为平民。年俸三百石以下的基层官员,增加俸禄。

17 皇上在未央宫设酒宴,内者令(少府属官,掌官中帷帐及诸衣物)为傅太后设座,安排在太皇太后旁边。大司马王莽在检查场地布置时,斥责内者令说:"定陶太后是藩国臣妾,怎么能与太皇太后的至尊之位并列呢?"于是将座位撤去,重新设座。傅太后听说后,大怒,拒绝参加宴会,对王莽恨之入骨。王莽又上书请辞。

秋,七月初一,皇上赏赐王莽黄金五百斤,安车驷马,免职回家。公卿大夫们多有称誉王莽者,皇上于是又再加恩宠,在王莽家设置中黄门,为他家驱使(中黄门是宫中太监,专门在王莽家驻场,为他和皇上之间来回传递消息),每十天赐餐一次。又下诏给曲阳侯王根、安阳侯王舜、新都侯王莽、丞相孔光、大司空何武都增加封邑若干。任命王莽为特进、给事中,每月初一、十五朝见天子,礼仪与三公相同。又召回之前被遣回封国的红阳侯王立。

傅太后的堂弟、右将军傅喜,好学问,有志向,有品行。王莽既然罢退,大家都把希望寄托在傅喜身上。当初,皇上给外家亲属升官封爵,唯独傅喜称病婉拒。傅太后开始参与政事,傅喜经常谏劝她,所以傅太后不愿意让傅喜辅政。

七月初四,以左将军师丹为大司马,封高乡亭侯。赐给傅喜黄金百斤,交回右将军印绶,以光禄大夫身份在家养病。以光禄勋、淮阳人彭宣为右将军。

大司空何武、尚书令唐林都上书说:"傅喜行义修洁,忠诚忧国,可以为内朝辅政之臣。今天以养病为由,突然遣归,让群众失望,都说:'傅氏贤子,因为议论不合定陶太后的意思,就被黜退。'百官无不为之抱恨。忠臣是社稷之卫士。当年，鲁国治乱的关键就在季友，楚国的安危在于子玉，魏国的战争与和平全靠无忌，项羽的存亡则看范增。百万之众，不如一贤。所以秦国以千金离间赵王与廉颇，汉高祖散财万金离间项羽，让他疏远亚父范增。傅喜能立于朝廷，就是陛下之光辉，也是傅氏兴废的关键。"

皇上自己也敬重傅喜，所以，第二年又把他召回。

18 建平侯杜业上书诋毁曲阳侯王根、高阳侯薛宣、安昌侯张禹，而推荐朱博。皇帝少年时就知道王氏骄纵气盛，心中不满，因为刚刚即位，暂且优待他们。过了一个多月，司隶校尉解光上奏说："曲阳侯王根，在先帝坟墓还没有完成时，就公然聘娶掖庭女乐、五官（元帝定妾媵位号，从昭仪起，分十四等。五官位于第十二等，禄秩相当于三百石官）殷严、王飞君等，置酒歌舞。王根哥哥的儿子、成都侯王况，也聘娶以前的掖庭贵人为妻，皆无人臣礼，大不敬，不道！"于是皇上说："先帝对王根、王况叔侄，何等深厚！如今却背恩忘义！"因为王根在当年皇上被立为皇太子时出过力，所以皇上保留他的爵位，将他遣返封国。王况被贬为庶人，遣返故乡。王根及王况父亲王商所荐举的官员全部被免职。

19 九月二十五日，地震，从京师到北边郡国三十余处，城郭崩塌，压死四百余人。皇上以灾异问待诏李寻。李寻说："太阳，是众阳之长，象征着国君。国君不修道，则太阳失去它的常度，暗淡无光。最近，太阳尤其微弱，光明被侵夺而失去光彩，邪气珥、霓（珥，是日晕。霓，又叫副虹，雨后天空中彩虹，色彩鲜明的叫虹，排列顺序与虹相反，色彩比虹暗淡的叫霓）多次出现。小臣我不知道宫廷内的事，但是，从太阳显现的天象来看，陛下的志向节操比您刚即位时差远了！希望陛下执守乾刚之德，强大自己的心志，遵守治国的法度，不要听女人和邪臣的巧言，还有那些保姆、乳母的卑辞请托，都断绝而不听。一切遵从国家大义，断绝对他们的小小不忍之心，实在不得已，可以赏赐给他们货财,绝对不可以给他们请托的人官位,因为这实在是上天所禁止的啊!

"臣听说,月亮是众阴之长,象征着后妃、大臣和诸侯。最近月亮也多有变异,这是因为母后参政乱朝,阴阳俱伤,两不相便。我是外臣,不知道朝廷内部的事,只是根据天象,推测如此。从天象来看,近臣已经不足以倚仗了。唯有陛下亲自选求贤士,不要让那些邪佞之人显贵盛强,这样才能尊崇社稷,让本朝强大!

"臣听说五行以水为本,水的标准状态是平静,王道公正修明,则百川顺畅,经脉畅通。如果偏颇私党,失去纲纪,则涌溢为败。如今汝水、颖水激流翻涌,与雨水并为民害,这正是《诗经》所谓的'百川沸腾',咎在女宠之族。希望陛下能稍稍抑制外戚大臣!

"臣听说地道柔静,是阴的常义。最近关东多次地震(这也是'阴'出了问题),务在崇阳抑阴以救其咎,固志以用英俊之才,建威以黜奸邪之人,闭绝私路,拔进英隽,退黜不称职的大臣,以强本朝!根本强,则意志力强,那些想要危害国家的,自然就被折挫了。根本弱,则招殃致凶,为邪谋所欺凌。我听说,之前淮南王刘安谋反之时,他所忌惮的只有汲黯一人,连公孙弘,他都认为不足为道。公孙弘是汉之名相,本朝还没有一个人可以和他相比,还被刘安轻视,更何况本朝连公孙弘这样的人都没有呢?所以说,朝廷没有人才,就被乱臣贼子所轻视,这是自然的道理。"

【华杉讲透】

李寻的奏章,反反复复说"尊强本朝",要让汉朝再次强大,核心要旨是要汉哀帝"固志建威",坚定自己的意志。领导力首先是意志力,执行谁的意志,就是谁在领导。汉哀帝连保姆、乳娘的请托都不能拒绝,就是让她们都可以向人封官许愿了,更不用说后妃外戚,那国家是谁在治理呢?你的意志力强,小人自然不敢妄想乱动,这就是"本强则精神折冲",有一种强大的精神力量,折断他们想冲过来的邪谋。如果领导者意志力弱,"本弱则招殃致凶",他本来没有邪谋的,都要被你招来。

另一个关键是"朝廷无人，则为贼乱所轻"。朝中没有人才，那乱臣贼子就轻视你，他就敢于铤而走险。这就是《孙子兵法》讲的"道、天、地、将、法"，你得掂量掂量你有几员大将，别人也在观察掂量你有什么样的将。

20 骑都尉（统领骑兵）平当为皇上使派，负责河堤事务，上奏说："古代的九河，已经都堙没了。按照经义，治水之道，在疏不在堵，挖掘河道疏浚，不是靠堤防壅塞。黄河从魏郡以东，决口很多，河水四处漫延，水迹难以分明，四海之内的广大百姓，不可以欺骗，应该广泛征求能疏浚河川的人才。"皇上听从了他的意见。

待诏贾让上奏说："治河有上、中、下三策，古代君王建立都城，安置人民，整理土地，一定是首先避开河川沼泽、地势低洼的地区，在洪水不能威胁到的地方选址。这样，不会遭遇大水，而小河小溪又能流进来提供水源。在山坡底下，作为湖泊池泽，秋季可以做泄洪区，让洪水左右流动，宽缓而不急迫。土地上有河川，就像人有嘴一样，用土去堵河，就像为了制止婴儿哭泣而去堵他的嘴，哭是马上止住了，但是那孩子也要死了。所以说：'善于治河的人，疏浚河道让水畅流；善于治民的人，鼓励他们畅所欲言。'（出自《国语》，召公进谏周厉王的话：'善为川者决之使道，善为民者宣之使言。'）修筑堤防的传统，起于战国时期，那是因为各国都只管自己，把自己这一边堵住就行。齐国与赵国、魏国，都以黄河为界，赵国、魏国背靠山区，而齐国地势较低。齐国在距离黄河二十五里处筑堤，河水东抵齐堤，为齐堤所阻，则向西泛滥于赵、魏。于是赵、魏也在距黄河二十五里处筑堤。他们这样的做法虽然不对，但是毕竟还都留出了泄洪区。但是，随着时间推移，河堤内填淤的土地肥美，百姓开始在里面耕田，长时间没有水害，又在里面盖房子，慢慢形成村落。大水再来，这些村庄被淹没，于是他们又建起新的堤防以自救，如此渐渐离开他们的城郭，排干水泽，建房居住。所以说，这样的居民区遭水灾，那是理所当然！如今的堤防，狭窄的地方，距河岸只有几百步距离，远的地方，也不过距河岸数里地而已。所以说，在原来的大堤之内，又有好几重河堤，民居充斥其间，这都是前世所排干的泄洪区。黄河从河内郡黎阳到魏郡昭阳，东西两岸还都有石堤，洪峰受到阻挡，激荡而还，百余里间，河水来回两次向西，三次向东，如此迫阨，不得安息。

"如果行上策，是将冀州的人民迁走，将黎阳遮害亭河堤拆除，放黄河向北流入渤海。黄河向西有大山，向东有金堤，水势不会冲击太远，泛滥的河水，一个月就能平定下来。反对的人可能会说：'如果这样，败坏城郭、房屋和坟墓以万计，百姓会怨恨。'可是当年大禹治水的时候，山陵挡路的都摧毁，所以才能开凿龙门口，洞穿伊阙山，开辟底柱山，击破碣石山，毁坏割绝天地本来面貌。至于城郭、村庄、坟墓，那都是人工所造，何足道也！如今黄河沿岸十个郡，每年治河费用都上亿，而等到决堤洪灾的时候，所摧残的损失，无法计算。如果拿出数年的治河经费来安置所迁移的人民，遵照古代圣人的方法，重新确定山川之位，让神人各得其所，不互相干扰为害。我大汉方制万里，为什么要去和河水争夺咫尺之地呢？此功一立，河定民安，所以说是上策。

"如果在冀州多穿漕渠，让人民得以灌溉农田，分杀水怒，虽然不是圣人之法，也可以算是救败之术。可以从淇口以东修筑石堤，多设闸门。反对的人可能认为，黄河大川，难以禁制。但是，从荥阳的漕运渠道效果就可以看出来了。冀州灌溉渠道水尽时，就关闭荥阳水门，让河水流入灌溉渠道。旱灾来的时候打开东方闸门，用来灌溉。洪灾来的时候打开西方闸门，使水流分散，保护农田不要受灾。这样，堤防才能发挥作用。这也是富国安民，兴利除害，能维持一百年，所以说是中策。

"如果只是修缮原来的堤防，低的堤防加高，薄的堤防加厚，劳费无已，年年遭灾，那是最下策！"

【胡三省曰】

贾让所规划的上中下三策，从汉朝到现在，没有能照做的。大概古人论事，都喜欢说上、中、下三策，其上策大多是孟浪而惊世骇俗，中策则平实而合乎时宜，下策嘛就是大家都知道的。

【王夫之曰】

治河之策，贾让所言，正是千古之龟鉴，而平当寥寥数言，也说到了本质，这正是鲧失败的原因和禹成功的根本，就算尧舜那样的圣君，也不能和黄河争胜。而小民之常情，就是贪图田庐之利，就想住在河边。劳动天下，以满足他们的欲望，自己得利一时，而遗祸子孙，这都是古今通病。而后世之谋臣呢，耍弄君王，劳民伤财，却不能按大禹的治河方针去做，原因是两个：

一是所谓贤者，拿一筐土，去暂时堵塞了滔天黄河，河岸百姓唱起歌谣来歌颂他，甚至建起祭庙来祭祀他，于是功显朝廷，名动天下，所以好事者踊跃，都要来做抗洪英雄。

二就是那时不肖的贪官了，公帑之出纳，浩繁而没有凭据，很容易贪污，民夫之征调呢，又可以乘威以指使，享其利而利其灾，大发国难财。灾区当地官员和参与其中分利的奸佞之人，个个为他唱赞歌，危词痛哭，把灾情的严重和灾区人民的悲惨说得感天动地，以动上听。所以从秦汉以来一千五百年，奔走天下谈黄河，言满公车，牍满故府，疲惫豫、兖、徐三州之民，来填这一河之壑，而一旦溃败，就都成了鱼鳖。

黄河之害，不是那河要害民，是民贪其利而自害耳！都想在泄洪区居住，民有良田，国有赋税，舔舐那刀锋上的蜂蜜，不怕自己的舌头被割断。假如能算一百年的账，想想天下土地之广，按贾让所说，迁移冀州之民，又有何不可呢？难道比年年抗洪疲劳困毙还难吗？数千年都逃不脱鲧的覆辙，是因为国君不明，而贪功嗜利之臣民，积习不可破。平当之言，贾让之策，就像两支巨烛，燃放于历史的天空，而君臣百姓，都视而不见，不亦悲乎！

【华杉讲透】

但凡上中下三策，你找那最笨的，花钱最多的，耗时最长的，往往就是上策，就是胡三省说的"孟浪而惊世骇俗"了。虽然它看起来最贵，实际上最便宜，一本万利，而且是万世之利。贾让把管一百年的办法还称为中策，因为他的格局是一千年。但是迁走之后，怎么能阻止河定之后，新的移民又进入肥沃的黄泛区，那又是问题了。王夫之说"积习不可破"，确实不可破，因为你是和这些庸人同处一个社会。

钱穆说过一个故事，一个古寺，大雄宝殿门前，两棵参天巨柏，气势如虹，那柏树长到这么大，至少五百年，当年那建寺的首任方丈，他栽下这两棵树的时候，知道自己是看不到树长大的，他看到的，他打造的，是五百年后的场景，也就是说，他的格局是五百年。后来，一次雷电，劈毁了一棵树，这五百年后的方丈，在那死树空出来的位置，种了一棵夹竹桃。夹竹桃嘛，今天种下，明年就赏花。他的格局，就是一年而已。

21 孔光、何武上奏说："要撤除的亲情已尽的祖先祭庙的名次，应当及时确定下来。请陛下与群臣讨论。"当时光禄勋彭宣等五十三人都认为："孝武皇帝虽然功勋卓著，但亲情已尽，应撤除祭庙。"太仆王舜、中垒校尉刘歆却提出异议，说："按照《礼记》，天子的祭庙应有七座。七是正规的数量，可以作为常数。被尊为'宗'的，不在此数中，宗是变数。如果有功德，就被尊为'宗'，因此不可预先规定宗的数量。我们愚昧地认为，孝武皇帝的功勋那样大，而孝宣皇帝又如此尊崇他，不应该撤除他的祭庙！"哀帝观看奏议后，指示说："太仆王舜、中垒校尉刘歆的建议可行。"

22 何武后母在蜀郡，派遣官吏去把她迎回京师，正赶上成帝驾崩，官吏担心道路上有盗贼，暂时停止出发。皇上左右的人讥刺何武，说他侍奉母亲，不能笃实切行。皇帝也有改换大臣的意思，冬，十月，下诏将何武免职，以列侯身份回归他的封国。十月初九，任命师丹为大司空。师丹见皇上大量匡改成帝的政策，于是上书说：

"古代新君登基，沉默不言三年，政事一律听于家宰，三年内不改变父亲的政策。"

【华杉讲透】

新君即位，三年不言，不发表意见，一切听宰相的。这背后有两个理念：

一是孝道，为亡父守孝三年，平民百姓，是什么也不干，在父亲坟墓旁搭一个草庐，守孝三年。天子有国家的责任，必须在朝坐镇，但是也不处理政事。孔子说孝道："父在观其志，父没观其行，三年无改父之道，可谓孝矣。"父亲在世的时候，观察他的志向；父亲没了，观察他的行为，如果三年内，都不改变父亲的做法，父亲信任的人，他继续信任；父亲照顾的人，他继续照顾；父亲制定的政策，他继续执行，这就是孝了。

第二个理念，是新君即位，一动不如一静，自己不动，观察臣子们怎么动。新君不是新官，新官上任三把火，要马上证明自己的能力。新君不需要，因为他什么也不做，还是君，做错了，就会有损自己的威信，甚至改变权力的平衡。殷商时，高宗武丁即位，朝中都是父亲的大臣，他真的做到三年一言不发，让他们自己干，躲在后面观察，既评估每一个贵族大臣的立场和能力，观察他们之间的派别关系以及各种政治活动，同时，又避免自己的任何想法和意图，被他们发觉或误解。三年期满了，满朝文武都求他说话。武丁还是不说，手写了一段答复：我不是不想说话啊！但是，我是君主，我的一言一行，都是天下的楷模，我怕我德不配位啊，我说话，说错了怎么办呢？我说错了，大家也照着做，那不就危害天下吗？所以我不是不想说话，我是真的不敢说啊！

这时候，群臣纷纷表态，无论您说什么，我们都照做！武丁这才开口了，从此，一切按他的意志办，成为一代圣君。

不过，武丁是一个特例，是他的手腕。新君登基，没有三年不办事的。他做储君时，已经打了半辈子腹稿，要行使自己的意志。而一朝天子一朝臣，都在等着重新洗牌。哀帝的问题，并不是他干得太多，而是他干的，都是傅太后的意思。

"之前大行皇帝棺椁还停在灵堂，而官爵臣子以及亲属们，都已经赫然贵宠起来，封舅舅为阳安侯。皇后尊号还未定，就预封她父亲为孔乡侯，解除侍中王邑、射声校尉王邯等的职务。诏书频繁地下达，变动政事，疾如闪电，毫不缓和。臣不能明陈大义，也不能坚决地推辞封给我的爵位，也相随着无功受封（成为高乡亭侯），增加了陛下的过失。最近郡国多地发生地震，大水涌出，杀伤人民，日月不明，五星失行，这都是因为陛下举措失中，号令不定，法度失理，阴阳颠倒的反应。

"人之常情，如果没有儿子，六七十岁了，还要多娶妻广为求子。孝成皇帝深刻地洞察天命，知道您的至德，所以虽然自己身在壮年，却克制自己的私心，立陛下为嗣。先帝暴弃天下，而陛下继体，四海安宁，百姓不惧，这都是因为先帝圣德，又合乎天人之功了。臣听说'天威不违颜咫尺'，头顶三尺有神明，愿陛下深思先帝之所以选立陛下的意图，克制自己，躬行道德，以观察群臣的跟从与教化。天下，就是陛下的家。亲属亲信们何愁得不到富贵呢？只是不要这样急切仓促，这样不长久啊！"

师丹数次呈上奏书，大多是这样恳切的直言。

傅太后的侄子傅迁在皇上左右，尤其倾危奸邪，皇上很厌恶他，将他免职，遣归故乡。傅太后怒，皇上不得已，又把他找回来留任。丞相孔光与大司空师丹上奏说："诏书前后相反，天下疑惑，无所取信。臣等请求将傅迁遣返故乡，以消除奸党。"但傅迁最终还是没有被遣返，反而官复原职为侍中。皇上被傅太后所逼，都是这一类的事。

【王夫之曰】

成、哀之世，汉朝哪里还有什么君臣！只有妇人。哀帝之初，傅氏与王氏争而傅氏胜，哀帝之亡，王氏与傅氏争而王氏胜。胜者乘权，而不胜者愤，二氏之荣枯，举朝野而相激以相讼，悲夫！

说傅迁是倾邪之人，就公推傅喜之贤。这和指斥王根、王立的骄横，而推举王莽，有什么区别呢？王莽被废，吏民在宫门前叩头讼冤，贤良对策而相互激励，都被那王莽虚伪的谦让所迷惑引诱，人心思归，贤者也不免上当。如此看来，那傅喜到底是真贤还是假贤，又有谁知道呢？四海之大，竟没有可以托孤寄命之人，唯区区王、傅两个老妪的爱憎是争。呜呼！率天下而奔走于闺房之謦笑，国家的格局，就在那两位老妪的闺房之中了。

23 议郎耿育上书为陈汤伸冤说："甘延寿、陈汤，为圣汉扬钩深致远之威，雪国家累年之耻，讨雪域不羁之君，系万里难制之虏，他们的丰功伟绩，岂有人能与之相比吗？先帝嘉许，于是下明诏，宣著他们的功勋，并为之更改年号（当年为建昭六年，因为陈汤诛杀郅支单于，呼韩邪单于又修明顺服，为汉朝保卫边塞，所以改年号为竟宁元年），传之无穷。于是，南郡贡献白虎，边陲没有警备，当时正赶上先帝病卧在床，但仍然垂意不忘，数次派尚书责问丞相，赶快给他们核定奖赏等级。唯独丞相匡衡，排斥不肯给，最后封甘延寿、陈汤仅仅数百户，让功臣战士们失望！到了孝成皇帝，承建业之基，乘征伐之威，兵革不动，国家无事，而大臣倾邪，欲专擅主上之威，排斥妒忌有功之臣，竟然让陈汤孤零零地被逮捕下狱，不能自明，最终以无罪之身，年老而被流放，弃置于边陲。敦煌正当西域通道，让威震西域的大汉功臣，转眼之间就罪及其身，为郅支单于的残部遗虏所耻笑，诚可悲也！至今出使西域的人，没有一个不述说陈汤诛灭郅支单于的故事，以扬我大汉国威之盛。那么，我们用人家的功勋来威慑敌人，又抛弃他这个人来让他的仇人快意，岂不令人痛心！况且居安思危，盛必虑衰，如今国家既无文帝累世之富饶，又无武帝满朝文武俊才。枭俊擒敌之臣，唯有一个陈汤而已！假使他已经死亡，没有赶上陛下，我们还希望国家追录其功，封表其墓，以勉励后进之人。而陈汤幸得还活着，身当圣世，距他立功的时间，还不算太久，为什么要反而听信那些邪臣的话，把他鞭逐斥远，让他的家族逃亡分窜，死无葬身之地呢？有远见的人士，无不认为，陈汤的功勋，世人没有一个赶得上的，而他的过错，都是人之常情（无非是贪财图利，也没有什么政治上的大罪）。陈汤尚且如此，虽然破绝筋骨，暴露形骸，立下如此艰苦卓绝之功，还是免不了受制于嫉妒之臣的唇舌，成为流放边境的罪犯。这是我为国家所担心的了！"

奏书递上去，天子召回陈汤，卒于京师。

孝哀皇帝上

建平元年（乙卯，公元前6年）

【胡三省曰】

谥法：恭仁短折曰哀，恭敬仁爱，但是天不假年，早逝，则谥号为"哀"。

1 春，正月，北地郡坠下十六颗陨石。

2 赦天下。

3 司隶校尉解光上奏说："臣听说许美人及中宫女史曹宫（曹宫为学事史，通晓《诗经》，是皇后的宫廷教师），都曾经御幸于孝成皇帝，生下儿子。但是儿子都不见了。臣派遣官吏调查，都查明了实情：元延元年，曹宫怀孕，十个月后，曹宫在掖庭牛官令舍（牛倌宿舍）生下一个儿子。中黄门田客拿着皇上亲自写的诏书给掖庭监狱狱丞籍武，下令将曹宫关进暴室牢房，说：'不要问生下的是男孩还是女孩，也不要问是谁的孩子。'曹宫对籍武说：'善待我的儿子。您知道他是谁的儿子！'三天后，田客又拿着皇上手诏问籍武：'那孩子死了没有？'籍武说：'还没死。'田客说：'皇上与昭仪（赵合德）大怒，为什么不杀？'籍武叩头说：'不杀这孩子，我知道自己该死。但是，杀了他，我也要死！'于是通过田客向皇上呈上亲启密奏说：'陛下还没有继嗣，您自己的儿子，出生不分什么贵贱，希望陛下三思！'密奏递上去后，田客又拿着皇上手诏来，取走了孩子，交给中黄门王舜。王舜受诏，把孩子抚养在宫中，选择官婢张弃为乳母，对她说：'好好抚养这个孩子，以后有赏赐，注意保密，不要走漏消息！'又过了三天，田客又拿着皇上手诏和毒药，让曹宫饮药自杀。曹宫说：'果然是赵氏姐妹专擅天下！我生下的是男孩，额头上有壮发，很像孝元皇帝（孩子的祖父）。如今我的孩子在哪里？大概也被她们杀了吧？怎么能让太后知道这件事啊！'然后饮药而死。张弃所哺乳的孩子，过了十一天，宫长李南拿着诏书将孩子取走，然后就不知下落了。

"至于许美人，是在元延二年怀孕，十一月生下一个男孩。赵昭仪对皇上说：'你每次来，都跟我说是从中宫（皇后赵飞燕处）来，既然是从中宫来，许美人的孩子是谁的？难道许氏又将重新立为皇后吗？'怨怒不已，捶胸顿足，头撞墙壁门柱，又从床上滚到地上，涕泣绝食，说：'你怎么安置我！让我回家吧！'皇上说：'我诚实地告诉你，你反而发怒，真是不可理喻！'于是皇上也不吃饭。昭仪说：'陛下如果认为自己做得对，你为什么不吃饭？陛下自己曾经对我发誓说，永远不会辜负我！如今许美人有子，那不是你违背了对我的盟誓吗？你还有什么话说？'皇上说：'我对你的誓言不变，就是以赵氏为尊，不立许氏，让天下没有位居于赵氏之上者，不要担忧！'后来，皇上下诏，派中黄门靳严从许美人处将孩子取走，装在芦苇编的小箱子里，放到饰室门帘南边。皇上与昭仪坐着，让侍者于客子解开芦苇箱子，然后，皇上让于客子和所有其他侍者都出去，自己亲手关上门户，只有皇上和昭仪两个人在里面。过了一会儿，门打开，叫于客子进来，把箱子封好，又写了一道手诏，让中黄门吴恭拿箱子给籍武，说：'告诉籍武，箱子里面有死儿，埋在隐蔽的地方，不要让人知道！'籍武在监狱楼墙下挖掘深洞，把尸体埋在里面。

"其他强迫饮药堕胎的事件，还有无数，虽然都在四月十八日大赦令之前，但是我考察前例：永光三年，男子忠（姓不详）等发掘长陵傅夫人坟墓，事情已经经过了大赦，孝元皇帝下诏说：'这是朕所不能赦免的！'于是穷治其罪，全部诛杀。天下人都认为不赦免他们是恰当的。赵昭仪倾乱圣朝，亲灭继嗣，家属应该伏天诛。但是，她的同胞姐妹及亲属，还都仍在尊贵之位，接近皇上，让天下寒心，请皇上下令，彻底调查，让丞相主持朝廷大议，以正其罪。"

皇上于是将新城侯赵欣，以及赵欣哥哥的儿子、咸阳侯赵䜣，都贬为庶人，将赵姓家属流放到辽西郡。

议郎耿育上书说："臣听说，继嗣失统，废嫡子而立庶子，是圣人之法严厉禁止，也是古今至戒。但是，当年吴太伯发现弟弟季历适合继嗣，就逐渐隐退，坚决辞让，委身于吴、粤。可见遇到特殊情况的权变，可以不依常法，这才把王位传给季历，成就了之后周文王的圣嗣。文王有天下，子孙相传，七八百年之久，功勋居于三王之首，道德最为齐备，所以能追尊古公亶父为太王。"

【华杉讲透】

吴太伯，即吴国建国之父，父亲为周部落首领古公亶父，兄弟三人，排行老大；两个弟弟仲雍和季历。父亲欲传位于老三季历及其子姬昌，姬昌就是后来的周文王，太伯和仲雍避让，迁居江东，建立吴国。

"所以，世有非常之变，然后有非常之谋。孝成皇帝自知早年没有生下儿子，到了晚年，即便有子，在自己万岁之后，幼子未必能够治国理政，那国家的权柄，将制于女主，女主骄盛，则嗜欲无度，少主幼弱，则大臣不从，再没有周公那样的圣人辅佐，恐怕就要危及社稷，倾乱天下。同时，成帝又知道陛下您有贤圣通明之德，仁孝子爱之恩，所以他心怀独见之明，克制自己，不再召唤后宫嫔妃侍寝，避免生下儿子，从根源上断绝幼主祸乱的危机，这都是为了顺利地把帝位传给陛下您，以安邦定国。

"愚蠢的臣子（解光等人）既没有安邦定国的长远之策，又不懂得推演先帝的圣德，继承先帝的遗志，竟然反复调查宫中密事，暴露先帝的隐私，诬称先帝有倾危惑乱的罪过，是因为宠妾的妒忌而诛杀自己的儿子。这是完全没有领会先帝贤圣远见之明，也辜负了先帝忧国忧民的一番苦心！论大德者不拘于俗，立大功者不合于众，这正是先帝之深谋远虑比群臣高一万倍，而陛下您的圣德盛茂合乎皇天啊！这岂是当世那些庸庸宵小之臣所能理解的呢！

"况且，赞美发扬君父的美德，匡救消灭君父既往之过失，这是古今通义。事情发生的当时，他们不能固谏立争，防祸于未然，而是各自顺着君王的意思，以求媚宠。而君王晏驾之后，尊号已定，万事都已结束，却去翻过去的老账，追究已经无法挽回的旧事，揭发先帝隐秘不明的过错，这是让我深为痛心的！

"希望陛下将此事交给有司讨论，就按臣的建议，向天下宣告，让全国人民都了解先帝的圣意和良苦用心。不然，将使对先帝的诽谤上及山陵（成帝坟墓），下流后世，远播百蛮，近布海内，这可不是先帝将国家托付给陛下您的本意啊！孝者，善述父之志，善成人之事（善于传述先父的遗志，善于完成先父的遗愿，就是孝子），希望陛下省察！"

皇上当初得以被立为太子，赵太后（赵飞燕）出了大力，所以这事就不了了之。傅太后感激赵太后的恩德，赵太后也对傅太后倾心相结，所以太皇太后（王政君）和王氏家族对此都非常怨恨。

【胡三省曰】

耿育说得对，《春秋》为尊者讳，义正如此。

【柏杨曰】

耿育这番议论，令人目瞪口呆，他应是中国历史上最早和最突出的文妖之一，用他的文字功底和丰富的知识，去颠倒是非，混淆黑白。使淫棍刘骜成了"大德""大圣"，谋杀亲子的凶手，成了"远见""至思"，把不能生育，解释为故意断子绝孙，以免女主主政。想象力的丰富和他内心的邪恶恰成正比。

自耿育之后，"耿育型"身怀绝技的无耻文妖，几乎层出不穷。

【华杉讲透】

司马迁在《史记》里说纣王，有一句名言叫"智足以拒谏，言足以饰非"。就是说，纣王的智慧，足以拒绝谏劝，他的言辞，足以修饰他的过错。耿育就是"言足以饰非"的典型了。既有登峰造极的颠倒混淆，又掺杂以为尊者讳的"良苦用心"，连胡三省都觉得他说得对。不过，他成功的关键，还是在于哀帝本身是成帝无子的最大既得利益者，而赵飞燕又是最大功臣。耿育实际上是为哀帝编一套鬼话逻辑，让哀帝从王氏家族通过解光下的套里解脱出来。但是，在哀帝崩逝之后，王氏家族重新掌权，赵飞燕还是难逃一死。

4 正月初四，光禄大夫傅喜为大司马，封高武侯。

5 秋，九月，两块陨石坠落在虞县。

6 郎中令（掌宫廷侍卫）泠褒、黄门郎（给事于宫门之内的郎官，是皇帝近侍之臣，可传达诏令）段犹等，再次上奏说："定陶恭皇太后（哀帝祖母傅太后）、共皇后（哀帝生母丁姬）不宜再将藩国'定陶'之名加到她们的尊号之上，车马和服装都应该和皇者至尊之号相称，并设置二千石以下官员，担任她们的官属（詹事、太仆、少府等），而且应该给共皇（哀帝父亲刘康）在京师设立祭庙。"

皇上将议案交给臣下们商议，群臣都顺着皇上的意思说："母以子贵，应该立尊号以尽孝道。"唯有丞相孔光、大司马傅喜、大司空师丹认为不可。师丹说："圣王制定礼制，取法于天地，尊卑者，所以正天地之位，不可乱。如今定陶恭皇太后、恭皇后以'定陶恭'为号，是母从子，妻从夫之义。如果给他们立官置吏，车舆礼服与太皇太后并立，那就违背了'尊无二上'的意义了。定陶恭皇的谥号之前已经确定，义不得再改。《礼记》曰：'父为士，子为天子，祭祀时，以天子之祭礼，但是，尸的服装，仍然穿死者生前的士服'（祭祀时，由一个人身穿死者身前衣服，代替死者受祭，这个人就称为'尸'，表示事亡如事存，事奉亡父，就像他还活着一样），儿子不能给父亲封爵，这才是对父母的尊敬。如果过继给他人，那么，继承谁就是谁的儿子，要为被继承人守丧三年，而对生父生母的守丧时间，反而要缩短，这是表示尊重所继承的本祖，以正统为重。孝成皇帝圣恩深远，所以为定陶恭王又另外确立后嗣（在征召刘欣为太子入继大统时，特意选定刘景为刘康儿子，接续刘康香火），奉承祭祀，让共皇能够为一国之太祖，万世不毁，恩义已备。陛下既然已经继体先帝，持重大宗，承担宗庙、天地、社稷之祭祀，义不可再供奉定陶恭皇，到他的祭庙里去祭祀。如今要在京师为定陶恭皇立庙，让臣下去祭祀，那祭庙反而是无主的孤庙了。况且，亲尽当毁，皇帝的祭庙，数代之后，亲情已尽，就要被撤除。共皇在定陶国是始祖，千秋万代都永远祭祀。在京师立庙，那是早晚要被撤除。放弃一国太祖不堕之祀，而就无主当毁不正之礼，这并不是尊厚共皇之道！"

皇上从此不满意师丹。

【华杉讲透】

师丹的意见非常对。哀帝执政的合法性，来源于他已经是成帝的儿子，而不再是生父、藩王刘康的儿子。现在继承刘康香火的是刘景。这才是名正言顺。孔子说：名不正，则言不顺；言不顺，则事不成。在京师给刘康设庙，早晚要被撤除，这是很清楚的事。但是，傅太后要另一个名正言顺，就是她要跟太皇太后王政君平起平坐。哀帝显然是受傅太后控制。傅太后多欲又强势，她就不管那么多了。之后哀帝贬黜师丹那恶狠狠的言辞，实在不像一国之君对他做太子时的师傅说的话，倒像是傅太后的怨毒喷射了。

就在这时，有人上书说："古代以龟甲、贝壳为货币，如今用钱，所以让人民贫穷，应该改变货币。"（人民没钱，把钱币废弃，改回用龟甲、贝壳，就都有钱了。）皇上问师丹意见，师丹说可以改。议案交给有司讨论，大家都认为钱币已经使用很久了，难以仓促改变。师丹年老，忘了他之前的意见，也跟着说不能改。

又，师丹派他的属吏代写奏章，属吏暗中留下草稿。丁氏、傅氏子弟知道了这件事，派人上书举报说："师丹上亲启密奏，但是街上的人手里都有他的奏书。"皇上问将军和宫廷官员，都说："忠臣不显谏，大臣奏事，不宜泄露，应该下廷尉调查！"事情交到廷尉，廷尉弹劾师丹大不敬。事情还没有处理结果，给事中、博士申咸、炔钦上书说："师丹的经学和品行，都无与伦比，近世大臣，很少有能赶上师丹的。他由于忧国忧民的愤懑，上亲启密奏，但是没有深思远虑，让主簿执笔，以至泄露。泄露之过不在师丹本人。如果因此被贬黜，恐怕众心不服。"

皇上将申咸、炔钦二人俸禄贬了两级，下策书免去师丹职务和封爵，说："阁下位尊任重，却心怀奸诈，迷乱国政，进退违命，言辞反复，朕为你感到非常羞耻！因为阁下在我做太子时，曾经担任过我的师傅（太子太傅），不忍心将你移送司法，现在，请你交回大司空、高乐侯印绶，回家去吧！"

尚书令唐林上书说："我私底下看到了皇上罢黜大司空师丹的策书，深感痛切！君子作文，为贤者讳。师丹，论经学修养，为当世宗师；论品德，也堪称国老。曾经是皇上的师傅，又位列三公之尊位。所列的罪过，十分细微。海内之人，也没见他有什么大过。既然已经处罚了，免爵也未免太重！京师舆论，都认为应该恢复师丹的侯爵和封邑，让他每月初一、十五，还可以参加御前朝见。希望陛下裁览众心，以慰抚曾经担任皇上师傅的大臣！"

皇上听从唐林的建议，下诏，封师丹为关内侯。

皇上用杜业之言，召见朱博，起复为光禄大夫。不久，又擢升为京兆尹。冬，十月二十三日，任命朱博为大司空。

【胡三省、柏杨曰（综合）】

朱博原任后将军，因淳于长案，被丞相翟方进弹劾免职。哀帝初即位时，杜业上奏说，王氏掌权日久，薛宣、张禹祸乱朝廷，而举荐朱博。

7 中山王刘箕子，患有眚病（又叫肝厥，发作时嘴唇和手脚十个指甲都成青色），祖母冯太后亲自抚养，经常祭祀祷告求神。皇上派中郎谒者张由，带着御医去帮助治疗。张由一向有狂易病（间歇性精神失常），病发，发怒而去，返回长安。尚书问责张由，为何无故擅自离去。张由害怕，就诬告冯太后行巫蛊诅咒皇上及傅太后。傅太后因为当年与冯太后一起侍奉元帝，追记当年怨仇，借此派遣御史丁玄按验。调查了数十日，什么也没查出来。傅太后再派中谒者令史立去查。史立受傅太后指使，希望得到封侯的酬报，逮捕审讯冯太后妹妹冯习以及弟媳妇君之等，严刑拷打致死数十人，终于得到口供："冯太后诅咒并试图谋杀皇上，立中山王为帝。"史立拿着口供去责问冯太后，冯太后不服。史立说："当年那熊跑到殿上时，你何等勇敢，今天怎么胆怯了呢？"冯太后对左右说："这是宫中的事情，他怎么知道呢？这就是要陷害我的原因！"于是饮药自杀。宜乡侯冯参、君之、冯习及其丈夫、儿子等连坐的亲属，或者自杀，或者被严刑拷打致死，一共死了十七人。天下无不怜惜。

司隶校尉孙宝奏请重新调查冯氏一案。傅太后大怒说："皇上设置司隶，是负责调查我的吗？冯氏谋反，案情清楚，孙宝却要翻案，把我打成恶人。好吧！诬告反坐，我去监狱吧！"皇上于是顺着傅太后的意思，将孙宝下狱。尚书唐林力争，皇上又将唐林打成孙宝一党，贬到敦煌鱼泽障当哨兵。大司马傅喜、光禄大夫龚胜据理力争，皇上于是向傅太后汇报，释放孙宝，官复原职。张由因为最先举报，赐爵关内侯，史立擢升为中太仆。

【胡三省曰】

张由、史立因此受赏，哪知道将来又要因此招祸呢！

【华杉讲透】

冯太后就是当年元帝的冯婕妤，和傅婕妤一起陪同皇上观看斗熊，突然一只熊向人群冲过来，大家都逃命，冯婕妤却迎上前去。所幸卫士们把熊格杀了。皇上问冯婕妤："大家都跑，你怎么还迎上去呢？"冯婕妤说："我听说熊抓到一个人，它就会停下来。我挡在前面，它抓到我，就不会伤害陛下了。"元帝大为赞叹，傅婕妤则大为羞惭，就怀恨在心，一直到今天，三十多年后报复。傅太后是"复仇"吗？她和冯太后根本也没有仇，因为冯太后并没有害过她，只是她三十年前的嫉妒，而嫉妒之恨，超过血仇。所以，别认为你没有伤害过别人，你表现得比别人好，就是对她最大的伤害。三十年后，她还记着，要杀你全家。

人人都知道是傅太后要陷害冯太后，而且手段恶毒，但皇上身为天下之主，竟然帮助罗织冤狱，为傅太后报私仇。所以王夫之说："成哀之世，根本就没有什么君臣，只有妇人。"

卷第三十四 汉纪二十六

（公元前5年—公元前3年，共3年）

主要历史事件

傅喜、孔光先后被免官　244
傅太后成功加尊号，宫中四位太后并立　245
王莽因尊号事件，被遣回封国　246
哀帝改年号求福无果，夏贺良等人被处死　247
傅太后指使朱博陷害傅喜，失败告终　248
王嘉建议不要轻易处罚官员　250
哀帝过分宠爱董贤　253
董贤被封侯　256
哀帝给董贤送兵器，毋将隆因反对被贬官　256
鲍宣指出民有"七亡七死"　257
扬雄建议哀帝接受单于来朝　259
息夫躬挑唆哀帝招惹匈奴　261

主要学习点

任官唯贤才　249
领导者最起码的责任，就是赏罚分明　256
看问题就像下棋，要推演棋局的发展　261
没有价值观，就一心只有趋利避害　263

孝哀皇帝中

建平二年（丙辰，公元前5年）

1 春，正月，有孛星出现在牵牛星旁。

2 丁、傅宗族骄奢，嫉恨傅喜的恭俭。又，傅太后欲求尊号，与太皇太后平起平坐，傅喜与孔光、师丹联手反对，坚持认为不可。皇上不好违背三位大臣的正议，又被傅太后逼迫，拖延一年多，还没结果。傅太后大怒。皇上不得已，先将师丹免职，希望傅喜主动改变立场。傅喜不为所动。朱博与孔乡侯傅晏结盟，要给傅太后办成称尊号的事，数次在休息时间觐见皇上，呈上亲启密奏，攻击毁谤傅喜及孔光。二月二十日（柏杨注：原文是正月，根据《汉书百官公卿表》改），皇上下诏将傅喜免职，以侯爵身份回家。

御史大夫官职被撤销后（成帝绥和元年，撤销御史大夫官职，置大司空），百官大多认为，古今制度不同，汉朝上至天子称号，下至基层官职名称，都和古代不一样，却唯独设置三公，和周朝相同，职责很难分明，无益于治国。于是朱博上奏说："根据前例，选拔地方上的郡守或封国丞相，考绩最优的，擢升为中二千石官员。在中二千石官员中选拔御史大夫。做御史大夫能称职胜任的，再擢升为丞相，这样位次有序，以体现尊圣德，重国相。如今中二千石官员，没有经过御史大夫这一级，就直接进位为丞相，权位轻微，不是重视国政的表现。臣愚以为大司空官职可以撤销，重新设置御史大夫，遵奉旧制。臣愿意（放弃大司空官职）尽力以御史大夫为百官表率！"

皇上听从朱博意见，四月初二，拜朱博为御史大夫，又以丁太后的哥哥、阳安侯丁明为大司马、卫将军，设置官属，大司马的冠号职权也恢复绥和元年以前的制度。

3 傅太后自己下诏给丞相、御史大夫说："高武侯傅喜附下罔上，与前任大司空师丹同心背叛，放弃教令，毁坏族类，不宜参加每月初一、十五的朝见，应该把他们遣返封国。"

4 丞相孔光，在与先帝讨论储君时就有不同意见（大家的意见都是立定陶王刘欣，只有孔光的意见是立中山王刘兴），又重重地得罪了傅太后（两件事：一是不让她住在北宫，二是称尊号的事）。于是傅氏在朝的官员与朱博互为表里，一起毁谤攻击孔光。四月十九日，皇上下诏，将孔光贬为庶人，以御史大夫朱博为丞相，封阳乡侯；少府赵玄为御史大夫。二人登殿接受任命时，天际传来一种声音大如钟鸣，殿中郎吏和站在阶前的卫士都听见了。

皇上问黄门侍郎、蜀郡人扬雄及李寻。李寻说："这就是《洪范》里所说的鼓妖了，人君不听，为众所惑，空名得进，则有声无形，不知道声音从哪里来的，就是鼓妖。注解说：'凡是发生在一年中期，或一月中期，或一天中期，则应在正卿身上。'如今是四月，已进入一年的中期，发生在辰时（七点到九点）和巳时（九点到十一点），已进入一天的中期。正卿，就是执政大臣。所以，应该罢免丞相、御史，以应天变。就算是不罢免他们，不出一年，他们也会自己招来灾难。"

扬雄也认为："鼓妖，是君王失听之象。朱博为人刚毅，多权谋，适合做大将，不适合做丞相，恐怕是上天有凶恶呕疾之怒。"

皇上不听。

朱博做了丞相，皇上就按他的意见，下诏说："定陶恭皇的尊号，不宜再称定陶。尊共皇太后（傅太后）为帝太太后，称永信宫。共皇后（丁姬）为帝太后，称中安宫。为共皇立寝庙于京师，比照宣帝父亲悼皇考（刘进）制度。"

于是，宫廷有四位太后并立（太皇太后王政君、皇太后赵飞燕、帝太太后傅太后、帝太后丁姬），都设置少府、太仆，级别中二千石。

傅太后加尊号之后，尤为骄纵，和太皇太后说话，直接称呼她为"妪"（老太婆）。当时丁氏、傅氏在一两年间暴兴尤盛，为公卿列侯者甚众。但是，皇上给他们官爵，并不给他们实权，所以不如成帝时期王氏家族那么大势力。

【华杉讲透】

傅太后抚养教育了一个知书达理的孙子，以至于得到成帝欣赏和信任，入继大统。但是，她的知书达理都是假的，教育孩子只是为了获得"成功"，为了"吃得苦中苦，方为人上人"。"成功"之后，就原形毕露，过去的温良恭俭让，都要报复性反弹，逞其骄奢淫逸，要做人上之人，特别是她要骑在太皇太后头顶上，对太皇太后直呼为"老太婆"，这就是她的快乐和快感了。小人得志，大抵如是。

5 丞相朱博、御史大夫赵玄奏称："前高昌侯董宏，首倡尊号之议，而被关内侯师丹所弹劾，免为庶人。当时正是成帝国丧期间，新君不亲政事，委政于师丹。师丹不仅不深思给太后加尊号的大义，反而妄称邪说，贬抑尊号，亏损孝道，不忠莫大焉！陛下仁圣，昭然定尊号，建议董宏以忠孝恢复高昌侯，师丹恶逆暴著，虽然被赦免，但不宜有爵邑，建议免为庶人。"

皇上批准。

又奏："新都侯王莽，之前为大司马，不推广尊尊之义，贬抑尊号，亏损孝道，应该被公开行刑诛杀。幸而经过赦免，但也不宜有爵邑，建议免为庶人。"

皇上说："王莽是太皇太后亲属，不要免爵，遣返封国即可。"

其他如平阿侯王仁，因为窝藏赵合德亲属，也遣返封国。

天下人都认为王氏蒙冤，谏大夫杨宣上亲启密奏说："孝成皇帝以宗庙社稷为重，称述陛下的至德，让陛下入继大统，圣策深远，恩德至厚。唯念先帝之意，岂不是也希望让陛下代替他，奉承东宫，供养太皇太后吗？太皇太后春秋已高，七十岁了，数次经历忧伤（元帝、成帝先后去世），又下令王氏亲属，自行退避，让位于丁氏、傅氏。行道之人为之涕泣，何况陛下！当您登高远望的时候，难道不觉得愧对延陵（成帝陵墓）吗？"

皇上深感其言，重新封成都侯王商的次子王邑为成都侯。（绥和二年，王商之子以罪夺侯，如今以王邑绍封。）

6 朱博又上奏说："汉朝以前的规矩，设置部刺史（中央派到地方的监察官，又称州刺史。汉武帝为了加强中央对地方的督察和控御，于元封五年创立部刺史制，即除三辅、三河、弘农七郡外，全国被分为冀州、兖州、青州、徐州、扬州、荆州、豫州、益州、凉州、幽州、并州、交趾、朔方13部，每部设刺史一人分管几个郡国。刺史的主要职务是督察诸侯王、郡守和地方豪强），级别低，但赏赐厚。之前撤销了刺史，改设州牧（事见三十二卷成帝绥和元年），年俸为真二千石，地位仅次于九卿。九卿出缺，就在州牧中选拔考绩优良的替补。而其中才能中等的，仅能勉强自保而已。恐怕当初刺史监察的功能，渐渐都废了，地方诸侯及豪强的作奸犯科无法禁止。臣建议，撤销州牧，恢复之前的刺史制度。"

皇上听从了朱博的意见。

7 六月初五，帝太后丁姬崩。皇上下诏，归葬定陶恭皇墓园，征发陈留、济阴等附近郡国民夫五万人，挖土填坟，完成合葬。

8 当初，成帝时，齐人甘可忠伪造《天官历》《包元太平经》十二卷，说汉朝遭遇天地之大终极，要重新受命于天，并且以此教授渤海人夏贺良等人。中垒校尉（八校尉之一，秩比二千石，掌北军垒门之内，而又外掌西域）刘向上奏说，甘可忠假借鬼神，罔上惑众。甘可忠被逮捕下狱，并招供承认伪造，还未判决，甘可忠病死。夏贺良等人仍继续私自传授伪书。

皇上即位，司隶校尉解光、骑都尉李寻举荐夏贺良等人，让他们担任待诏黄门（以才技征召，还没有正式官职，就叫"待诏"。禁门挂黄色门帘，所以叫"黄门"）。皇上数次召见，夏贺良陈述说："汉历中衰，当重新受命。成帝不应天命，所以绝嗣。如今陛下长期患病，天象变异，屡屡发生，这是上天的警告，应该赶快改元易号，才能延年益寿，生下皇子，灾异就停息了。如果已经了解了这道理，却不采取行动，灾殃将无所不有，洪水将出，灾火且起，祸害人民。"

皇上久病不愈，希望病情能够好转，就听从了夏贺良等人的建议，下诏大赦天下，又改年号，以建平二年为太初元年，自号为"陈圣刘太平皇帝"，将计时用的漏刻，改为一百二十度（旧制一百度，现增加二十度）。

9 秋，七月，在渭城西北平原上永陵亭开始为皇上修建初陵，但不强迫迁徙郡国移民。

10 皇上改年号一个多月，病情未见好转。夏贺良等人又试图妄变政事，大臣们力争，以为不可。夏贺良上奏说："大臣皆不知天命，应该罢退丞相朱博、御史大夫赵玄，以解光、李寻辅政。"皇上因为他们之前的预言没有应验，八月，下诏说："待诏夏贺良等人建议改元易号，增加漏刻度数，说可以永安国家，朕信奉正道的意志不坚定，听信了他们的说法，希望能为百姓谋福，但结果没有任何应验。明知自己有过错，却不做改正，那才是真正的过失（引用孔子的话：过而不改，是谓过矣）！之前六月初九发布的诏书，除了大赦令一项之外，其他的全部废除。夏贺良等反道惑众，应该彻底调查他们的奸恶！"将夏贺良等人全部逮捕下狱处死。李寻及解光免除死刑，流放到敦煌。

11 皇上因为卧病，全部恢复成帝时所祭祀过的各种神祠七百多所，一年之间，举行了三万七千次祭祀。

12 傅太后对傅喜怨恨不已，指使孔乡侯傅晏传话给丞相朱博，要他上奏免除傅喜侯爵。朱博与御史大夫赵玄商议，赵玄说："傅喜的处理，皇上之前已经裁决（免职遣返封国，但保留爵位），再重提此事，合适吗？"朱博说："我已经承诺孔乡侯了。平民相约，尚且誓死履行，更何况对至尊（傅太后）呢？我只有一死了。"赵玄也答应了。

朱博觉得单独指控傅喜，有点太明显了，想起前任大司空、范乡侯何武，也是因为有过错，被免职遣返封国，事情和傅喜相似，就把他拉到一块儿，上奏说："傅喜、何武之前在位时，都无益于治国，虽然已经被罢退，但是侯爵封邑，不是他们所应当有的，请将他们都免为庶人！"

皇上知道傅太后怨恨傅喜，怀疑朱博、赵玄是受傅太后指使，当即召赵玄到尚书处接受调查。赵玄招认实情。皇上下诏说："请左将军彭宣与朝中大臣合议此事。"彭宣等上奏弹劾说："朱博、赵玄、傅晏，皆不道不敬，请他们到廷尉诏狱报到。"皇上减赵玄死罪三等，罚做苦役，削减傅晏封邑四分之一，又派谒者持节召丞相朱博到廷尉监狱。朱博自杀，封国撤除。

13 九月，以光禄勋平当为御史大夫。冬，十月初一，擢升平当为丞相。因为是冬天的原因（冬天不是封侯时节），暂且赐爵关内侯。以京兆尹、平陵人王喜为御史大夫。

14 皇上欲令丁氏、傅氏子弟做禁卫实权之官,这一年,策免左将军、淮阳人彭宣,以关内侯身份回家,而以光禄勋丁望代为左将军。

【胡三省曰】

皇上将彭宣免职的策书说,按汉制,诸侯国的人不得担任宿卫,而彭宣的儿子娶了淮阳王的女儿,所以不能担任左将军,然后让丁、傅子弟掌兵权。但是,之后夺取刘氏天下的,并非诸侯王,而是外戚。丁、傅子弟在国家有大变故的时候,拱手将权柄交给王氏。而彭宣却能在王莽要授给他三公之位时,坚辞拒绝。可见任官唯贤才,哪能拘于这些小小的嫌疑呢?

15 乌孙卑爰疐侵犯劫掠匈奴西界,单于遣兵击之,杀数百人,俘虏一千余人,将牛畜驱走。卑爰疐害怕,派儿子趋逯到匈奴做人质,单于接受了人质,并向汉朝汇报。汉朝派使者责问单于,让他归还卑爰疐的儿子(匈奴、乌孙都是汉朝臣属,单于不得擅自接受乌孙人质)。单于受诏,遣返了卑爰疐的儿子。

建平三年(丁卯,公元前4年)

1 春,正月,封广德夷王弟弟刘广汉为广平王。

2 帝太太后所居桂宫正殿失火。

3 皇上派使者召丞相平当,要给他封侯。平当病重,不应召。平当的妻子对他说:"您就不能勉强起来,去接受一下侯印,为子孙造福吗?"平当说:"我身居高位,已经是尸位素餐了,强撑起来去接受侯印,回家躺下就死,那更是死有余罪。我不去接受,才是为子孙考虑!"于是上书请求退休,皇上不许。三月二十八日,平当薨逝。

4 河鼓星旁出现孛星。

5 夏，四月十七日，皇上任命王嘉为丞相，河南太守王崇为御史大夫。王崇，是前京兆尹王骏之子。

王嘉认为当时政治严苛，郡守和诸侯国丞相经常变动，上书说："臣听说，圣王之功在于得人，孔子说：'材难，不其然与？'（《论语》里的话，人才难得，不是吗？）所以说，'继世立诸侯，象贤也'（《礼记》里的话，在后代中遴选诸侯国君，只是希望他像他的先父祖一样贤德罢了），也未必都有贤德，但是，天子为他选择臣属，委派幕僚来辅佐他。他们定居一国之中，累世厚重，然后人心依附他们，教化行而治功立。如今郡守的权力地位，超过古代的诸侯王（周朝初年，班爵五等，公、侯地方百里，伯爵七十里，子爵、男爵五十里，其后齐、晋、秦、楚等，以兼并而至地方千里。汉朝的郡守也方制千里，连城数十，所以说重于古诸侯），所以以前很看重选拔能担任郡守的贤才。贤才难得，就擢升可用的，甚至在囚徒中选拔。当年魏尚有罪，被关在监狱，文帝为冯唐之言所打动，遣使节赦免其罪，拜为云中太守，从此匈奴忌惮而不敢进犯。武帝在囚犯中选拔韩安国，拜为梁国内史，让宗族骨肉相安（这是景帝和梁孝王的事，王嘉记错成武帝）。张敞为京兆尹，有罪将要被免，手下小吏知道消息，对张敞不敬，张敞捕而杀之，家属上告，使者调查清楚，弹劾张敞无故杀人，上奏请逮捕张敞。宣帝搁置不批复，张敞逃亡数十日，宣帝征召他，拜为冀州刺史，再次得到任用。前世君王，不是对这三人怀有私心，都是因为他们的才能，对国家有用。孝文帝的时候，官吏担任公职，子孙们甚至就以官职为姓氏，仓氏、库氏，都是仓库官吏的后代。其他二千石官员和长吏，都安官乐职，然后上下互相勉励，没有苟且混日子的想法。以后逐渐改变，公卿以下层层督促，要求严苛，政策又经常变动，司隶校尉、部刺史检举弹劾，苛刻细致，甚至发掘人的隐私，官吏往往上任数月，就被免职，送旧迎新，交错于道路。才能中等的，苟且求全，不敢操持群下；才能下等的，常恐获罪，只为自己安全考虑，如此大家都不办事。二千石官员也越来越轻贱，没有权威，吏民都轻视慢待他们，或者找到他们一点细微的过失，添加成罪名，向司隶校尉、刺史告发，或者直接上书举报。百姓都知道他们地位倾危，随时倒台，所以小有不满意，就生离叛之心。之前山阳逃犯苏令等纵横为害，官吏人民面对国家的灾难，没有一个肯以死尽节的，都是因为郡守和封国丞相没有威权。孝成皇帝很后悔造成这种局面，特意下诏书，取消二千石官员故意纵容盗贼之罪，派使者赏赐金钱，以示慰劳和优厚，因为国家有急，要依靠二千石官员。而二千石官员地位尊重和稳固，才能使御下属。对那些善于治民的官吏，孝宣皇帝都很爱惜，如果有奏章弹劾他们，宣帝都搁置不批复，等到有了赦令，就不了了之了。以前的惯例：尚书很少将弹劾官员的奏章交付调查，因为一旦启动调查，就会烦扰百姓。搜集证据，逮捕审讯，就会有人死在狱中。弹劾者在奏章上，一定要注明'诬告反坐'，才交付调查。希望陛下留神于择贤，记善忘过，容忍臣子犯错，不要轻易责备。那二千石官员、部刺史及在京畿三辅做县令有才任职的官员，人情上不可能没有过失，应该宽恕其小罪，让尽力办事的人得到勉励，这才是当今急务，国家之利。之前苏令事发，要派遣大夫去追捕盗匪、调查根由，而当时在任的大夫没有一个能胜任的，于是征召鳌屋县令尹逢，拜为谏大夫，派他去。如今卿大夫有才能的人很少，应该预先蓄养可成就者，让他们在国家危难时，能赴难不畏其死。如果事变来了，才仓促去访求人才，那不是表现朝廷英明之道。"

王嘉又借此举荐儒者公孙光、满昌，以及能吏萧咸、薛修，他们都是离职的二千石官员中有声名的。天子采纳，并任用了王嘉举荐的人。

6 六月，立鲁顷王的儿子、部乡侯刘闵继承王位。

7 皇上因为久病不愈，冬，十一月初五，由太皇太后下诏，恢复甘泉泰畤祭天、汾阴后土祠祭地，撤除长安南郊祭天、北郊祭地的祭礼。皇上也不能亲自前往甘泉、汾阴，派有司代表祭祀。

8 无盐县危山泥土自己翻动，覆盖草木，自然成为一条大道。又，瓠山有一块石头，自己转侧起立。东平王刘云和他的王后谒（姓不详）到立石的地方拜祭。又在王宫中立起一块和瓠山立石相像的石头，束上黄倍草，在宫中祭祀。河内人息夫躬、长安人孙宠一起商议，合谋告发，说："这是咱们封侯的机会！"于是与中郎右师谭一起，通过中常侍宋弘向皇上告发。当时皇上多病，忌讳厌恶的事很多，把事情交给有司，将王后谒逮捕下狱审讯，王后招供说："祭祀诅咒皇上，希望刘云能做天子，认为石头自然起立，跟宣帝当年相似（元凤三年，即公元前78年，泰山有大石起立，后来应验宣帝登基）。"有司请求诛杀刘云。皇上下诏，废黜刘云王位，流放到房陵。刘云自杀。王后谒及舅舅伍宏，以及成帝的舅舅、安成共侯王崇（已去世）的夫人放（姓不详）都斩首弃市。事情牵连到御史大夫王崇，贬为大司农。擢升孙宠为南阳太守，右师谭为颍川都尉，宋弘、息夫躬都升任光禄大夫、左曹、给事中。

建平四年（戊午，公元前3年）

1 春，正月，大旱。

2 关东人民无故惊走，每个人手里拿着一根麦秆或麻秆，相互传递，说："行西王母筹！"在道路上奔走相传的，多至数千人，有人披发赤足，有人夜闯关卡，有人翻墙而入，有人乘车马奔驰，有人抢上官府驿车，经过二十六个郡国，向京师进发，官府无法禁止。民众又在里巷阡陌聚集，设立赌博游戏器具，载歌载舞，祭祀西王母，扰攘到秋天才停止。

【华杉讲透】

行西王母筹，筹，类似符节、信牌。拿麦秆、麻秆当信牌传递，类似现代的"连锁信"，你收到一封信，信中说你必须将此信抄写十份，分别寄给你的十位亲友，否则必有祸殃。后来有了互联网，改成邮件形式。再后来有了移动互联网，就要求你必须将本文转发十个群。因为信中诅咒狠毒，愚民宁可信其有，为了消灾免祸，就照办。《汉书》记载，行西王母筹时，也有连锁信："母告百姓，佩此书者不死。不信我言，视门枢下，当有白发。"当时政治昏暗，又有旱灾，人民就惊扰起来。发动此事的，可能是装神弄鬼的好事愚民，也可能是别有用心的谋反者，类似五斗米教张角之类的人物。

【胡三省曰】

据《汉书·五行志》，此事后来应在王太后、王莽身上。

3 皇上想要给傅太后的堂弟、侍中、光禄大夫傅商封侯。尚书仆射、平陵人郑崇进谏说："孝成皇帝封了五个亲舅舅为侯，结果天为之赤黄，白天昏暗，太阳中间有黑气。如果说之前封孔乡侯傅晏是皇后的父亲，高武侯傅喜，因三公而封侯，都还有点道理。如今无缘无故要封傅商，乱坏制度，逆天下人心，也非傅氏之福！臣愿以身家性命去抵挡国家的灾祸！"说罢，拿着诏书草案就站起来。

傅太后大怒，说皇上："你是天子，难道还被一个臣子所制吗？"

二月二十八日，皇上下诏封傅商为汝昌侯。

4 驸马都尉、侍中、云阳人董贤得幸于上，出门则陪同坐车，进宫则侍奉左右，赏赐累计亿万，贵显震动朝廷。董贤经常和皇上在一个床上睡觉，某次午睡，董贤枕在皇上衣袖上，皇上要起身，董贤还在睡，皇上不忍心弄醒他，竟然割断袖子而起（这就是称同性恋为"断袖之癖"的典故）。皇上又下诏，命董贤的妻子可以到宫中与董贤同住。又召董贤的妹妹，封为昭仪，地位仅次于皇后。董昭仪和董贤及其妻子，三人旦夕侍奉皇上左右。皇上又任命董贤的父亲董恭为少府，赐爵关内侯。下诏让将作大匠在皇宫北门为董贤修建大宅，有前殿、后殿，以及宫门规制，都和皇宫相当，土木之功，精妙绝伦。又赐给董氏武库兵器、禁卫士兵。把那最好的宫廷珍宝选出来送给董氏。而皇上自己所用的车马服御，反而是次一等的。再接着是皇家陪葬用的葬器、陪葬的珍珠外套、玉匣，也预先赐给董贤，无不具备。又下令在皇上的陵墓义陵旁为董贤修建坟墓，墓室里有休息的便房，用坚实的柏木做棺椁，外面还有道路遮绕，方圆数里，门阙、围墙、箭楼高耸，巍峨壮丽。

郑崇认为董贤贵宠过盛，向皇上进谏，由此更加得罪皇上，多次责备他的工作。郑崇忧虑愤懑，脖子上生疮，想要辞职，又不敢提出来。尚书令赵昌，是个奸佞谄媚之人，一向厌恶郑崇，如今知道他被皇上疏远，乘势上奏说："郑崇和皇室宗族交往频繁，怀疑有奸情，请皇上调查！"皇上责备郑崇说："你自己家门庭若市，为什么责备我不能交朋友呢？"郑崇回答说："臣门庭如市，但臣心如水。愿意接受调查！"皇上大怒，将郑崇下狱。司隶孙宝上奏说："尚书令赵昌举报仆射郑崇一案，严刑拷打，人都要打死了，并无一字招供。路人都称郑崇冤枉，怀疑赵昌与郑崇有私人恩怨，陷害郑崇。皇上近臣，遭遇陷害，亏损国家，影响极坏。臣请惩治赵昌，以解众心。"奏书递上去，皇上下诏说："司隶孙宝，附下罔上，企图利用春天为宽大赦免之季，成就他的奸谋，这是国之贼也！免为庶人。"

郑崇最终死在狱中。

【华杉讲透】

郑崇之死，自己也有责任。知道皇上是昏君，谏则谏矣，为何出语就要顶撞呢？这是性格弱点，自己也控制不住自己。

5 三月，擢升诸吏、散骑、光禄勋贾延为御史大夫。

【华杉讲透】

诸吏为加官的一种，凡加此官号者得出入禁中，常侍左右。散骑为皇帝侍从，入则规谏过失，备皇帝顾问，出则骑马散从。光禄勋职责为总领宫内事务。御史大夫代表皇帝接受百官奏事，管理国家重要图册、典籍，代朝廷起草诏命文书等。

6 皇上想给董贤封侯，但是找不到理由。侍中傅嘉建议皇上在息夫躬、孙宠检举东平王的奏章上做手脚，删去宋弘，改成董贤（本来是通过中常侍宋弘向皇上告发的，改为通过董贤），然后就可以这项功劳封侯。于是，先将三人都赐爵关内侯。

过了些日子，皇上想要给董贤正式封侯，又忌惮丞相王嘉，怕他反对阻挠，就先派孔乡侯傅晏持诏书给丞相、御史看。丞相王嘉、御史大夫贾延上亲启密奏说："之前看到董贤等三人封关内侯，人情汹涌，都说董贤因宠而贵，而另外两人也跟着沾光，至今流言还未平息。陛下对董贤等人的仁恩，有增无减，应该将董贤当初的奏章原文，公开出示，让公卿、大夫、博士、议郎，考证古今前例，明正其义，然后才加爵封土，不然，恐怕大失众心，海内引领而议。把事情公开出来，必然有人会赞成加封的，封还是不封，在于陛下听取了哪一方的意见，天下人虽然不满，那责任也有人分担，不是皇上一个人的错。之前定陵侯淳于长封侯时，也有争议，但是大司农谷永认为应该加封，众人也就都归咎于谷永，先帝就不是一个人承担责任了。臣王嘉、臣贾延，才能低劣，不能称职，死有余责，虽然心里明白，只要顺着皇上的意思，不要忤逆，就可以保全自己，但是不敢这样做的原因，是因为要报答皇上的厚恩啊！"

皇上不得已，只好暂时放下这件事。

7 夏，六月，尊帝太太后（傅太后）为皇太太后。

8 秋，八月十九日，皇上下诏斥责公卿说："古代楚国有子玉得臣，晋文公为之侧席而坐（成得臣，字子玉，楚国令尹。晋国与楚国在城濮交战，晋军得胜，但晋文公仍然面有忧色，说：'得臣犹在，忧未歇也。'有忧者侧席而坐，不敢高枕无忧），近世呢，又有汲黯，挫败淮南王刘安的阴谋（刘安在谈话中说汲黯不可轻视）。如今，东平王刘云居然有弑天子逆乱之谋,就是因为公卿大夫、股肱之臣,都没有丝毫察觉,也不能消除祸患于未萌,赖宗庙之灵,侍中、驸马都尉董贤等发觉以闻,才让东平王等全部伏诛。《尚书》岂不是说过'用德章厥善'(用奖赏来彰明臣下的善行),现在,封董贤为高乡侯,南阳太守孙宠为方阳侯,左曹、光禄大夫息夫躬为宜陵侯,赐右师谭为关内侯。"

息夫躬得以亲近皇上之后,经常觐见言事,议论无所避讳,上书诋毁所有公卿大臣,大臣们害怕他那张嘴,路上碰见都不敢正眼相看。

【华杉讲透】

公器不可私用,更何况是皇上。领导者最起码的责任,就是赏罚分明,而皇上为了照顾他的男宠,竟然引经据典,满口胡言,特别是还涂改奏章,篡改历史,把关键人物宋弘的功劳,移花接木到董贤身上,这也是历史上所罕见的了。孙宠、息夫躬、右师谭都沾光跟着封侯。宋弘却成了碍事的人物。

傅太后和汉哀帝都把国家公器用于逞自己的私欲,西汉不灭亡,那真是没天理了。

9 皇上派中黄门,到武库挑选兵器,送到董贤及皇上乳母王阿家里,前后十几次。执金吾(执掌京师治安,率禁兵保卫京城和宫城)毋将隆上奏说:"武库兵器,天下公用。国家武备,缮治造作,都是大司农拨款,大司农掌管国家财政,连宫廷费用都不负担。皇上的一切开支或赏赐,是由少府(为皇室管理私财和生活事务)出钱,其理念是不把维持国家根本的钱,用于恩宠赏赐之类,不把民脂民膏,用于浮华消费,这是区别公私,明示正路。古代诸侯、方伯受命得专征伐,才赐给斧钺,汉家边吏任职抵御敌寇,才赐给武库兵器,这都是有军事任务才拨发武器。还有《春秋》之义,大臣家里,不能有兵甲,这是为了抑制臣子的威权,不允许有私家武装。如今董贤等人,不过是便僻弄臣、私恩微妾,而以天下公用,给其私门,损缺国家威器,供他私家装备,民力分于弄臣,武兵设于微妾,如此极不恰当,只会催生他们的骄奢僭越之心，不是广示四方之道！孔子说：'奚取于三家之堂。'（指鲁国仲孙氏、叔孙氏、季孙氏三个权臣家族，三家在家族祭祀时，使用周天子祭祀才能使用的雍乐，孔子感慨他们的僭越。）臣请求皇上收回武库兵器！"

皇上不悦。

过了没多久，傅太后又派谒者向执金吾府低价购买官家女婢八人。毋将隆又上奏说："价钱太低，应该按市价补缴。"皇上于是下诏给丞相、御史说："毋将隆位居九卿高位，不能匡正朝廷过失，反而上奏和永信宫争辩买卖贵贱，伤风败俗。考虑到毋将隆之前曾有安邦定国之言，贬为沛郡都尉。"

当初，成帝末年，毋将隆为谏大夫，曾经上亲启密奏说："古代选拔诸侯入朝为公卿，以褒奖功德，建议征召定陶王来京师，以镇万方。"皇上记着他这项恩德，没有加重处罚。

10 谏大夫、渤海人鲍宣上书说："我看孝成皇帝时，外戚掌权，人人都用他的亲信，充塞朝廷，阻绝了真正贤德之人的上升通道。这些人浊乱天下，奢靡无度，穷困百姓，所以日食发生了十次，彗星出现四次。这种危亡的征兆，是陛下亲眼所见。而到了今天，竟然比成帝时更严重！

"如今人民面临七亡：阴阳不合，水灾旱灾，这是一亡；加重赋税，严苛征收，这是二亡；贪官污吏，勒索不已，这是三亡；豪强大姓，兼并侵夺，这是四亡；农忙时节，仍然有苛吏徭役，这是五亡；治安不宁，动不动就半夜敲响盗警匪警，男男女女都要起来列队准备战斗，这是六亡；盗匪抢劫，取民财物，这是七亡。七亡也就罢了，还有七死：酷吏殴杀，这是一死；司法酷刑，二死；冤狱无辜，三死；盗贼横发，四死；仇怨相残，五死；岁恶饥馑，六死；时气疾疫，七死。人民有七亡而无一得，要让国家安定，那就难了；人民有七死而无一生，要靠刑罚去治理他们，也没什么用。这难道不都是公卿大夫、郡守国相贪婪残暴的结果吗？

"群臣幸得居尊官,食重禄,能有一个人能加恻隐之心于小民,帮助陛下推行教化的吗?他们的志向,就是经营自己的家族,用权力寻租,谋其奸利而已。苟且曲从,成了贤德。拱手沉默,尸位素餐,就是智慧。像我这样直谏陈词,就是愚蠢了。陛下将我从山洞岩穴中擢升到朝廷高位,自然是希望我对国家能有一点毫毛之益,不是让我吃好穿好,在朝堂上装点门面!

"天下是皇天之天下,陛下上为皇天之子,下为黎民父母,为天牧养百姓,应该对他们一视同仁,符合《诗经》尸鸠篇的意思(尸鸠在桑,其子七兮。淑人君子,其仪一兮。尸鸠是布谷鸟,说布谷鸟对它的七个孩子都是一样的爱,善人君子在布德施惠时也应该这样)。如今人民穷苦,无菜无米,衣不蔽体,父子、夫妇不能相互保护,让人为之酸鼻!陛下不救他们,他们在哪安身立命呢?为什么独独去养那些外戚和幸臣董贤,那么多赏赐,动则大万,让他们驱使奴仆,招揽宾客,把酒当水,把肉当豆叶,挥霍浪费,奴才和奴才的奴才都跟着致富,这不是皇天之意啊!

"汝昌侯傅商,无功而封。官爵不是陛下的官爵,而是天下之官爵。陛下所任之官,此官不该给此人,此人不该任此官,如此取非其官,官非其人,还希望天悦民服,岂不是太难了吗?方阳侯孙宠、宜陵侯息夫躬,诡辩足以移动众心,强势足以孤军奋战,正是奸人之雄,惑世尤为剧烈者,应该及时罢退。那些外戚幼童,还未通经术的,也不应再当官,应该给他们找师傅学习。请立即征召大司马傅喜,让他做外戚领班。前任大司空何武、师丹,前丞相孔光,前左将军彭宣,论学问都是博士,论资历都是三公;龚胜担任司直,刚正不阿,以致郡国向上举荐人才,都倍加谨慎;这些人都可以委以大任。陛下之前因为小小的不愉快罢退了何武等人,让海内失望。陛下能容忍这么多无功无德之人,难道就容不下何武等人吗?治天下者,当以天下之心为心,不能自专快意而已也!"

虽然鲍宣言辞刻薄急切,但因为他是当世名儒,所以皇上优待宽容了他。

11 匈奴单于上书,希望于建平五年入朝。当时皇上正生病,有人说:"匈奴从上游来,气势压人。从黄龙、竟宁(宣帝、元帝年号)时,每次单于入朝中原,都有大变故。"皇上于是感到为难,征询公卿意见,都认为虚废公帑,可以不批准他来。单于使者已经辞别,还未出发,黄门郎扬雄上书进谏说:

"臣听说,以六经治国,贵在未乱之时,兵家之胜,贵在未战之前。这两者都非常微妙,但正是大事的根本,不可不考察。如今单于上书请求入朝,国家不允许,将他推辞,臣愚以为,汉与匈奴之间的猜忌和矛盾,就从此而生了。匈奴本来是五帝所不能臣,三王所不能制,不能跟他们产生矛盾,这是很明显的道理。臣不敢说得太远,就以秦朝以来的历史案例来讲讲。

"以秦始皇之强,蒙恬之威,然而也不敢窥视西河(武威、张掖、敦煌、酒泉等地,如今是汉朝疆土,但当时秦朝没有能力夺取),自己筑长城为界。到了汉朝初兴,以高祖之威灵,三十万众困于平城,当时高祖身边奇谋巧计之士,运筹帷幄之臣,济济一堂,后来怎么脱身的,世人都不方便说(说起来太不堪)。高后的时候,匈奴狂悖傲慢,大臣起草国书,顺着他的话疏导,才化解了他的野心。到了孝文帝时,匈奴侵暴北边,斥候骑兵到了雍县、甘泉,京师大骇,发三将军屯驻棘门、细柳、霸上,数月之后,匈奴才撤去。孝武皇帝即位,在马邑设伏,引诱匈奴,结果劳师动众,白费钱财,一个匈奴人都没见着,更何况是单于!其后深谋社稷之计,规划万载之策,大兴师数十万,派卫青、霍去病操兵,前后十余年,于是穿过西河,越过沙漠,攻破寘颜山匈奴防线,袭击匈奴王庭。追奔逐北,在狼居胥山祭天,在姑衍山祭地,穿越瀚海沙漠,俘虏匈奴名王、贵人以百数。自此以后,匈奴震怖,越发盼望与汉朝和亲,但是也不肯称臣。

"难道我们的前世君王,乐意倾无量之费,役无罪之人,快心于狼望(匈奴地名)之北伐吗?是因为不一劳则不能永逸,不暂费则不能永宁,所以搏百万之师以摧饿虎之口,运府库之财以填卢山(匈奴山名)之壑,也无怨无悔。到了宣帝本始年间,匈奴又起祸心,想要侵夺乌孙，劫掠我国公主（刘细君），于是我国动员五位大将，率军十五万迎战，但是没有任何战果，只是耀武扬威，展示我汉军风雷之势而已，空手而归，导致朝廷诛杀了两位将军。所以说，北狄不服，中原就不能高枕安寝。

"元康、神爵年间，我国教化大成，上通神明，皇恩远被，上下和洽，而匈奴内乱，五单于争立，日逐王与呼韩邪单于率领他们的部族，归顺我国，匍匐称臣。但是我们也仅仅是对他们以客礼羁縻，没有把他们完全置于我朝的直接统治之下。自此之后，他们要来入朝，我们从不拒绝；他们不来，我们也不强求。为什么呢？外国人天性急躁易怒，身材魁梧健壮，自负勇力，难以教化向善，而容易肆其凶恶，他们的刚强难以摧折，他们的和气非常难得。所以，他们不服的时候，倾国殚货，伏尸流血，破坚拔敌，就像前面说的那么艰难；他们归服之后呢，抚慰因循，交通馈赠，威仪俯仰，就防备他们再背逆。之前我们曾经攻破大宛之城，踏平乌桓营垒，削平姑缯（云南）坚壁，扫荡荡姐（姐音zǐ，西羌部落）战场，砍倒朝鲜帐幕，拔下两越（南越和东越）国旗，近不过十天或一月工夫，远不过半年之劳，就已扫平他们的王庭，犁为耕田，废除他们的政权，设置郡县，就像风卷残云，再无后患。唯有北狄情况不同，真正是中原的劲敌，其他东、南、西边的敌人和他相比，相差太大了。前世君王，对匈奴尤为看重，不可轻视。

"如今单于归义，怀款诚之心，欲离其王庭，入朝陈述于君前，这是上世之遗策，神灵之期望，国家就算接待他有些花费，也是不得已的事，怎么以'从上游来，气势厌人'之类无稽之谈（厌人，是一种迷信，皇上生病，意思是对皇上健康不利），拒绝他入朝，疏远排斥，将以往的恩情一笔勾销，为将来的冲突打开大门。我们怀疑他，又让他对我们起了恨心，想起我们之前的和好之辞，对比今天的绝情，归怨于汉。这是我们自绝于匈奴，他们再也没有称臣之心，那我们的威力吓不倒他，言辞又不能说服他，这不成了国家之大忧吗？明智的人，能洞察事变于无形；聪明的人，能听到变化于无声，防患于未然，才能兵革不用而忧患不生。不然，一有猜忌之后，就算智者劳心于内，辩者奔走于外,也无法像没有猜忌时那样好处理了。之前历经数代人的努力,图西域,制车师,设置城郭都护,统御西域三十六国,难道是为了防备康居、乌孙能越过白龙堆来攻打我们西部边境吗?都是为了牵制匈奴而已!为了形成这个战略格局,前赴后继上百年,如今一次外交错误,就全部失去,舍不得那十分之一的接待费用,而损失了十倍的积累,臣私底下为国家感到不安!希望陛下留意,防患于未乱、未战之时,以遏制边疆由此将萌发的祸乱!"

扬雄的奏书递上去,天子醒悟,马上召还已经出发的匈奴使者,重新更改给单于的国书,同意他来朝。赏赐扬雄绸缎五十匹,黄金十斤。单于还未出发,生病,又遣使申请推迟一年入朝。皇上同意。

【华杉讲透】

看一个问题,就像下棋一样,关键是你能往后看几步。大多数人只能看到眼前,只能看到自己,甚至连眼前这一步他也看不明白。而明智的人能往后看五步、六步,能看到别人会有什么反应,能推演棋局将来的发展。

12 董贤贵幸日盛,丁、傅两大家族对他的受宠十分忌惮,孔乡侯傅晏和息夫躬希望取得辅政的高位。正赶上单于因病未能如约来朝,息夫躬借机上奏说:"单于本该在十一月入塞,以生病为由不来,怀疑是有其他变故。乌孙两个昆弥都比较弱小,而卑爰疐(逃亡在外的乌孙将领)强盛,东结匈奴单于,把儿子派去匈奴做人质,恐怕他们合势以兼并乌孙。匈奴如果兼并了乌孙,则匈奴强而西域危矣。可以令投降的胡人假扮卑爰疐使者来上书,说想要借天子之威,下书给单于,命令他归还卑爰疐的儿子,然后,又故意把这奏章泄露给匈奴人知道,这就是'上兵伐谋,其次伐交'之计。"

【华杉讲透】

卑爰疐送儿子给匈奴做人质,之前已有交代,单于向天子请示,天子已下令他归还人质，并且已经归还，不知为何此处重提此事。或许前面的记载有误。

息夫躬的意思，"上兵伐谋，其次伐交"，出自《孙子兵法》，伐交的意思，是离间他们，破坏他们之间的外交关系。

奏书递上去，皇上引见息夫躬，召集公卿、将军举行御前会议。左将军公孙禄说："中原应该以威严信义怀服夷狄，息夫躬却对别人妄加猜测，而施之以诡诈之谋，不是诚信之道，不可许。况且匈奴赖先帝之德，称藩臣而保边塞，如今单于因为疾病不能来朝，遣使自陈，不失臣子之礼。我可以保证，在我有生之年，也不会见到匈奴再为边寇！"

息夫躬紧接着公孙禄的话说："臣为国家考虑，希望能图谋于未然，消患于无形，这是万世之计。而公孙禄只看到他有生之年不会有变化。我和公孙禄的眼光，不可同日而语！"

皇上说："说得好！"于是让群臣都散会，和息夫躬单独商议。

息夫躬谏言："灾异屡见，恐怕有非常之变，可以派大将军巡视边防部队，整顿武备，再斩杀一位郡守以立威，震慑四夷，以压制变异。"皇上同意他的计划，向丞相王嘉征询意见。王嘉说："臣听说，要劝勉百姓，靠行动，不靠言辞；应对天变，也是靠实际行动，而不是文辞。百姓卑微脆弱，尚且不可欺骗，更何况以上天之神明，难道是可以欺骗的吗？如今天象变异，正是上天在警诫人君，希望他觉悟反正，推诚行善，则民心悦而天意得矣！辩士只看到一点迹象，就妄以附会星象，虚造匈奴、西羌之难，谋动干戈，设为权变，不是应天之道。如果郡守或诸侯国相有罪，应该押解到长安宫门之前，斩首示众（岂能预先设计斩杀立威）。既然对事变如此恐惧，又为何出此摇动安全之计？辩士逞口舌之快，其计并不可听从。商议国政，破坏力最大的就是那些谄媚阿谀，倾危险恶、以辩求惠、用心恶毒之辈。当年秦穆公不听百里奚、蹇叔之言，结果辱国丧师，他悔过自责，想起自己之前不听老人言，便想让他们名垂后世。（秦穆公想要攻打郑国，蹇叔、百里奚谏止。秦穆公不听，秦军被晋襄公伏击，在崤山全军覆没。秦穆公作《秦誓》以悔过。)愿陛下以史为鉴,反复参考,不要先入为主。"

皇上不听。

【华杉讲透】

庸主有两种:一种是自用自专,谁的话也不听;一种是来回摇摆,歪理正理都能动摇他,总没有一个定见。哀帝是后一种,之前扬雄的大道正理他听了,如今息夫躬这一番荒谬绝伦的小人之计,他也深以为然。为什么呢?还是价值观的问题,没有价值观,就一心只有趋利避害。扬雄讲的虽然也是大道理,但是讨论的内容,都是利害关系。息夫躬胡说八道,但也是讲利害关系,所以他都能听进去。王嘉跟他讲价值观,讲推诚至善,就完全和他的思维没有交集。王嘉如果从利害关系上分析分析,再推演出一番如果按照息夫躬的计策做,会发生多大灾难,就把他吓回去了。但王嘉是正道之人,非礼勿言,他只能讲正道正理,说不出纵横捭阖的话。

激发个人成长

多年以来,千千万万有经验的读者,都会定期查看熊猫君家的最新书目,挑选满足自己成长需求的新书。

读客图书以"激发个人成长"为使命,在以下三个方面为您精选优质图书:

1. 精神成长

熊猫君家精彩绝伦的小说文库和人文类图书,帮助你成为永远充满梦想、勇气和爱的人!

2. 知识结构成长

熊猫君家的历史类、社科类图书,帮助你了解从宇宙诞生、文明演变直至今日世界之形成的方方面面。

3. 工作技能成长

熊猫君家的经管类、家教类图书,指引你更好地工作、更有效率地生活,减少人生中的烦恼。

每一本读客图书都轻松好读,精彩绝伦,充满无穷阅读乐趣!

认准读客熊猫

读客所有图书，在书脊、腰封、封底和前后勒口都有"**读客熊猫**"标志。

两步帮你快速找到读客图书

1. 找读客熊猫

2. 找黑白格子

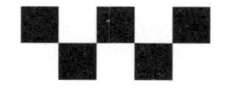

马上扫二维码，关注**"熊猫君"**

和千万读者一起成长吧！